基礎からわかる

損害保険の
理論と実務

諏澤 吉彦

保険毎日新聞社

はじめに

　リスクマネジメントは、さまざまなリスクに対処する方法や活動ですが、損害保険を含む保険は、そのなかで最も身近で、古くから利用されてきたリスク移転の方法です。本書は、このような保険について学ぶ学生の皆さん、保険業に携わる実務者の皆さん、また、保険を深く理解したうえでそれを活用していこうとしている個人や企業、組織の皆さんに向けて、損害保険を中心に、平易に解説したものです。

　本書は、大きく3つの部分により構成されています。最初の部分には、第1章から第3章までが含まれ、主に保険の利用者（需要者）の視点から、記述を進めています。第1章では、保険のリスク移転機能と保険会社の役割を理解したうえで、保険が対象とする純粋リスクの種類と性質を分析し、損害保険、傷害疾病保険、そして生命保険が、それぞれどのリスクに対処可能であるのかを見ていきます。つづく第2章では、損害保険を支える法律や、損害保険業に関わるさまざまな当事者、そして損害保険のリスク移転機能を可能にする保険料に関わる原則と統計法則を解説します。第3章では、実際にどのような種類の損害保険が保険会社により引き受けられ、どのようなリスクに対処可能であるのかを理解します。

　第4章および第5章では、主に保険の提供者（供給者）の視点から、保険市場を理解していきます。第4章では、損害保険市場の特徴を分析したうえで、規制による公的介入の必要性を確認し、これまでの損害保険規制の変遷と現状を解説します。第5章では、損害保険によって対処することが困難なリスクの性質を分析し、損害保険市場において実際にどのような方法で、このようなリスクの保険可能性を補完しているのかを理解します。

　第6章から第8章は、より広くリスクマネジメントに視野を広げ、個人だけでなく企業や組織が、損害保険の利用を含めて、さまざまな方法や活動でどのようにリスクに対処すべきかを分析します。第6章では、リスクマネジメントの全体的体系を見たうえで、そのなかでの損害保険の位置付けを確認します。

第7章では、損害保険に追加して、あるいはそれに代わって利用可能な方法を解説します。第8章では、リスクマネジメントを実行していく際のプロセスについて手順を追って理解します。

　また、各章の主題からは外れるものの、損害保険の理解を深めるうえで知っていただきたいトピック、そして損害保険市場における新たな事象に関する分析や議論について取り上げたコラムを、関係する章に数多く設けていますので、参考にしてください。本文およびコラムで繰り返し取り上げた運転挙動反映型自動車保険や健康増進型医療保険などのインシュアテックの最新の試みに関する記述は、JSPS科学研究費助成（JP22H000864）を受けて取り組んでいる、保険のリスクコントロール機能の可能性に関する研究成果を反映したものです。

　最後に、本書執筆の機会を与えてくださった保険毎日新聞社 代表取締役森川正晴氏、執筆にあたり専門的な視点からご助言をいただいた出版・メディア企画部長後藤宏二氏、そして丁寧に編集をお進めくださった出版・メディア企画部井口成美氏に、心より感謝申し上げます。

　2023年9月

諏澤　吉彦

凡　例

本書において、以下の略記・略称を使う。

1　法令名等

自賠法	自動車損害賠償保障法

2　判例表示および判例集等

神戸地判平成 6 年 7 月19日交民 27 　巻 4 号992頁	神戸地方裁判所平成 6 年 7 月19日判決 　交通事故民事裁判例集第27巻第 4 号 　992頁
自保ジャ	自動車保険ジャーナル（〜 1811号）自 　保ジャーナル（1812号〜）

3　そ　の　他

損保料率機構	損害保険料率算出機構
自賠責保険	自動車損害賠償責任保険

目　次

はじめに

凡　例

第 1 章　保険の機能と対象リスク　1

1　保険契約の構造とリスク移転機能 ―――――――――― 2
1　保険契約の構造と保険会社の役割 ………………………… 2
2　時間軸に沿った保険のリスク移転 ……………………… 3
3　保険の損失補てん機能 ……………………………………… 5

2　リスクの含意 ――――――――――――――――――― 8
1　効用の低下 …………………………………………………… 8
2　キャッシュフローの減少 ………………………………… 8
3　キャッシュフローの変動性の拡大 ……………………… 9

3　純粋リスク ―――――――――――――――――――― 11
1　純粋リスクの特徴と種類 ………………………………… 11
2　財物損失リスク …………………………………………… 12
3　賠償責任損失リスク ……………………………………… 13
4　人身損失リスク …………………………………………… 15

4　公的保険の目的と特徴 ――――――――――――――― 19
1　公的保険の生活保障機能 ………………………………… 19
2　公的保険の所得再分配機能 ……………………………… 20
3　公的保険の保障限定の合理性 …………………………… 20
4　私的保険による公的保険の補完の必要性 ……………… 22

5　私的保険の種類と対象リスク ――――――――――――― 24
1　私的保険の分類 …………………………………………… 24
2　損害保険 …………………………………………………… 24
　⑴　財物損失リスクを対象とする損害保険／ 25
　⑵　賠償責任損失リスクを対象とする損害保険／ 26
　⑶　人身損失リスクを対象とする損害保険／ 27
3　傷害疾病保険 ……………………………………………… 28

⑴　傷害保険／28

⑵　医療保険／29

⑶　所得補償保険／29

4　生命保険 ……………………………………………………… 30

⑴　生存保険／30

⑵　死亡保険／31

⑶　生死混合保険／31

第2章　損害保険を支える仕組み　33

1　損害保険に関わる法律 ———————————— 34

1　保険法と保険業法 ……………………………………… 34

2　損害保険料率算出団体に関する法律 ……………… 35

3　地震保険に関する法律 ………………………………… 37

4　自　賠　法 …………………………………………………… 38

5　製造物責任法 …………………………………………… 38

2　損害保険業に関わる当事者 ————————— 40

1　損害保険会社 …………………………………………… 40

2　保険代理店 ……………………………………………… 41

3　保険仲立人 ……………………………………………… 41

4　監督官庁 ………………………………………………… 42

5　損害保険関係団体 ……………………………………… 43

3　損害保険の補償範囲を決定する基本的事項 ——— 46

1　保険の目的物と被保険者 ……………………………… 46

2　保険事故と免責事由 …………………………………… 46

3　被保険利益と保険価額 ………………………………… 47

4　保険期間 ………………………………………………… 48

5　保険金額 ………………………………………………… 49

6　控除免責金額 …………………………………………… 51

7　実損てん補ベースと定額給付ベース ……………… 52

4　損害保険制度を支える原理 ————————— 54

1　保険料に関わる等価原則 ……………………………… 54

⑴　収支相当の原則／54

　　⑵　給付反対給付の原則／ 54

　　⑶　保険料公平の原則／ 55

　2　保険に関わる統計法則 ───────────────── 58

　　⑴　大数の法則／ 58

　　⑵　中心極限定理／ 60

　3　保険のリスクプーリング効果 ─────────────── 60

　　⑴　独立のエクスポージャのリスクプーリング／ 60

　　⑵　相関があるエクスポージャのリスクプーリング／ 61

　　⑶　保険契約ポートフォリオの構成／ 63

第3章　損害保険の種類と補償内容　67

1　経済・社会における損害保険会社の役割 ────────── 68

　1　消費活動の促進 ──────────────────── 68

　2　企業・組織活動の促進と技術革新 ───────────── 68

2　財物損失リスクの損害保険 ──────────────── 71

　1　火災保険 ────────────────────── 71

　　⑴　火災保険の保険料／ 71

　　⑵　火災保険の補償対象となる損害／ 73

　　⑶　火災保険の保険金／ 74

　2　地震保険 ────────────────────── 76

　　⑴　地震保険の保険料／ 77

　　⑵　地震保険の補償内容／ 78

　　⑶　地震保険の保険金／ 79

　　⑷　地震再保険／ 80

　3　企業分野の財物保険 ───────────────── 82

　　⑴　火災保険／ 82

　　⑵　動産総合保険／ 83

　　⑶　工事保険／ 84

　　⑷　利益保険／ 84

3　損害賠償責任リスクの損害保険 ───────────── 87

　1　自賠責保険 ───────────────────── 87

　　⑴　自賠責保険の付保義務／ 87

⑵　自賠責保険の保険料／88

⑶　自賠責保険の補償内容／89

⑷　過失責任主義の修正／90

⑸　自動車損害賠償保障事業／91

2　自動車保険 ……………………………………………………………… 93

⑴　自動車保険の保険料／93

⑵　対人賠償責任保険の補償内容／94

⑶　対物賠償責任保険の補償内容／96

⑷　車両保険の補償内容／97

⑸　搭乗者傷害保険の補償内容／98

⑹　人身傷害保険の補償内容／98

⑺　自損事故保険の補償内容／99

⑻　無保険車傷害保険の補償内容／99

3　自動運転化社会における自動車保険 ……………………… 100

4　企業向けの賠償責任保険 ……………………………………… 102

⑴　施設賠償責任保険／104

⑵　請負業者賠償責任保険／104

⑶　生産物賠償責任保険／104

⑷　個人情報漏洩保険／104

⑸　サイバーリスク保険／105

⑹　受託者賠償責任保険／105

⑺　自動車保管者賠償責任保険／105

⑻　運送業者貨物賠償責任保険／105

⑼　企業総合賠償責任保険／106

⑽　企業包括賠償責任保険／106

5　会社役員賠償責任保険 ………………………………………… 107

6　専門職業人賠償責任保険 ……………………………………… 107

4　人身損失リスクの保険 ──────────────── 110

1　自動車保険 ……………………………………………………… 110

2　傷害保険 ………………………………………………………… 110

⑴　傷害保険の保険料／110

⑵　傷害保険の保障内容／112

⑶　傷害保険の保険金／112

3　医療保険 ……………………………………………………………… 113

⑴　医療保険の保険料／114

⑵　医療保険の保障内容／114

4　所得補償保険 ………………………………………………………… 117

⑴　就業不能の範囲／117

⑵　保険契約条件の設定／117

⑶　補償内容／118

第4章　損害保険市場と保険規制　121

1　損害保険市場の特徴 ――――――――――――――――――― 122

1　市場支配力の損害保険市場への影響 ……………………… 122

2　外部性の損害保険市場への影響 ……………………………… 123

3　損害保険市場の情報の不完全性と不均衡 ……………… 124

⑴　保険会社の支払能力に関する情報／125

⑵　保険料と補償に関する情報／128

⑶　エクスポージャのリスクに関する情報／129

4　損害保険規制による公的介入の必要性…………………131

2　損害保険規制の変遷 ―――――――――――――――――― 133

1　第二次世界大戦前における保険規制 ……………………… 133

2　戦後型損害保険規制 …………………………………………… 133

⑴　戦後型損害保険規制の目的／133

⑵　戦後型損害保険規制の形態／134

3　損害保険規制の変化 …………………………………………… 135

⑴　損害保険市場における規制緩和の目的／135

⑵　新たな損害保険規制の形態／136

4　保険契約募集に関する規制の整備 ………………………… 137

3　損害保険規制の現状 ―――――――――――――――――― 138

1　免許と業務範囲に関する規制 ……………………………… 138

⑴　免許と業務範囲に関する規制の形態／138

⑵　免許と業務範囲に関する規制の目的／140

2　保険料と補償内容に関する規制 …………………………… 140

⑴　事前認可制度／ 140

⑵　参考純率／ 141

⑶　基準料率／ 143

3　財務健全性に関する規制 ……………………………………… 146

⑴　早期是正措置と早期警戒制度／ 146

⑵　国際保険資本基準と経済価値ベースのソルベンシー比率／ 147

⑶　保険契約者保護制度／ 149

4　保険契約募集に関する規制 …………………………………… 152

⑴　意向把握義務／ 152

⑵　情報提供義務／ 153

5　損害保険規制の市場の不完全性への影響 …………………… 154

第 5 章　リスクの保険可能性　157

1 高頻度・低強度のエクスポージャ ――――――――――― 158

1　高頻度のエクスポージャと控除免責金額 ………………… 158

2　低強度のエクスポージャと包括担保方式 ………………… 159

2 損失発生の相関と期待損失の不確実性 ―――――――― 162

1　損失発生の相関 …………………………………………… 162

2　期待損失の不確実性 ……………………………………… 164

3　再保険によるリスク分散 ………………………………… 164

4　てん補限度額の設定 ……………………………………… 165

3 逆　選　択 ――――――――――――――――――― 168

1　契約前の情報不均衡と逆選択 …………………………… 168

2　アンダーライティング …………………………………… 170

⑴　個人分野のアンダーライティング／ 171

⑵　企業分野のアンダーライティング／ 172

3　リスク細分化 ……………………………………………… 173

⑴　リスク細分化に用いられるリスク指標／ 173

⑵　リスク細分化の許容範囲／ 175

4 モラルハザード ――――――――――――――――― 178

1　契約後の情報不均衡とモラルハザード ………………… 178

2　経験料率 …………………………………………………… 180

　　3　控除免責金額と比例てん補方式 ―――――――――――― 181

　　4　リスクコントロールサービス ―――――――――――――― 186

　　　⑴　リスクコントロールサービスの目的と効果／ 186

　　　⑵　個人分野のリスクコントロールサービス／ 188

　　　⑶　企業分野のリスクコントロールサービス／ 188

　　5　情報通信技術に基づく継続的リスク評価 ――――――――― 189

第6章　リスクマネジメントと損害保険　193

1 リスクマネジメントの体系化 ――――――――――――― 194

　　1　保険マネジメントからリスクマネジメントへ ――――――― 194

　　2　企業価値概念の成立 ―――――――――――――――― 194

　　3　リスクの拡大 ―――――――――――――――――― 195

2 リスクマネジメントの全体像 ――――――――――――― 197

　　1　リスクコントロール ―――――――――――――――― 197

　　2　リスクファイナンス ―――――――――――――――― 198

　　3　内部リスク縮小 ―――――――――――――――――― 198

3 リスクコントロール ――――――――――――――――― 200

　　1　損失回避 ―――――――――――――――――――― 200

　　2　損失縮小 ―――――――――――――――――――― 201

　　3　損失回避・縮小の機能を有するリスクコントロール ――― 201

　　4　リスクコントロールの適正水準 ―――――――――――― 202

4 リスクファイナンス ――――――――――――――――― 205

　　1　リスク保有 ――――――――――――――――――― 205

　　　⑴　内部資金によるリスク保有／ 205

　　　⑵　外部資金によるリスク保有／ 206

　　2　リスク移転 ――――――――――――――――――― 208

　　　⑴　リスクマネジメントにおける保険の位置付け／ 208

　　　⑵　ヘッジ／ 210

　　　⑶　代替的リスク移転／ 217

　　　⑷　免責の合意と補償の合意／ 218

5 内部リスク縮小 ―――――――――――――――――― 220

　　1　リスク分散 ――――――――――――――――――― 220

2　情報投資 ……………………………………………………………………………… 222

第7章　損害保険の補完・代替的リスクファイナンス　225

1　補完・代替的リスクファイナンスの選択動機 —————— 226
　1　損害保険によるリスク移転の費用 …………………………………… 226
　2　損害保険の入手可能性 ………………………………………………… 227
2　損害保険の補完・代替的リスク保有 ————————————— 229
　1　引当金と準備金 ………………………………………………………… 229
　2　自家保険 ………………………………………………………………… 230
　　(1)　自家保険の仕組み／230
　　(2)　自家保険の限界／231
　3　キャプティブ …………………………………………………………… 232
　　(1)　キャプティブによるリスク保有の構造／232
　　(2)　キャプティブ設立・運営費用の抑制／234
　　(3)　リスクプーリングによるキャプティブ保険料の低廉化／235
　　(4)　特殊なリスクへの対応可能性／235
　　(5)　リスクコントロールの促進／236
　　(6)　リスクコミュニケーションの必要性／236
　4　コミットメントライン ………………………………………………… 237
　　(1)　コミットメントラインの契約構造／237
　　(2)　迅速な外部資金利用と事後的証券発行の費用の回避／238
　　(3)　不可抗力条項による利用機会の制限／238
　5　コンティンジェントデット …………………………………………… 239
　6　損害保険に補完・代替的なリスク保有の特徴 …………………… 240
3　損害保険の補完・代替的リスク移転 ————————————— 242
　1　カタストロフィボンド ………………………………………………… 242
　　(1)　証券化による金融市場へのリスク移転／242
　　(2)　債権放棄・債務免除による信用リスクの縮小／243
　　(3)　パラメトリック方式によるリスクコントロールの促進／244
　　(4)　プロテクションギャップの拡大可能性／245
　　(5)　金利へのリスクプレミアムの加算とリスク分散／245

2 天候デリバティブ 246

⑴ 気温を指標値とした天候デリバティブの仕組み／246

⑵ 降雨日数を指標値とした天候デリバティブ／248

⑶ 迅速な決済金支払いと収益維持努力の促進／250

⑷ プロテクションギャップの拡大可能性／250

3 損害保険に補完・代替的なリスク移転の特徴 251

4 損害保険とレジリエンスファイナンス 252

⑴ 自然災害レジリエンスファイナンスの展開／252

⑵ レジリエンスファイナンスとしての損害保険の役割／254

第8章 リスクマネジメントのプロセス　257

1 純粋リスクマネジメントのプロセス ───────── 258

2 リスクの特定 ──────────────────── 260

1 純粋リスクの特定と損害保険の役割 260

2 財物損失リスクの特定 261

⑴ 直接損失の推計／261

⑵ 財物評価指標の選択／262

⑶ 間接損失の推計／263

3 賠償責任損失リスクの特定 263

⑴ 不法行為による損害賠償責任の負担／263

⑵ 製造物責任の負担／265

⑶ 会社役員賠償責任の負担／265

⑷ 専門職業人賠償責任の負担／266

4 人身損失リスクの特定 266

3 リスクの測定 ──────────────────── 269

1 期待損失の測定 269

⑴ 加重平均／269

⑵ 最頻値／270

2 期待損失の変動性の測定 271

⑴ 分　散／271

⑵ 標準偏差／271

3 ヒストグラムによる確率分布分析 272

　　4　予想最大損失とバリューアットリスク 275
　　　⑴　予想最大損失／275
　　　⑵　バリューアットリスク／276
　　5　相関とポートフォリオ管理 277
　　　⑴　共　分　散／277
　　　⑵　相関係数とポートフォリオ構成／279

4　リスクマネジメントの選択 ───────────── 281
　　1　リスクマップ 281
　　2　リスクマネジメントの選択 281
　　　⑴　低頻度・低強度のエクスポージャ／281
　　　⑵　低頻度・高強度のエクスポージャ／282
　　　⑶　高頻度・低強度のエクスポージャ／282
　　　⑷　高頻度・高強度のエクスポージャ／283

5　リスクマネジメントの実行 ───────────── 284
　　1　リスク移転の実行 284
　　　⑴　リスク移転の便益／284
　　　⑵　リスク移転の費用／284
　　2　リスク保有の実行 287
　　　⑴　リスク保有の便益／287
　　　⑵　リスク保有の費用／287
　　3　リスクマネジメントプログラムの設計 290

参考文献・292

索　　引・293

著者紹介・298

Column目次

Column ❶ 損失と損害、どう使い分ける／3
Column ❷ 金融仲介機関としての保険会社／4
Column ❸ 価格変動のリスク——価格リスク／17
Column ❹ 債務不履行のリスク——信用リスク／17
Column ❺ 補償と保障と保証、さまざまなホショウ／22
Column ❻ 保険における価値循環の転倒性／56
Column ❼ 期待効用関数から見た付加保険料の適正水準／56
Column ❽ 付加保険料を含む基準料率の合理性／81
Column ❾ 地球温暖化と火災保険／85
Column ❿ 自賠責保険と逆選択／92
Column ⓫ 損害賠償責任制度とリスクコントロールとの関係／108
Column ⓬ 損害保険におけるインシュアテックの展開／116
Column ⓭ 健康経営推進と保険会社の役割／119
Column ⓮ リスク細分化の費用と便益／144
Column ⓯ 保険料規制の合理性／145
Column ⓰ 保険契約者保護制度は十分に手厚いか？／150
Column ⓱ 信用リスク格付情報による市場規律／151
Column ⓲ 損失発生後の資金調達費用／163
Column ⓳ 地震保険の引受けが可能なのはなぜか？／166
Column ⓴ さまざまな市場に潜在する逆選択／170
Column ㉑ スクリーニングとシグナリング／176
Column ㉒ さまざまな契約に潜在するモラルハザード／179
Column ㉓ 損害保険が実損てん補ベースである合理性／184
Column ㉔ モニタリングとインセンティブ契約／185
Column ㉕ 保険契約者から見たリスクコントロールサービス／187
Column ㉖ プットオプションと損害保険の類似性／215
Column ㉗ リスクプレミアムとしての保険料／216
Column ㉘ 全社的リスクマネジメントとリスクコミュニケーション／289

第1章
保険の機能と対象リスク

　保険は、何らかの事故を原因として損失が発生するおそれのあるリスクに対処するために、個人や企業、組織によって従来から最も広く利用されてきたリスクマネジメントの方法である。個人は、対象者となれば公的医療保険や雇用保険などの公的保険に加入しなければならないことはいうまでもないが、自らの生活上のリスクマネジメントのために火災保険、地震保険、そして自動車保険などの損害保険を、必要に応じ選択し利用しなければならない。また、損害保険とともに、第三分野の保険とも呼ばれる傷害疾病保険、そして生命保険も、任意に付保することとなる。企業や組織もまた、火災保険を含む財物保険や各種賠償責任保険などの損害保険を付すことは、事業活動を行ううえでリスクマネジメントの要となるものである。損害保険に加え、経営者、管理者、従業員を対象として医療保険や傷害保険などの傷害疾病保険や生命保険に加入することも行われる。さらに企業や組織は、雇用者として負う公的義務によっても、従業員への福利厚生の一環としても、各種の公的保険や私的保険への従業員の加入に関与しなければならない。

　本章では、このような身近なリスクマネジメントである保険について、その契約構造とリスク移転機能、保険の提供者としての保険会社の役割、そして保険の損失補てん機能を理解したうえで、公的保険の目的と特徴、損害保険を含む私的保険の種類と対象リスクについて概観する。

1 保険契約の構造とリスク移転機能

1　保険契約の構造と保険会社の役割

　保険は、リスク移転者となる個人や企業、組織が、リスク引受者としての保険会社や公的機関に、リスクを移転するリスクマネジメントである。保険契約の当事者であるリスク移転者は保険契約者または保険加入者と、リスク引受者は保険者と、それぞれ呼ばれる。

　以下では、保険会社が保険者となる私的保険を前提として、保険契約の構造を見ていく。保険契約者は、契約締結時に保険料を保険会社に払い込み、保険会社は、補償対象となる事故を原因として保険契約者が被った損失（損害）に対して保険金を支払うことを約す[1]。**第2章**において詳しく述べるように、損害保険契約において、建物などの財物に生じた損失が対象となる場合に、その財物は保険の目的物と呼ばれる。また、傷害疾病保険や生命保険において個人が補償・保障の対象となる場合に、その個人は被保険者という。保険金支払いの対象となる事象は保険事故と、保険による補償が継続される保険始期から保険終期までの期間は保険期間と、それぞれをいう。このような保険契約の構造は、図表1の左方の保険契約者と保険会社の関係として示すことができる。

図表1　保険契約の構造と金融仲介機能

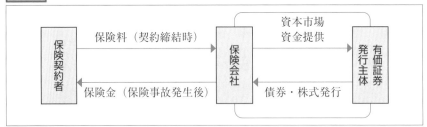

1）損失と損害の文脈上の使い分けについては、Column❶を参照されたい。

　一方で保険会社は、保険契約者から引き受けたリスクをどのように扱っているのだろうか。保険会社は、通常数多くの保険契約を引き受けている。このように保険会社が引き受けた保険契約の集合体は、保険契約ポートフォリオあるいは保険集団と呼ばれる。保険事故の発生頻度が過度に高くなく、かつ同時に多数の契約に発生するものでないものであれば、保険契約ポートフォリオを構成する一部のエクスポージャに保険事故が発生したとしても、保険会社はすべての保険契約者から予め収受し集積した保険料の総額すなわち保険資金のなかから、保険金を支払うことができる。見方を変えれば、保険事故の当事者の保険契約者にとっては多額の損失であっても、それを埋め合わせるために必要な金額を、契約者全体で予め負担して用意しておく仕組みを作れば、1人当たりの事前の負担額は、それほど高額とはならない。このような保険契約の仕組みは、**第2章**で取り上げるリスクプーリングであるといえる。その意味で、保険契約者はこのようなリスクプーリングへの参加者であり、保険会社はその仕組みの管理者の役割を担っている。

> **✎ Column ❶ 損失と損害、どう使い分ける**
>
> 　「損失」(loss) と「損害」(damage) は、ともに損害保険に関係して使われる用語である。前者は、利益や財産を失うという意味で用いられることが多く、後者は、事故などにより財産などが損なわれることをしばしば意味する。
> 　しかしながら、厳密な意味の使い分けが必ずしも行われているわけではなく、「損失」は確率・統計やファイナンスの文脈で、「損害」は法律や制度の文脈で使用されることが多い。損害保険実務においても、同様の傾向が見られ、本書においても文脈により適宜使い分けている。

2　時間軸に沿った保険のリスク移転

　保険契約を別の視点から見れば、それは将来直面するおそれがある損失や費用負担に備えて、現在必ずしも必要としない資金を保険料として保険会社に払い込み、それが必要となったときに保険会社から保険金を受け取るという、時

間軸に沿ったリスク移転構造を持っている。つまり、保険契約者にとっては約定の条件に適合すれば保険会社に保険金を請求できる債権を保有し、保険会社にとってはそれを支払わなければならないという債務を負っている関係であるといえる。その点において、保険契約締結時に交付される保険証券は、有価証券の一つの形態であり、そこには証券番号や保険契約者名のほか、保険期間、保険事故や保険金額などの補償内容が明記されている。

　保険期間や保障内容は、有価証券の債券における償還期間や元本、金利と同じく、保険契約者が保険会社に対して保険金を請求できる期間や金額を示すものである。保険会社は、保険金を支払う債務、すなわち保険責任を果たすために、前掲図表1の右方に示したように、保険料収受から保険金支払いまでの期間に、保険料を原資として蓄積した保険資金を、資産としての国公債、社債、株式などの有価証券の保有に充てると同時に、負債として支払備金や責任準備金といった保険契約準備金を計上している。

　こうした保険会社の保険資金運用には、保険責任を安定的かつ迅速に果たすため、厳格な規制の下で安全性と流動性が求められている。それと同時に、保険会社の多額の保険資金を投資に充てていることから、資本市場において企業や組織への資金提供者として重要な役割を果たしている（Column❷を参照）。

✎ Column ❷ 金融仲介機関としての保険会社

　損害保険会社は、保険を供給することを通して、個人や企業、組織にリスク移転手段を提供しそれらの諸活動を支え、経済の発展と安定に貢献している。このことに加え損害保険会社は、保険取引を通して形成された責任準備金などの保険資金を投資・運用に充てることにより、生命保険会社と並んで、世界的な資本市場のなかで重要な機関投資家となっている。すなわち保険会社は、多数の保険契約者から収受する保険料を主な原資として保険資金を積み上げることにより、効率的に資本を集積することができる。そして、保険料収受と保険金支払いの間のタイムラグを利用して、保険資金の多くを国公債、社債、株式などの有価証券としての運用に充てている。一方で保険資金は、将来支払う保険金の原資となるため、本文で述べたとおり保険会社の投

資には安全性と流動性が求められる。

　また、保険会社は、資産投資の安全性、流動性とともに、収益性も追求すると期待できる。保険料はしばしば将来の投資収益を織り込んで算出されている。保険会社が自社の保険商品の価格競争力を確保するためには、一定の投資収益を上げなければならない。これらのことから、保険会社は、投資先のモニタリングを行う強いインセンティブを持つ。その点においては、保険会社は、資本市場において、安全性と流動性、そして収益性のバランスの取れた資金配分に貢献しているといえる。

3　保険の損失補てん機能

　保険契約を結ぶことによって、保険契約者は事故による損失を補てんする費用負担のリスクを、保険会社に移転することができる。このことについて、ある企業が所有する建物に生じる損失を対象とした火災保険を例に挙げて、リスク移転者となる企業の費用負担を考えてみたい。

　この例において、企業は保険の目的物である建物を売却しようとしているのではなく、店舗や事務所として継続的に利用しているとする。建物の一部または全部が火災により利用不可能となれば、企業は事業活動を縮小または中断せざるを得ないため、建物を復旧するために、その修理・修繕費、建替費用などを負担しなければならない。これらの費用が企業にとっての損失となる。この企業が無保険であれば、損失補てん費用と同額の費用を負担しなければならないため、その負担額は**図表2**（次頁）における**A線**のとおり損失が高額化するに従い増加する。

　他方、この企業が建物に全部保険の火災保険を付していれば、損失の金額にかかわらず一切の負担は生じないため、**図表2のB線**のとおり水平の形状となる。また、損失の一部を定額で自己負担とする控除免責金額を伴う一部保険の火災保険契約を結んでいれば、**図表2のC線**のとおり損失が控除免責金額に達しない範囲では保険金が支払われず、無保険の状態を示す**図表2のA線**と重なるが、それを超えれば損失から控除分が差し引かれた金額が保険金として支払われるため、それ以上の負担は生じない。また、損失の一部を定率で自己負担

図表2　損失と保険契約者の費用負担の関係

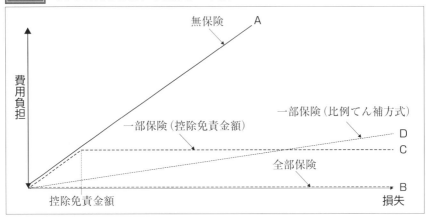

とする比例てん補方式に基づく一部保険の火災保険を付していたときには、損
失てん補割合に応じて保険金が支払われるため、**図表2**のD線のように費用負
担が軽減される。

　しかし、**図表2**では、保険契約者が事前に保険料を払い込んでいることを考
慮していない。このような事前の保険料負担を織り込んだうえで、保険契約か
らどのような補償が得られるのかを示せば、**図表3**のとおりとなる。

　図表3は、損失の金額と保険料負担・保険金受取りとの関係を描いたもので
あるが、ここにおいてリスク移転者が無保険の場合には、A線のように事前の
保険料の負担はないが、事故により損失を被っても保険金は支払われないた
め、水平の形状を示す。一方で損失の全額を補てんする全部保険の火災保険を
付した場合には、保険料の負担を反映してB線のように左方の起点は下方に移
動するものの、損失と同額の保険金が支払われるため、損失が高額になるに従
い右上方に直線的に上昇する[2]。

2）このような全部保険契約を結んだ場合の保険料負担と保険受取りの関係は、**第6章**で取
　り上げるプットオプションのペイオフと類似している。これに関する詳細な分析は、同章
　Column**㉖**を参照。

図表3 損失と保険料負担・保険金受取りの関係

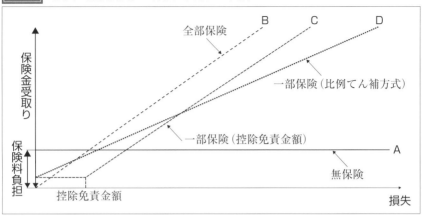

　また、控除免責金額が組み入れられた一部保険の火災保険に加入していた場合は、期待損失が同じであれば保険料は全部保険より低額となるため、**図表3**においてC線の起点はA線のそれより上方に位置する。そして損失が控除免責金額に達しない範囲では保険金は支払われないため水平のままであり、それを超えれば損失から控除額が差し引かれて保険金が支払われることから、全部保険を示すB線の下方に位置する平行線を描く。比例てん補方式の火災保険を付していたときは、保険料が控除免責金額の場合と同じであると仮定すると、損失と保険金の関係はD線のように全部保険より緩やかな右上がりの直線で示される。

2 リスクの含意

1 効用の低下

リスクマネジメントは、リスクに対処するための多様な方法や活動であり、保険はその主要なものであることは、すでに述べたとおりである。ここにいうリスクとは、どのようにとらえることができるだろうか。

個人にとってのリスクを考えれば、生活を営むなかで、傷害を負ったり、疾病になったり、予期せず失業したり、自然災害や事故などに遭遇したりすることが挙げられる。このような不都合な事態の原因となる事象を、しばしばリスクと呼んでいる。また、望まない転居や転職、突然の社会的地位や他者との関係性の変化、疾病ほど深刻でない体調不良なども、リスクとして考える場合もある。これらは、明示的な損失あるいは費用負担を伴うものもあれば、漠然とした不安感といった、費用として金銭的に計測が困難なものも含まれる。

しかしながら、個人にとってこれらのさまざまなリスクは、共通して何らかの原因で自らの効用が低下することに関係している。効用は、個人の主観的な満足度や幸福度を意味するが、それを低下させる原因には、財産の予期せぬ減少はもちろん、必ずしも金銭的な損失を伴わないものも含まれる。また、何をリスクであると受け止めるかは個人により大きく異なり、また同一人であっても置かれた状況や時間経過とともに変化しうるものである。このため、効用の文脈から厳密で一貫したリスクの定義付けを行うことは、難しい。

2 キャッシュフローの減少

個人にとって、望まない転職により収入が減少することや、自然災害や事故により損失を被ることにより、自らの財産が減少することは、決して小さくないリスクといえる。同様に企業や組織にとっても、費用負担の増加や将来の収益の低下により、収支が悪化することは重大なリスクとしてとらえることができる。

　企業が、事業を行うなかで、工場や店舗などの建物、生産設備や製品、商品が損壊、滅失すれば、これらの財物の修理、修繕、建替え、再調達のための費用を負担しなければならない。より多額の費用負担を企業に課すおそれがあるリスクが、製造物責任の負担である。企業は、自らが製造する製品の安全上の欠陥により、顧客が傷害を負えば、損害賠償金を支払うとともに、製品の回収のための費用を負担することになるが、被害者が多数となったり、欠陥製品が数多く出回ったりしていれば、それらの費用の総額も極めて高額となる[3]。

　また、従業員が業務上傷害を負ったり疾病に罹ったりすれば、経営者は、後述するように、雇用契約上何らかの手当てや給付金を支給しなければならない場合がある。これらの事象はいずれも、キャッシュアウトフローの予期せぬ増加につながるものである。さらに、建物や生産設備などが損壊したり、従業員が傷害や疾病を原因として休業したりすれば、企業や組織は生産や販売を含む事業を縮小したり、中断したりしなければならない。また、製造物責任を負ったことにより市場の信頼を失えば、売上げの低下にもつながる。これは、キャッシュインフローの予期せぬ減少といえ、しばしば長期にわたり財務状況に重大な影響を及ぼす。

　このように、個人、企業および組織が、キャッシュアウトフローの増加、キャッシュインフローの減少のいずれか、あるいは両方により、キャッシュフローが減少することは、金銭的に計測可能な明示的リスクであるといえる。

3　キャッシュフローの変動性の拡大

　キャッシュフローの減少に加え、その変動性の予期せぬ拡大も、個人や企業、組織にとって小さくないリスクといえる。

　個人の収入が、雇用主である企業の業績に大きく連動した賃金に依存している場合にその企業の収支が不安定であれば、収入も大きく変動することになる。また、生活必需品の価格が不安定であれば、支出がいくらになるのか予測

3）このことに関連して製造物責任法については**第2章**において、製造物責任の負担のリスクに対処する生産物責任保険については**第3章**において、それぞれ取り上げる。

9

が難しくなる。その結果、住宅購入などを含む将来の生活設計や投資設計を行いにくく、普通預金といった流動性の高い形で予期せぬ収入の減少や支出の増加に備えなければならない。

　企業や組織についても、同様のことがいえる。多くの企業や組織は、市場における商品やサービスの価格や取引量を左右する力、すなわち市場支配力を持たないため、市場が決定した価格を受け入れざるを得ない価格受容者の立場にある。このため、製品生産のための原材料の価格や人件費などの投入価格が予想を超えて上昇または下降したり、商品やサービスの販売価格、すなわち産出価格が大きく変動したりすることもある。こうして将来キャッシュフローの変動性が拡大すれば、極端な結果が起こる確率が高まり、多額の費用負担といった負の結果に備えて、一定金額の自己資金を追加的に準備する必要があり、生産や販売の規模拡大など、有利な投資が存在したとしても、それを見送らなければならなくなる。

　このように、キャッシュフローの低下と並んで、その変動性の拡大も、あらゆる当事者にとって重大なリスクであるといえる（**図表4・Column❸**参照）。

図表4　リスクの含意

リスク	効用の低下	個人の満足度の低下
	キャッシュフローの減少	個人・企業・組織の費用負担の増加・収入の減少
	キャッシュフローの変動性の拡大	個人の収入・支出の予期せぬ変動 企業・組織の投入価格・産出価格の予期せぬ変動

3 純粋リスク

1 純粋リスクの特徴と種類

　保険は、どのようなリスクを対象としているのだろうか。**第3章**で詳しく述べる各種の損害保険の保険金支払いの対象を見ると、火災保険では、火災や落雷、契約内容によっては台風や竜巻などの風災、洪水や高潮などの水災による財物損失に対して、保険金が支払われる。利益保険は、自然災害や事故により建物や設備、機械などが損壊し、事業を行えなくなったときの休業損失に対して、補償が提供される。そして自賠責保険は、自動車事故による人身損失に関わる賠償責任の負担に対して、保険金が支払われる。火災や自然災害、自動車事故などが発生すれば当事者が損失を被るおそれがある点で、これらは共通の性質を持っており、いずれも純粋リスクに分類されるものである。すなわち、純粋リスクは、前節で述べたリスクの含意のうち、キャッシュフローの減少に関わるものである。

　純粋リスクは、損失を被る対象と形態により大きく財物損失リスク、賠償責任損失リスク、そして人身損失リスクの3つの種類に分類することができる。**図表5**のとおり、財物損失リスクは個人や企業、組織が所有、使用、管理する財物が損壊、滅失することにより費用負担が生じるリスクを、賠償責任損失リスクは過失または故意により他者に対して損害賠償責任を負うリスクを、人身損失リスクは疾病や傷害などにより医療費などを負担するリスクを、それぞれ意味する。

| 図表5 | 純粋リスクの特徴と分類 |

純粋リスク	事故➡損失	財物損失リスク	個人・企業・組織が所有・使用・管理する財物が損壊・滅失することによる費用負担のリスク
		賠償責任損失リスク	個人・企業・組織が他者に対して賠償責任を負うことによる費用負担のリスク
		人身損失リスク	個人自らの、または企業・組織の人的資源の傷害・疾病・後遺傷害・死亡・生存・退職などによる費用負担のリスク

2　財物損失リスク

　個人、そして企業や組織も、さまざまな財物を所有、使用または管理することによって、生活や事業を営んでいる。個人にとっては、住宅、そして場合によっては自動車も、生活の基盤となるものである。住宅に関して見れば、壁や柱、屋根などその主要構造部はもちろん、電気設備、給排水設備などの付属設備、そして家具や家庭用電気機器など住宅に収容されている家財も、生活上必要なものである。企業や組織にとっても、事務所、工場、倉庫、店舗などの財物を利用して、製品の製造や商品の販売などの事業活動を行っており、これらの財物は、重要な経営資源であるといえる。

　これらの建物やその収容物を含む財物は、火災、風災、水災、地震、さらには盗難や暴動、テロリズムなどによって破壊されたり、奪われたりすることもある。そのような事態となれば、個人は生活復旧のために、企業や組織は事業活動を再開するために、損壊・滅失した財物資源を修理、修繕したり、建て替えたり、再調達したりしなければならない。何らかの事故を直接の原因として一次的に生じるこれらの直接損失に加え、それに起因して二次的に生じる間接損失も負担するおそれもある。すなわち、復旧の間、代替となる住宅や事務所、工場、店舗などを確保するための追加的費用を負担することに加え、特に企業の場合には、これらの費用が内部資金でまかなえない場合は、証券発行や資金借入れなどにより外部資金を調達しなければならず、そのための資金調達費用の負担も生じる（第5章Column❸を参照）。

　また、就業不能となったり、事業を縮小・中断したりすれば、その間に得られたであろう収入が減少したり、それが途絶することもある。また、休職や事業中断が長期化すれば、個人は失職するかもしれず、企業や組織も顧客を失い長期にわたって利益の減少を経験することになる[4]。

　これらの財物損失リスクの直接損失と間接損失の関係を示せば、図表6のとお

4）間接損失には、休業や事業縮小・中断の期間の長期化による失職や、顧客の喪失による
　収入の減少も含まれるため、直接損失を超えて高額となりうる。

図表6 財物損失リスクの直接損失と間接損失

事　故
火災・洪水・風災・水災・地震・盗難による住宅・家財・事務所・工場・ 店舗・製品・商品の損壊・滅失など

↓

直接損失
修理・修繕または再調達のための費用など

↓

間接損失
就業不能による収入の減少・途絶、事業中断・縮小による休業損失、 代替施設確保の費用、外部資金調達のための費用、事業復旧後の利益縮小など

りとなる。

3　賠償責任損失リスク

　個人は、生活するなかで、自らの過失により自動車事故などを引き起こし、他者が損失を被った場合には、被害者に対して損害賠償責任を負うことになる。また、企業や組織も、事業を行ううえで、直接的、間接的に利害関係を持つ当事者、すなわちステークホルダーに対して、不法行為によってその権利や法律上保護される利益を侵害した場合には、同様に損害賠償責任を負わなければならない。

　従業員が、業務上の過失により顧客や原材料供給者に損失を与えた場合や、所有または使用する店舗や事務所、工場内においてこれらの当事者が傷害を負ったときなどには、被害者に対して損害賠償金を支払うことが求められる。家庭用電気機器を製造している企業は、製品の安全上の欠陥によって傷害を負った顧客に対しては、前述のとおり製造物責任を負うことになる。また、株式会社形態を取っている企業の経営者は、適切な意思決定に基づいて経営行動

を取らなかったり、株主の利益に反した行動を取ったりしたことにより、株価が下落した場合などには、株主に対して会社役員賠償責任を負うおそれがある。

　医療機関や弁護士事務所など、専門職業人の専門的知識・技能に大きく依存する企業や組織の場合には、業務上の過誤により顧客が損失を被った場合には、専門職業人賠償責任を負うことになる[5]。

　賠償責任の負担により、個人も企業・組織も、図表7のような被害者に対する損害賠償金や裁判にかかる諸費用を含む争訟費用といった直接損失と、さまざまな間接損失に直面することになり、それらの費用が高額となるおそれもある。なかでも、企業が製造物責任を負担した際には、航空機や鉄道車両はもちろん、自動車や家庭用電気機器についても、それらの安全上の欠陥により多くの被害者が生じれば、損害賠償金の総額も高額になる場合もある。

図表7　賠償責任損失リスクの直接損失と間接損失

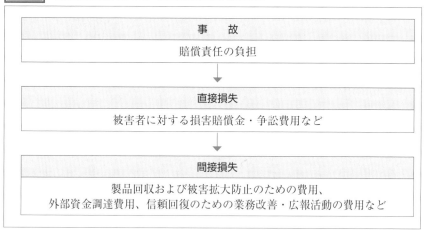

事　　故
賠償責任の負担

直接損失
被害者に対する損害賠償金・争訟費用など

間接損失
製品回収および被害拡大防止のための費用、 外部資金調達費用、信頼回復のための業務改善・広報活動の費用など

5）製造物責任、会社役員賠償責任、専門職業人賠償責任では、製品製造者、会社役員、専門職業人に重い損害賠償責任を課している。このことは製品の安全性や原材料、生産工程、企業の経営実態、専門知識・技能などに関して、これらの当事者が、顧客や依頼人に対して圧倒的に情報優位であり、安全性をコントロールしうる立場にあることから、これらの当事者が重い責任を負うこととすれば、社会の安全性向上につながるためである。より詳しい分析は、**第3章Column⓫**を参照されたい。

　それに加え、前述のとおり製品の回収費用、さらに評判の低下による売上高の減少、信頼の回復に向けての生産管理の改善や広報活動のための費用の負担など、多額の間接損失を被ることがありうる。

　また、経営者が会社役員賠償責任を負う場合は、特に公開株式会社の場合には、資本規模も大きいため多数の株主が集団訴訟を起こせば、損害賠償金の総額も極めて高額となる。さらに、損害賠償金などの費用を償うために、内部資金が不足することとなれば、追加的費用を負担して外部資金を調達することが必要となり、証券発行のための手数料や法律費用がかかることになる。

4　人身損失リスク

　個人は、住宅、職場、通勤途上および旅行中など、日常生活のあらゆる局面において、いかに安全に細心の注意を払っていたとしても、火災や自然災害、自動車事故などにより、傷害を負うことがある。同様に、食事習慣や運動習慣を改善するなどの努力を行ったとしても、さまざまな疾病に罹患するおそれもある。また、後遺障害となった場合は、就労が限定され収入が減少することもあり、それが重度であれば介護が必要となり、そのための費用負担も軽くはない。老齢または死亡も個人にとっては重大なリスクである。長寿は歓迎すべきことである反面、生活費や医療費、介護費が、備えを超えて高額となるおそれがある。また、不幸にして早期に死亡した場合に被扶養者がいれば、その後の生活資金が不足することになりかねない。

　企業や組織に目を向ければ、経営者、管理者および従業員といった人的資源は、製造業、流通業や金融業、医療、教育はもちろん、情報・通信産業をはじめとする現代経済を支えるあらゆる産業にとって不可欠な経営資源として、その重要度が増している。しかし、人的資源もさまざまな原因で損なわれることがある。業務に関係して傷害を負ったり、疾病にかかったり、後遺障害になることもある。また、業務にかかわらず予期せぬ傷害や疾病などにより休業せざるを得なかったり、死亡や老齢により退職したりすることもある。

　個人が傷害を負ったり疾病となったりした場合には、医療機関において治療を受けることが必要となることもある。わが国には公的医療保障制度が存在す

るが、治療費の全額が補償されるわけではなく3割の自己負担分を自ら支払わなければならない。また、先進医療のなかには補償対象外のものもあり、医療費の全額を負担する場合もある[6]。傷害や疾病が重篤で入院が必要となった場合、そのための金銭的負担はより重いものとなるおそれがある。治療費などの直接損失に加え、通常の業務に従事できず収入が減少し、場合によっては途絶するという、重い間接損失を負担することもある。

　企業や組織にとっても、従業員が傷害を負ったり疾病にかかったりする事態となれば、雇用契約上の福利厚生の一環としても、労働者災害補償保険などの公的諸制度によっても、各種手当てや給付金を支給しなければならない。また、予期せぬ死亡や退職の際には、退職金を支払う必要がある。これらは人身損失リスクによる直接損失であるが、さらに代替の人員を確保するための、人材の募集や選考、教育、研修など、間接損失としての費用負担が生じることがある。図表8は、これらの人身損失リスクの直接損失と間接損失を示したものである。

図表8　人身損失リスクの直接損失と間接損失

事　　故
個人の傷害・疾病・後遺傷害・生存・死亡・退職など

↓

直接損失
医療費・介護費・生活費の負担、傷病給付金・後遺障害給付金・死亡給付金

↓

間接損失
就業不能による収入の減少・途絶、事業中断・縮小による休業損失、 事業復旧後の利益減少、新規採用・教育・研修の費用負担など

6）公的医療保険には高額療養費制度も設けられているが、これによっても医療費の全額が償われるわけではない。

✎*Column* ❸ 価格変動のリスク──価格リスク

　損害保険は、本章で後述するように偶然の事故に関わる火災や災害、事故、賠償責任の負担などのリスクを対象としている。これらには、共通して何らかの事象の発生が損失、すなわちキャッシュフローの減少をもたらすという特徴があり、純粋リスクに分類されるものである。しかし個人や企業、組織は、純粋リスク以外のリスクにもさらされている。

　たとえば、商品の価格や金利、為替レートが予期せず大きく変動すれば、キャッシュフローの変動性も拡大することになる。その結果か不確実な将来キャッシュアウトフローに備えて、流動性の高い形で資金を用意する必要が生じ、有利な投資機会を見送らなければならなくなったり、将来キャッシュインフローが予測できず投資計画が立てにくくなったりすることになる。

　このようなキャッシュフローの変動性の拡大に関わるリスクは、価格リスク（price risk）または投機的リスク（speculative risk）と呼ばれ、現在は多くの個人や企業、組織が直接的、間接的にさらされている。通常保険は、これらの価格リスクを対象としていないため、必要に応じ別途ヘッジ（先物やオプションを含む金融派生商品によるリスク移転）を手当てしなければならない場合がある。

✎*Column* ❹ 債務不履行のリスク──信用リスク

　さまざまな当事者と契約を交わし取引を行っている個人や企業、組織は、純粋リスク、価格リスク以外のリスクにもさらされている。売買契約を結んだ顧客が、財務困難に陥れば、売掛金の回収が遅延・不能となるおそれがある。また、投資資産として社債や国公債などの債券を保有していた場合に、証券の発行主体が財務困難に陥れば金利の受取りが遅延する、あるいは元本割れとなることもある。さらに、銀行に預金として資金を保有している場合に、銀行が財務困難に陥れば、預金の払戻しが遅延するおそれがある。同様に保険会社と保険契約を結んでいる場合に、その保険会社が支払不能に陥れば、約定の保険金支払いが遅れる、あるいはそれが減額されるおそれがある。

　このようなリスクは、信用リスク（credit risk）と呼ばれ、取引相手を分散化することである程度縮小できるが、マクロ経済情勢や国際政治・社会情

勢などに依存する市場リスクによっても左右されるため、管理が困難なものである。金融機関に対しては厳格な財務規制による公的介入が行われ財務健全性が確保されていると期待でき、また、預金保険制度や保険契約者保護制度により事後的な保護も用意されている。しかし、これらには保護の金額や対象が限定されているため、金融機関の信用リスクを完全に回避することはできない。

4 公的保険の目的と特徴

1 公的保険の生活保障機能

保険は、保険者の種類や目的の違いにより大きく公的保険と私的保険に分類でき、ともに本章**1**で見てきたような構造と機能を持って運営されている[7]。

公的保険は、国または公的機関などの公法人が保険者として運営する保険である。公的保険は、前記**3**で分析した純粋リスクのうち、個人が日常生活を営むなかでさらされることになるさまざまなリスクを対象として補償・保障を提供するものである。

傷害、疾病、後遺障害、死亡、老齢、予期せぬ失業、そして自然災害などは、生活を送るうえで誰もがさらされるリスクであり、リスクマネジメントを行ったとしても完全に回避することはできないものである。公的保険は、個人が避けることができないこれらの生活上のリスクによる費用負担に対して、基礎的な補償・保障を提供する保険として、公的生活保障制度を構成する重要な要素となっている。

公的生活保障制度は、さまざまなリスクから個人を保護することを通して、社会秩序を安定させ、またその一体性を強めるものである。そのなかで、保険の仕組みに基づくものが、社会保険とも呼ばれる各種公的保険であり、国民健康保険などの公的医療保険、公的介護保険、雇用保険、労働者災害補償保険、各種公的年金などが含まれる。たとえば、公的医療保険は、個人が疾病となったり、傷害を負ったりした場合に、予め定めた基準に従い保障を提供し、被保険者の家計の経済的安定を確保するものである。

図表9（次頁）は、生活保障としての公的保険にどのような種類があり、どのような分野で補償・保障を提供しているのかをまとめたものである。

7）これらはそれぞれ私保険、公保険とも呼ばれる。

図表9　公的保険の種類

生活保障の分野	主な公的保険の種類
医療保障	医療保険（健康保険、国民健康保険など）
老齢補償	厚生年金保険、国民年金
介護保障	公的介護保険、厚生年金保険、国民年金、労働者災害補償保険
労働者災害補償	労働者災害補償保険
雇用保障	雇用保険

2　公的保険の所得再分配機能

　公的保険は、基礎的生活保障の提供という機能とともに、所得再分配機能も備えている。公的医療保険の保険料は基本的には被保険者の標準報酬を基礎として算出される。このような所得に基づく応能負担の原則に従い保険料が適用される仕組みは、高所得者から低所得者層への、いわゆる垂直的所得再分配の機能を持っている。公的医療保険を別の視点から、保険料が個人の健康状態にかかわらず決定されることに注目すれば、健康な個人から傷病の個人への、いわゆる水平的所得再分配を行っているとみることもできる。

　さらに被保険者の年齢に関して見れば、若年者に比べて高齢者の医療利用頻度が統計的に高いにもかかわらず、年齢による保険料の差が設けられていないことは、世代間所得再分配の機能も持つといえる。このような所得再分配機能を通して、公的保険は、その市場で生活する個人の生活を安定させ、社会的統合を促進し、社会秩序を維持するという機能を持っている。

3　公的保険の保障限定の合理性

　社会の安定と一体化を目的とした生活保障を提供する公的保険では、私的保険のように個人や企業、組織が任意で加入するか否かを選択できるわけではなく、各保険の対象者は加入が義務付けられている。公的保険の加入の義務化はまた、保険加入者ポートフォリオの規模を最大化し、規模の経済性による運営費用の節減にも貢献している。

　しかしながら前述のとおり公的保険の保険料は、個々の加入者のリスク実態に基づいて決定されるわけではないことから、自らのリスクが低いことを認識する個人は、たとえ加入が義務化されていたとしても、潜在的に公的保険システムから離脱するインセンティブを持つおそれがある[8]。仮に少なからぬ個人が、公的保険から離脱しようとすれば、未加入者をスクリーニングし、加入を強制する社会的な費用負担が生じることになる。

　このような事態を回避するためには、個人が加入を躊躇することのないよう保険料の水準をできる限り低廉に抑える必要がある。しかし、**図表10**に示したように、保険料を低廉化するためには、保障も基礎的な範囲に制限せざるを得ない。公的医療保険では、前述のとおり医療費の３割が個人の自己負担となり、また、先進医療が保障の対象とならない。また、雇用保険でも給付日数や金額に制限が設けられている。保障限定の理由は、給付金の財源確保が容易でないことはもちろんであるが、保険料の抑制することにより、システムからの離脱を防止するためでもあるといえる[9]。

　保障の限定はまた、モラルハザードの緩和にも効果を持つといえる。自己負担割合が設けられている公的医療保険の加入者は、健康維持の努力水準を大きく低下させることはないであろう。しかし反面、過度の自己負担が課せられれ

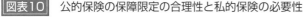

図表10　公的保険の保障限定の合理性と私的保険の必要性

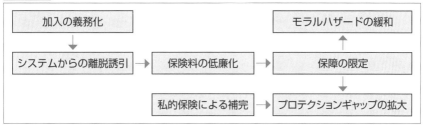

8）このような問題は、**第5章**で詳しく分析する、私的保険市場における逆選択と同様に、深刻となれば公的保険の仕組みが成立しなくなるおそれがある

9）公的医療保険や公的年金では、医療費の上昇や少子高齢化により、財源確保が困難さを一層増しており、租税収入や国債発行などに依存する事態となっている。

ば、必要な生活保障を公的保険のみでは得られないというプロテクションギャップに保険加入者はさらされることになる。その結果、社会の安定を目指す公的保険の本来の目的を損なうことにもなりかねない点には、注意する必要がある。

4　私的保険による公的保険の補完の必要性

以上のように公的保険においては、システムからの加入対象者の離脱を防止するためにも、モラルハザードを緩和するためにも、限定的な保障しか提供し得ない。このため、個人は公的保険のみであらゆるリスクに備えることはできず、各種私的保険を上積みして手当てすることが求められる。このことから、公的保険と私的保険の二層構造によるリスクマネジメントは、合理的な仕組みであるといえる。

公的保険の保障が限定されていることは、個人にとってのみならず、企業や組織にとっても無関係ではない。企業なども、従業員の労働者災害補償保険に加入しなければならず、また、従業員の公的医療保険、雇用保険の保険料の一部を負担しなければならない。さらに、企業や組織が設計する雇用契約上の福利厚生を設計する際にも、従業員がどのような公的保険からどのような保障または補償を得られるのかを理解しておく必要があるといえる。

✎ *Column* ❺ 補償と保障と保証、さまざまなホショウ

「補償」（indemnity）、「保障」（security）、そして「保証」（guarantee, guaranty）は、災害補償、生活保障、信用保証など、いずれも保険や金融の分野で目にする用語であるが、それぞれどのような意味を持ち、どのように使い分ければよいだろうか。

「補償」は、財産などが損失・損害を被った際に主に金銭で埋め合わせる、つまり文字どおり補い償うという意味を持つ。保険の文脈においては、火災や災害、事故などにより被った損失・損害に対して保険金を支払う損害保険の分野で主に使われる。

一方で「保障」には、通常の状態が損なわれないように保護するといった

意味があり、個人の生存や死亡を対象とした生命保険や傷害疾病保険の分野で使われることが多い。同様に、個人が生活上さらされる疾病、傷害、老齢、失業などのリスクに対して基礎的な保護を提供する公的保険の分野でも用いられる（ただし、労働者災害補償保険を除く）。

　「保証」は、確実に請け負う、責任を持つことを意味し、信用リスクを対象とした信用保険や保証保険の分野で使われるほか、諸外国における保険契約者保護制度として設立されている保険保証基金（insurance guarantee fund）などの名称にも見られる。

5 私的保険の種類と対象リスク

1　私的保険の分類

　公的保険が公法人によって運営されるのに対して、私的保険は、保険会社などの私法人が保険者となり提供される保険である。公的保険が、その社会的目的のために、対象者はすべて加入が義務付けられているのに対して、一部の例外を除いて私的保険は、個人や企業、組織が自らのリスクマネジメントのために、主体的に選択し利用するものである。

　私的保険は、対象とする純粋リスクの性質の違いから、損害保険、傷害疾病保険、そして生命保険の3つのグループに大きく分類される。すなわち、**図表11**のとおり、損害保険は、偶然の事故を原因とする財物損失リスクと賠償責任損失リスク、そして一部の人身損失リスクという幅広いリスクを対象としている。傷害疾病保険は、傷害、疾病、後遺障害などの人身損失リスクを、生命保険は、被保険者の生存と死亡に関わる人身損失リスクを、それぞれ対象にしている。

2　損害保険

　損害保険が対象とする財物損失リスクおよび賠償責任損失リスクは、ともに

図表11　私的保険の種類と対象リスク

	保険の種類	対象リスク
損害保険	火災保険、自動車保険、賠償責任保険など	偶然の事故を原因とする財物損失リスクおよび賠償責任損失リスク、偶然の事故を原因とする傷害、後遺障害などの人身損失リスク
傷害疾病保険（第三分野の保険）	傷害保険、医療保険、介護保険など	傷害、疾病、後遺障害などの人身損失リスク
生命保険	死亡保険、生存保険、生死混合保険など	人の生存、死亡による人身損失リスク

偶然発生する事故に起因して当事者が損失を被るリスクである。また、損害保険が補償を提供する人身損失リスクについても、偶然の事故による傷害や後遺障害を軸としている。

　損害保険の種類と対象リスクは、**第3章**において詳しく見ていくが、以下でそれを概観する。

(1)　財物損失リスクを対象とする損害保険

　損害保険のうち、建物、設備・什器、商品・製品、屋外設備装置などが損壊・滅失することにより生じる費用負担に対して保険金が支払われるものが財物保険と呼ばれる一連の損害保険である。

　個人分野の財物保険には、住宅を対象とした住宅火災保険、住宅総合保険などの各種火災保険や地震保険が含まれる。住宅を対象とした火災保険は、個々の契約内容によって異なるものの、一般的にその主要構造部に加え、電気設備などの付属設備、家財など、建物を住居として使用するために必要な各種設備および機器を含めた財物に、火災、落雷、爆発、風災、雹災、雪災、水災、盗難や水濡れなど、さまざまな事象を原因として生じた損害に対して保険金を支払うものである。また、地震保険は、住居用建物と家財が地震、噴火、津波により損壊した際に補償を提供するものである。地震保険は、私的保険でありながら地震被害者の救済という社会的目的を有する特殊な保険であり、**第2章**で取り上げる「地震保険に関する法律」に基づき運営されるとともに、公的な再保険制度が整備されるなど、強い公的加入の下で運営されている。自動車保険の構成する車両保険も、財物保険に含まれ、衝突や接触、墜落、転覆、他物の落下、火災、盗難などによって被保険自動車が受けた損失に対して、保険金が支払われる。

　企業や組織を対象とした財物保険には、**第3章**でも詳しく取り上げるように、火災保険や動産総合保険、工事保険、利益保険などが含まれる。企業財物保険の保険事故は、火災に加えて多様な事故を補償対象とした、いわゆるマルチリスク型化が進んでいる。具体的には落雷、破裂・爆発、さらには航空機の墜落、また、従来は拡張危険担保特約や個別の保険によって補償されてきた風

災、水災、雪災、そして電気的事故や機械的事故も対象となるものが一般的になりつつある。また、利益保険は、保険事故により工場や機械などの生産設備が損傷を受けた結果、事業を中断せざるを得ず休業損失を被った場合に、それを補償する保険である。財物の損壊・滅失に起因する損失を補償するという点において、財物保険に付随する保険である。

(2)　賠償責任損失リスクを対象とする損害保険

　他者に対して賠償責任を負うリスクを対象とした損害保険が、各種賠償責任保険である。

　自動車事故を自らの過失により引き起こし、被害者に対して賠償責任を負うリスクを対象とした保険としては、自賠責保険が挙げられる。これは、自動車事故被害者の救済と自動車輸送の健全な発展という社会的目的を持つ保険であり、第2章で取り上げる自賠法に基づき運営されている。また、第3章で詳細に取り上げるが、人身事故による対人賠償責任の負担のみが補償対象となるとともに、保険金には支払限度額が設けられている。自動車保険を構成する対人・対物賠償責任保険は、このような自賠責保険の補償限度を超えて補完的補償を提供するものであり、その支払限度額を超過した被害者の医療費や慰謝料、休業損失、また被害者が被った財物損失に対する損害賠償金を補償するものである。また、個人賠償責任保険は、個人が広く日常生活において、自らの過失により他者が傷害を負ったり、その財物を損壊したりした場合に、被害者に支払わなければならない損害賠償金や、弁護士費用などの費用負担に対して、補償を提供する保険である。

　企業や組織を保険契約者とする賠償責任保険には、それらが所有、使用または管理する店舗や事務所など施設の構造上の欠陥や管理上の不備によって生じた事故による損害賠償責任の負担に備える施設賠償責任保険、建築や設備工事など請負業務の遂行中の事故などによって第三者が損失を被った際の損害賠償責任負担のリスクを対象とした請負業者賠償責任保険などが含まれる。また、生産物責任保険は、企業が製造した製品の欠陥によって顧客が傷害を負ったりしたことにより製造物責任を負担した場合などに、保険金が支払われるもので

ある[10]。また、株式会社の経営者が、不適切な経営行動により株価が下落したような場合に、株主に対して負う賠償責任のリスクなどを対象とした会社役員賠償責任保険や、弁護士や医療従事者が顧客や患者に対して負う賠償責任のリスクを対象とした専門職業人賠償責任保険なども、賠償責任保険に含まれる。

(3) 人身損失リスクを対象とする損害保険

損害保険のなかにも、人身損失リスクを対象とした保険がある。

自動車保険を構成する搭乗者傷害保険や人身傷害保険などの傷害保険は、自動車の運転者やその同乗者が、自動車搭乗中またはそれ以外の状況で傷害を負ったり、後遺障害となったり、死亡したりするリスクを対象にした保険である[11]。自損事故や無保険自動車による事故などのように、事故の相手方に賠償請求ができないような場合の人身損失は、同じく自動車保険を構成する自損事故保険や無保険車傷害保険が対象としている。

以上のように、損害保険は、財物損失リスク、賠償責任損失リスクおよび人身損失リスクのすべての純粋リスクを対象としており、保険商品の種類も多岐

図表12	損害保険の種類と主な保険
損害保険の種類	**主な保険商品**
財物保険と それに関する保険	各種火災保険、地震保険、車両保険、動産総合保険、工事保険、利益保険 など
賠償責任保険と それに関連する保険	自賠責保険、自動車保険、個人賠償責任保険、施設賠償責任保険、請負業者賠償責任保険、生産物賠償責任保険、会社役員賠償責任保険、専門職業人賠償責任保険 など
傷害保険	搭乗者傷害保険、人身傷害保険、自損事故保険、無保険車傷害保険 など

---

10) これらの企業分野の賠償責任保険は、**第3章**で述べるように、被害者に対して支払う損害賠償金のほか、損害賠償責任の負担により生じる弁護士費用や、製造物責任による製品回収の費用についても通常補償対象としている。

11) 人身傷害保険では、契約対象の自動車以外の自動車に搭乗中の事故や、歩行中の自動車事故による傷害も、通常補償対象となる。

にわたっているが、その主なものをまとめると、**図表12**(前頁)のとおりとなる。

3　傷害疾病保険

　傷害疾病保険は、傷害または疾病により被保険者が負担する医療費、介護費、休業損失などを対象としているが、これらを原因として後遺障害となったり死亡したりした場合にも保障を提供するものである。

　傷害や疾病は、偶然の事故によっても生じうるものの、職業や日常の活動状況、生活習慣や様式によっても一部左右されるものである。特に疾病に関しては、食事や運動といった生活習慣に加え、遺伝的要因から影響を受けるものもある。この点において、純粋に偶然の事故とはいいきれない性質のものである。

　また、後述する生存または死亡のように必ずいずれかの状態にあるものではなく、医療費が発生するような傷害や疾病を繰り返し経験する個人もいれば、これらを長期間経験しない個人も存在する。

　このように、傷害や疾病のリスクは、偶然の事故に関わるリスク、人の生存または死亡のリスクのいずれとも性質が異なることから、わが国においては、損害保険および生命保険とは別の分野として取り扱われている[12]。

(1)　傷害保険

　傷害保険は、急激かつ偶然な外来の事故により被保険者が負った傷害に対して保険金が支払われるものである[13]。

　事故の急激性とは、原因となった事故から結果としての傷害までの過程が直

---

12) このような保険が対象とするリスクの性質とともに、保険期間も保険の種類により大きく異なる。損害保険や傷害疾病保険は、保険期間が1年から数年と比較的短期であり、定期的に契約内容が見直されるのに対して、生命保険は数十年と長期のものも少なくない。このようなリスクの性質や保険期間の違いから、わが国では、損害保険は損害保険会社が、生命保険は生命保険会社が、それぞれ引受可能であり、両者の兼業は禁止されている。ただし、傷害疾病保険に関しては、損害保険会社、生命保険会社のいずれも引受可能となっている。

13) 事故の急激性、偶然性、外来性については、**第3章**において詳しく述べる。

接的で、時間的間隔のないことを意味する。

　また、事故の偶然性とは、傷害の原因となった事故が偶然であったこと、または、事故は偶然でなくても結果として発生した傷害が偶然であったことのいずれか、あるいはその両方を指す。

　事故の外来性とは、傷害の原因が身体の外からの作用によることをいう[14]。

　傷害保険は、生活上、通勤途上、業務中、旅行中など日常のあらゆる傷害を対象とする普通傷害保険や、交通に関わる傷害を対象とする交通事故傷害保険、旅行中の傷害を対象とする旅行傷害保険などがある[15]。また、企業や組織がその従業員が業務中および通勤中に負う傷害を対象とする団体傷害保険もあり、福利厚生制度の一環として利用される。

(2)　医療保険

　医療保険は、被保険者が傷害や疾病により医療サービスを受けた場合に、保険金が支払われる保険である。

　具体的には、被保険者が入院した場合に支払われる入院保険金、手術を受けた場合の手術保険金、治療のために引き続き通院した場合の通院保険金などが支払われる。また、先進医療の費用、通院のための交通費などの費用、死亡した場合の葬儀費用などについても保険金が支払われるものも見られる。また、がんを対象としたがん保険や、がんに急性心筋梗塞および脳卒中を加えたいわゆる三大疾病保険など、特定の疾病のみを対象とする医療保険もある。

(3)　所得補償保険

　所得補償保険は、被保険者が傷害または疾病により就業不能となった場合に失われた所得を補償する保険であり、就業不能保険とも呼ばれる。個人事業者や、パートナーシップ形態を取る企業の経営者にとって、自らの就業不能は、

---

14)　多くの疾病は外来性を伴うとは見なされないが、第3章で述べるように、火災による一酸化炭素中毒などは、外傷がなくとも外来性があると通常見なされる。

15)　海外旅行傷害保険では、旅行中またはその直後に発症し、旅行中にその原因がある感染症などの疾病も保険金支払いの対象としている。

図表13　傷害疾病保険の種類と主な保険

傷害疾病保険の種類	主な保険商品
傷害保険	普通傷害保険、交通事故傷害保険、旅行傷害保険　など
医療保険	医療保険、がん保険、三大疾病保険　など
所得補償保険	所得補償保険　など

直接収入の途絶につながるため、所得補償保険により、そのような事態に備えることができる。

　図表13は、これらの傷害疾病保険の種類と主な保険商品をまとめたものである。個人は公的医療保険を補完し、あるいはその上積みの補償として、これらの傷害疾病保険を利用することができる。

　また、企業や組織にとっても、人的資源に関するリスクマネジメントとして、あるいは優秀な人材確保のための福利厚生の一環として、従業員、管理者、また経営者自身を被保険者とした傷害保険などがしばしば利用される。

4　生命保険

　生命保険は、個人の生存または死亡のリスクを対象とした保険である。

　人の生死は、常にいずれかの状態にある点で、前述の損害保険のように起きるか起きないか自体も不確実である偶然の事故とは性質が異なるものである。ただ、いつまで生存するのか、あるいはいつ死亡するのかというタイミングに関しては不確実であり、生存すれば生活費や医療費などの費用が必要となり、死亡すれば本来得られたであろう所得が失われ、逸失利益が生じる。仮に死亡した個人に被扶養者がいれば、生活費に充てるべき収入が途絶することになる。

　このように個人の生存と死亡は、ともに事故の発生が損失につながる純粋リスクである。

(1)　生存保険

　個人の生存のリスクを対象にした生命保険が、生存保険である。生存保険で

は、被保険者が約定の一時点に生存していた場合に保険金が支払われるもの
で、個人年金保険、学資保険などの名称で保険会社から提供されている。

　個人年金保険を見ると、被保険者が満65歳など一定の年齢に達することを保
険事故として、その時点で一時金としての保険金が支払われたり、それ以降毎
年一定額の保険金が支払われたりするものである。また、学資保険では、被保
険者が満18歳に達したときなどに、その後の教育費に充当するための保険金が
一時金として支払われる。

　これらの生存保険は、純粋に生存保障のみを提供するのではなく、被保険者
が一定年齢に到達する前に死亡した場合に、それまでに払い込まれた保険料の
累積額に応じて、保険金が支払われるように死亡保障を組み入れて設計されて
いるものが一般的である。

(2)　死亡保険

　死亡保険は、保険期間内に被保険者が死亡した場合に、これを保険事故とし
て保険金が支払われる生命保険である。死亡保険は、保険期間の設定方法に応
じて、大きく定期保険と終身保険に分類される。

　定期保険は、保険終期を一時点に定め、それまでに被保険者が死亡した場合
に保険金が支払われる。終身保険は、被保険者の死亡時を保険終期と見なすも
ので、時期にかかわらず死亡すれば必ず保険金が支払われ、このため同じ保障
内容であれば定期保険より保険料は高額となる。

　実際には、この両者を組み合わせて利用する場合が多い。たとえば必要最低
限の終身保険に、被扶養者が成人になる時点を保険終期とした定期保険を上積
みするなどの契約方式が多く見られる。

(3)　生死混合保険

　生存保険と死亡保険を組み合わせた保険が、生死混合保険であり、養老保険
などの名称で引き受けられている。

　生死混合保険では、保険期間中の被保険者の死亡と、保険終期における生存
が、ともに保険事故となる。前述の生存保険での死亡保障が、死亡までの累積

保険料に従って決定されるのに対して、生死混合保険では、保険期間内であればいつ死亡しても、同じ金額の保険金が支払われるとともに、保険終期に生存していれば、やはり同額の保険金が支払われる。

　以上のような各種生命保険は、個人にとっては早期の死亡や老齢のリスクに備えるものとして、公的年金などの生活保障を補完するために、また、子供の教育費負担に備えるために貯蓄に加えて利用できるものである。また、企業や組織にとっても、傷害疾病保険と同様に事業活動に不可欠な人的資源管理の一環として、これらの生命保険を利用することができる。このような生命保険の種類と主な保険商品は、図表14のとおりである。

図表14　生命保険の種類と主な保険

生命保険の種類	主な保険商品
死亡保険	定期保険、終身保険　など
生存保険	個人年金保険、学資保険　など
生死混合保険	養老保険　など

第2章
損害保険を支える仕組み

　損害保険は、純粋リスクのうち、偶然の事故を原因とする財物損失のリスクと賠償責任損失リスク、そして一部の人身損失リスクを対象として、損害保険会社から提供される保険であり、第1章で触れたとおり、個人や企業、組織によって生命保険とともに従来から最も広く利用されてきたリスクマネジメントの手段である。

　本章では、損害保険によるリスク移転を可能とする制度上の仕組みとして、保険法と保険業法をはじめとする法律、損害保険会社や保険募集人を含む損害保険業を担う当事者、保険事故や被保険利益など損害保険の補償範囲を決定する事項を見ていく。そのうえで保険制度を支える原理として、収支相当の原則および給付反対給付の原則などの等価原則、そして大数の法則と中心極限定理という統計数理上の法則を理解し、保険におけるリスクプーリングとそのリスク縮小効果を分析する。

1 損害保険に関わる法律

1　保険法と保険業法

　保険契約が保険契約者と保険者との間で結ばれたリスク移転契約であること
は、**第1章**において述べたとおりであるが、このような保険契約に関する基本
原則を定めた法律が保険法である[1]。保険法には、保険の種類、そして保険契
約者および保険者、被保険者、保険金受取人などの関係当事者の権利・義務関
係を定められている。すなわち、保険契約者または被保険者に対しては、保険
契約締結に際して保険会社が告知を求めた事項に応答する、告知義務を規定す
るとともに、保険契約者には支払事由すなわち保険事故が発生したときは、遅
滞することなく保険会社に通知することを求めている。一方で保険会社に対し
ては、保険契約締結時に書面を交付する義務、そしてそれに記載すべき事項に
ついて規定するとともに、保険事故発生後には、損害調査などに必要な相当の
期間を超えて保険金を支払えば、遅滞の責任を負うことを定めている。そのほ
か保険契約の解除、保険料の返還、保険金請求や保険料返還請求の消滅時効な
ど、保険契約の一般的な規律が定められている。

　保険法が保険契約に関わるさまざまな当事者の権利および義務を中心に定め
ているのに対して、保険業法は、保険契約に関して情報劣位にある保険契約者
の立場を補完することを目的として、保険会社などの保険事業の運営主体と
なる企業や組織に対する監督の方法や内容を定めたものである[2]。具体的には、
保険業免許、保険会社の財務健全性維持のための早期是正措置と早期警戒制

---

1 ）現行の保険法は2010年4月1日から施行されている。これに先立って保険法は商法の保険
　　に関する一連の規律を指していたが、現在の保険市場の実態に必ずしも適合しない事項も
　　少なくなかったため、保険法にという明示的に独立した法律としたものである。
2 ）保険業法は1990年に保険業規制の中核をなすものとして制定され、その後1939年に保険
　　業の免許規定を厳密に定めた改定が行われた。さらに1996年に保険業の規制緩和に対応
　　し、保険会社の財務健全性の維持や公正な事業運営を目的とした改正が行われ、それ以
　　降、保険業を取り巻く状況変化にあわせてたびたび改正が行われている。

図表1	保険の種類と保険業免許

保険法における保険契約の種類		保険業法における保険業免許の種類	
損害保険契約		第二分野	損害保険業免許
傷害疾病保険契約	実損てん補型	第三分野	
	定額給付型		生命保険業免許
生命保険契約		第一分野	

度、保険契約者保護制度、意向把握義務と情報提供義務など保険契約募集の基本原則、保険料や保険約款に関する事前認可制度、そして裁判外紛争解決制度などが定められている[3]。

　保険法および保険業法における保険の種類、そしてそれらの取扱いが可能な保険会社の種類を見ると、**図表1**に示したとおりとなる。すなわち、保険業法においては、**第1章**でも触れたとおり人の生存・死亡に関わるリスクを対象とした保険を生命保険（第一分野）、偶然の事故に関わるリスクを対象とした保険を損害保険（第二分野）、人の傷害・疾病に関わるリスクを対象とした保険を傷害疾病保険（第三分野）と定め、さらに傷害疾病保険について実損てん補を基本とするものと、定額給付のものとに細分している。

　保険業法では、これらの保険を取り扱うことができる保険会社として、損害保険業免許を有するものは損害保険と実損てん補型の傷害疾病保険を、生命保険業免許を有するものが生命保険と定額給付型の傷害疾病保険を、それぞれ取り扱うことができると定めている[4]。

2　損害保険料率算出団体に関する法律

　損害保険の保険料と補償内容に関しては、これらの情報が記述された事業方法書、普通保険約款および保険料算出方法書などの基礎書類を、規制者が事前

3）損害保険に関する規制の詳細については、**第4章**を参照されたい。

4）免許と業務範囲に関する規制の詳細については、**第4章**を参照されたい。

に審査し、認可を付与する事前認可制度が保険業法により定められている。しかし、保険料と補償内容に関する情報については、保険契約者が著しく劣位な立場にあることに加え、それらを算出、設計する保険会社自身も完全な情報を得られるとは限らない。このため、事前認可制度に加え、保険会社が参考または基準とすることができる保険料率を、損保料率機構が算出している[5]。

「損害保険料率算出団体に関する法律」は、同機構の適切な業務運営について定めることで、保険契約者の情報劣位な立場を補完するとともに、損害保険会社の財務健全性を維持することを目指したものである。同法においては、保険料率が合理的であること、妥当であることおよび不当に差別的であってはならないことの3つの要件を満たさなければならないという、いわゆる保険料率の三原則を定めている[6]。これに基づいて損保料率機構は、個人の生活、企業や組織の活動に深く関わるリスクを対象とした火災保険、任意自動車保険および傷害保険について、会員である保険会社の統計データなどに基づき、将来の保険金に充てられる部分である純保険料率を参考純率として算出している。

図表2のとおり、金融庁による適合性審査を通過したのち、損害保険会社は、参考純率を自らの保険料算出の参考とすることができる。また、すべての個人

| 図表2 | 参考純率と基準料率 | |

損保料率機構が算出する保険料率	対象となる保険の種類	保険会社による使用態様
参考純率	自動車保険 火災保険 傷害保険	損害保険会社は、保険料率算出の参考とすることができる。使用義務はない。
基準料率	自賠責保険 地震保険	損害保険会社は、届出を行えば使用することができる。使用義務はない。

5）保険料率は、保険金額1,000円に対する保険料を指す。なお、損害保険の保険料と補償内容に関する情報の不完全性と、それを補完するための規制の詳細については第4章を参照されたい。

6）保険料率の三原則、参考純率および基準料率の詳細については、第4章を参照されたい。

にとって完全には回避し得ない地震と自動車事故のリスクを対象とした地震保険と自賠責保険については、同機構が純保険料と保険会社の管理運営費に充てられる付加保険料とを含めた保険料率を基準料率として算出している。そして保険会社は基準料率を使用するという届出を行えば、それを変更することなく自らの保険料率として使用することができる[7]。

3 地震保険に関する法律

「地震保険に関する法律」は、地震被害者の生活の早期復旧のために、地震保険の安定的な供給を目指したものである。地震のリスクは、期待保険金の不確実性が高く、また、エクスポージャ間の独立性が低いため、保険の対象とすることが容易ではない[8]。そこで同法では、地震保険の補償対象となる保険の目的物を、居住用の建物と生活用動産とすること、地震、噴火または津波を原因とする火災、損壊、埋没または流失による損失をてん補対象とすること、保険金額に制限を設けること、1回の地震による保険金の総支払限度額を設けることなど、補償内容を基礎的な範囲に限定することを定めている。

また、地震保険契約を引き受ける保険会社の財務健全性維持のために、公的に整備された再保険制度を通して保険責任を政府が引き受けることについても記されている[9]。

---

7) 「損害保険料率算出団体に関する法律」には、損害保険料率算出団体が規定に基づいて行う行為には、「私的独占の禁止及び公正取引の確保に関する法律」を適用しない旨も定められている。

8) 地震を含む大規模自然災害のリスクの保険可能性については、**第5章**において詳細に分析しているので、参照されたい。

9) 「地震保険に関する法律」は、1964年の新潟地震の後、地震保険の必要性を巡る議論が交わされるなか、政府の施策として地震保険制度の導入が推し進められ、損害保険各社もこれに協調し、1966年に施行された。その後、物価上昇を考慮するとともに、相次ぐ大規模地震による甚大な被害の発生を契機として、保険金額の限度額や総支払限度額の引上げが順次行われてきた。地震保険の現在の補償内容については、**第3章**を参照されたい。

4　自　賠　法

　自賠法は、自動車事故被害者の救済を第一の目的とするとともに、自動車運送の健全な発達に資することを目指し、自動車の運行によって人の生命または身体が害された際の損害賠償を保障する制度を確立することを定めた法律である[10]。同法では、自動車事故被害者から加害者に対する責任追及を確立するために、故意・過失の立証責任を加害者側に負わせる民事損害賠償責任の規定を記している。すなわち、自らのために自動車を運行の用に供する者が、そのことにより他者の生命または身体を害したときは、自動車の運行に関し注意を怠らなかったこと、被害者または第三者に故意・過失があったこと、かつ自動車に構造上の欠陥や機能障害がなかったことを証明しない限りは、損害賠償責任を負担するという自動車損害賠償責任の原則を定めている。

　そしてこの原則に基づく自賠責保険契約が締結されている自動車でなければ運行の用に供してはならないと定め、すべての自動車および原動機付自転車に対して、同保険への加入を義務付けている。また、同保険契約の保険金額や保険金支払基準、指定紛争処理機関、保険料率の基準、政府による自動車損害賠償保障事業など、被害者救済を確実なものとするための規定が設けられている。

5　製造物責任法

　製造物責任法は、迅速で適切な被害者救済を図ることを目的として、製造物の欠陥を原因として、個人が生命、身体または財産に損害を被った場合に、その製造物を製造した事業者などに対して損害賠償請求を行うことができることを定めた法律である。生産物賠償責任保険は、製造物責任法に基づき運営され

10）自賠法は、第二次世界大戦後の自動車の普及に伴う自動車事故の急増により、被害者の救済が社会的に要請されるようになっていた1955年に施行され、これに基づき自賠責保険が創設された。同法には、自賠責保険とともに自動車事故被害者救済の役割を担うものとして自動車損害賠償責任共済についても同様に定めている。なお、自賠責保険の対象リスクと補償内容については、**第3章**を参照されたい。

ている[11]。通常の不法行為責任に基づく損害賠償責任では、民法の規定により損害を被った被害者が加害者に過失があったことを立証しなければならない。これに対し、製造物責任法では、被害者が製造物の欠陥を立証すれば、損害賠償請求ができる旨を定めている[12]。

ここにいう製造物は、人為的に操作や処理を加えて作り出されたり、既存の物品に新たな価値を加えたりしたものであり、大量生産された電気機器や自動車などの工業製品、窓や扉など建物の付属設備、小麦粉や食用油などの加工食品などが含まれる[13]。無形の製品であるソフトウェアは、製造物責任法の対象とならないものの、これが組み込まれた製造物の事故による損害がソフトウェアの欠陥に起因する場合には、製造物責任法に基づく損害賠償責任が生じる[14]。

また欠陥とは、製造物が通常有すべき安全性を欠いていることを指しており、安全性を左右しないような単なる品質上の不具合は該当しない。たとえば、製造した自転車のブレーキに欠陥があり利用者が傷害を負ったり、家庭用電気機器のバッテリーの欠陥により発火し火災となったり、化粧品の成分が原因で皮膚疾患となったりするなど、安全性を欠いている場合に欠陥があったと判断される。ただし実際には、製造物の特性、使用形態、引渡時期など、個別の事例により安全性に影響を及ぼす要因が大きく異なるため、欠陥の有無についてはそれぞれの状況が勘案される。

---

11) 製造物責任の英文名称Product Liabilityに基づき、同法はPL法とも呼ばれる。また、生産物責任保険については、**第3章**を参照されたい。

12) このことから製造物責任法は、民法の不法行為責任の特則として位置付けられる。

13) 不動産や農林畜水産物、電力などは製造物に含まれない。

14) 自動運転システムを装備した自動車による事故の場合にも、その製造者が製造物責任による損害賠償責任を負う場合がある（自動運転化と自動車保険については**第3章**を参照）。

2 損害保険業に関わる当事者

1 損害保険会社

　保険によるリスク移転契約において、リスク移転者が保険契約者となり、リスク引受者が保険者となることは、**第1章**で触れたとおりであるが、損害保険に関しては、損害保険業免許を有する損害保険会社が保険者となる[15]。損害保険会社は、本章**4**で述べるリスクプーリングの効果を利用して、引き受けた保険契約全体での収支を平準化させ、リスクを縮小している。すなわち保険事故発生の相関が低いエクスポージャを数多く引き受け、それらを結合してポートフォリオとして管理することによって、全体としての期待保険金の変動性を縮小している。

　しかし、このようなリスクプーリングを行うには、さまざまな費用を負担しなければならない。保険契約の募集のためには契約条件を設計したうえで、アンダーライティングを通してリスク実態の評価を行い引き受けるべき保険契約を選択する必要がある。さらに、再保険取引を行うことで、リスクプーリングの効果を一層高めるよう努めている。また、保険契約者に対してリスクコントロールサービスを提供するとともに、保険事故が発生すれば、迅速に損害調査を行い、保険金を支払わなければならない。これらの一連の業務には、いうまでもなくさまざまな人件費・物件費がかかるが、損害保険会社は、数多くの保険契約を引き受けることにより、規模の経済性を機能させ、1件当たりの保険契約引受け、維持、管理、保険金支払いにかかる費用を節減している[16]。このように損害保険会社は、費用効率的にリスク縮小を行うリスクプーリングアレンジメントの管理者であるといえる。

---

15) 保険法は、保険者について「保険契約の当事者のうち、保険給付を行う義務を負う者」と定めている。また、保険会社の会社形態としては、株式会社と相互会社が許されているが、現在わが国において損害保険業を営む相互会社は見られない。

16) アンダーライティング、再保険取引、リスクコントロールサービスなどのリスクの保険可能性補完効果については、**第5章**において詳細に分析している。

2 保険代理店

保険代理店は、保険契約の募集を行う保険募集人であり、損害保険において
は保険販売チャネルにおいて中心的な役割を担ってきた[17]。損害保険代理店は、
損害保険会社と販売委託契約を結び、保険会社を代理して保険契約募集を行
い、保険契約者と契約を締結する。その際には、個々の契約申込者の意向を把
握し、保険商品の保険料や補償内容に関する情報を提供しなければならず、そ
のための高い技術知識が求められる[18]。

保険代理店には、特定の保険会社の保険契約のみを取り扱う専属代理店と、
複数の保険会社の契約を取り扱う乗合代理店がある。また、専属代理店と乗合
代理店のそれぞれに、代理店業を専業とする代理店と、保険代理店業を副業と
して別に本業である事業を行う副業代理店とが存在し、後者には自動車販売
店、自動車整備工場、旅行代理店など、自動車保険や旅行傷害保険と関連する
事業を行う例が多く見られる。

3 保険仲立人

保険代理店が保険会社から販売委託を受けた代理人であるのに対して、保険
ブローカーとも呼ばれる保険仲立人は、独立した立場で保険契約者からの委託
に基づき、保険会社に対して保険契約の契約条件や補償内容に関して交渉を行
い、保険契約締結を媒介する保険募集人である。このように保険契約内容に深
く関与する保険仲立人は、国際的保険市場においては、エクスポージャの規模
が大きく、リスクの性質も個別性が高い企業分野の損害保険契約募集におい
て、その高いアドバイザリー技能により中心的な役割を担っている。

　一方でわが国においては、比較的新しく導入された販売チャネルでもあるこ

---

17) 生命保険契約募集においても保険代理店は、営業職員による対面販売に次いで多くの保
　険契約募集を担っている。

18) 意向把握義務と情報提供義務については、前述のとおり保険業法においても定められて
　いる。

とから、現在とのところ契約引受規模は大きくない[19]。

4　監督官庁

　損害保険業に対しては、内閣府の外局として設置されている金融庁が規制主体となり、保険業法をはじめとする関係法令に基づき、監督・検査を行っている。その目的は、健全かつ適切な保険会社の業務運営と公正な保険募集を実現することにより、保険契約者の保護、そして国民生活の安定と経済の健全な発展に資することである。

　保険規制は、大きく監督と検査により構成される。監督は、保険会社により報告または届け出られる各種書類などの情報に基づき、保険会社の業務運営状況を継続的にモニタリングするものであり、免許と業務範囲に関するもの、保険料と補償内容に関するもの、財務健全性に関するもの、保険募集に関するものなど、損害保険の業務プロセスのあらゆる段階を対象として行われている[20]。

　これにより金融庁は、問題発生を事前に防止しようとしているが、保険会社の業務運営の実態を詳細に把握するためには、書類などに基づく監督のみでは不十分である。そこで金融庁は、保険会社へ立入検査を行うことにより、保険会社の保険募集管理を含む法令遵守体制、保険引受けや資産運用におけるリスク管理体制などについて、書類上では確認できない経営の実態を把握しようとしている。監督・検査の結果、問題点が見出されれば、改善計画の提出を求めたり、場合によっては業務縮小や停止を命じたりするなどの行政上の措置を取っている[21]。

19）保険仲立人は、1996年に施行された保険業法によって導入された保険販売チャネルである。

20）損害保険市場の不完全性緩和のためにどのような公的介入が行われているのかについては、**第4章**を参照されたい。

21）金融庁は、保険会社向けの総合的な監督指針を策定・公開し、監督・検査の基本的な考え方や、その具体的な手法や着眼点を示している。

5　損害保険関係団体

　保険会社は、前述のような監督官庁による監督・検査を受けることに加え、保険会社間で自ら調整を行うことによっても、健全、適切な業務運営に努めている。保険契約締結にあたって保険契約申込者は、保険会社の支払能力や保険商品の保険料と補償内容に関して十分な情報を得たうえで意思決定をすることが望まれるが、複数の保険会社の財務状況や経営実態、保険商品に関する詳細情報を入手し分析することは、個人の場合はいうまでもなく、企業や組織にとっても容易ではない。保険関連団体は、このような情報の問題を緩和することにも貢献している。

　こうした役割を担う損害保険関係団体の主なものは、**図表3**（次頁）に示したとおりである[22]。これらのなかで日本損害保険協会は、国内の損害保険会社を会員とし、会員各社の財務情報や標準的な損害保険商品の内容を広く消費者に向けて公開することなどの活動を通して、保険会社の支払能力や保険商品の保険料や補償内容に関する情報を補完する役割を担っている。同様に、日本損害保険代理業協会と日本保険仲立人協会は、保険代理店や保険仲立人に対して教育・研修、試験などを実施し、これらの当事者の適切な業務遂行を推進するとともに、損害保険に関する情報を広く社会に提供する努力を行っている。損害保険事業総合研究所も、損害保険会社や保険代理店、保険仲立人を対象とした教育・研修を行うとともに、保険に関する学術振興、関連書籍の発行を通じた保険関連知識の普及に貢献している。

---

22)　**図表3**に挙げた団体のほか、損害保険に関係するものとしては、原子力保険の共同事務処理や調査・研究を行う日本原子力保険プール、鑑定業務に関する研修・調査・研究などを行う一般社団法人日本損害保険鑑定人協会、アジャスターの登録・試験・研修などを行う全国技術アジャスター協会、少額短期保険の理解促進事業などを行う日本少額短期保険協会などが存在する。生命保険に関しても同様に、生命保険協会が、生命保険事業に関する情報提供・理解促進、相談、苦情対応、紛争解決などの事業を行っている。生命保険文化センターは、生命保険に関する消費者啓発・情報提供活動、学術振興事業、調査・研究などの活動を行っている。

| 図表3 | 主な損害保険関係団体と事業内容 |

団体の名称	主な事業内容
一般社団法人 日本損害保険協会	国内の損害保険会社を会員とし、 ・損害保険業に関する研修・試験・認定 ・損害保険への理解促進 ・損害保険契約者からの相談対応、紛争の解決支援 ・事故・自然災害の防止・軽減に関する事業 などを行う。
一般社団法人 外国損害保険協会	わが国の損害保険業免許を取得した外国損害保険会社・グループを会員とし、 ・損害保険に関する情報の収集・調査・研究 ・損害保険に関する各種法令の調査、研究 ・損害保険に関する課題について会員を代表する意見の集約・表明 などの事業を行う。
一般社団法人 日本損害保険 代理業協会	損害保険代理店を会員とし、 ・損害保険代理店に対する教育・研修に関する事業 ・損害保険代理店に対する経営支援 ・損害保険に関する啓発・宣伝 ・損害保険代理店制度や業務に関する調査・研究・提言 などの事業を行う。
一般社団法人 日本保険仲立人 協会	保険仲立人を会員とし、 ・保険仲立人に対する教育・研修・能力判定試験の実施 ・保険仲立人制度に関する調査研究 ・保険仲立人に関する機関誌・学術図書の発行 ・会員、関連諸団体の活動に関する情報交換・協力 などの事業を行う。
公益財団法人 損害保険事業 総合研究所	・損害保険・関連分野に関する教育・研修 ・損害保険・関連分野に関する調査研究 ・資料の収集・整理、図書館の運営 ・損害保険・関連分野の学術活動への支援・助成 などの事業を行う。
損保料率機構	「損害保険料率算出団体に関する法律」に基づき設立され、損害保険会社を会員とし、 ・参考純率および基準料率の算出・提供 ・自賠責保険の損害調査 ・損害保険関連情報の収集・分析・研究・成果の提供 などの事業を行う。

損害保険契約者 保護機構	保険業法に基づき設立され、損害保険会社を会員とし、 ・破綻保険会社の救済保険会社への資金援助 ・救済保険会社がない場合の保険契約の引受け ・保険金支払停止見込みの保険会社に対する資金貸付け などの事業を行う。
一般社団法人 自賠責保険・ 共済紛争処理機構	自賠法に基づいて設立され、 ・自賠責保険・共済の支払いにかかる紛争の調停 ・自賠責保険・共済の支払いに関する被害者などの相談対応 などの事業を行う。

　保険関連団体には、法律に基づいて設立されているものもある。前述のとおり損保料率機構は、「損害保険料率算出団体に関する法律」により、参考純率と基準料率、そしてそれらの算出根拠となる標準約款を編纂し、損害保険の保険料と補償内容などに関する情報を補完している。また、損害保険契約者保護機構は、保険業法に基づき設立された団体である。同機構は、事前に保険会社に拠出金の積立てを求め、これを原資として、保険険会社が破綻した場合に、保険契約者への補償のための資金の援助を行っている[23]。つまり、保険会社の支払能力の情報不完全性を、事後的に補完する役割を担っているといえる。

---

23) 第4章において詳細に述べるように、すべての保険の種類や保険契約者が、損害保険契約者保護機構の保護の対象となるとは限らない点には留意する必要がある。

❸ 損害保険の補償範囲を決定する基本的事項 ✎

1　保険の目的物と被保険者

　第1章でも触れた保険の目的物は、損害保険の保護の対象となる財物を意味する。火災保険や地震保険では建物やその収容物が、自動車保険の車両保険では自動車が、船舶保険での船体、貨物保険での貨物などが保険の目的物となり、これらが後述する保険事故により損壊し損失が発生すれば、保険金が支払われる。

　他方で損害保険契約における被保険者は、保険によるてん補の対象となる損害を受けるおそれのある当事者を指し、火災保険や地震保険では、保険の目的物である建物などの財物の所有者などが該当する。同様に傷害疾病保険では、傷害や疾病により損害を被る個人が被保険者となる。損害保険のなかでも自賠責保険や自動車保険では、自動車保有者・運転者ではなく、自動車単位で保険契約を結ぶことから、これらの保険契約の対象となった自動車を、被保険自動車という。

2　保険事故と免責事由

　損害保険契約において保険事故は、保険会社がてん補対象とする損害を生じさせる、つまり損害発生と因果関係のある偶然の事故を意味する。火災保険においては保険の目的物である建物やその収容物に損害を生じうる火災や落雷、爆発などが保険事故となる。同様に自動車保険を構成する車両保険では、保険の目的物である車両に損害を与える衝突や風水災などが該当する。一方で建物や車両の通常の使用による摩耗や劣化については偶然性が伴うとはいえず、保険事故とは通常ならない。

　ただし、偶然性を伴う保険事故が発生しても、法律または保険約款に基づく免責事由により、保険会社が保険金支払義務を負わない場合がある。保険法では、保険契約者や被保険者の故意または重大な過失などにより事故が発生して

も、免責事由となり保険金は通常支払われないとしている[24]。

さらに個々の保険商品により異なるものの、保険の技術上の制約やモラルハザードの防止、公益上の要請への対応を目的として、保険約款において免責事由を定めている場合がある。火災保険では、地震・噴火・津波を原因とする損壊・埋没・流失による損害は通常保険金支払いの対象とはならない。これは、これらの事象が損失発生の相関が高く、保険のリスクプーリング効果を望みにくいという技術上の制約によるものである[25]。同様に労働争議に伴う暴力行為や破壊行為による損失も免責事由に挙げられるが、これは技術上の制約に加え、社会的にも影響が小さくない事象を回避する公益上の要請に基づくものといえる。

3 被保険利益と保険価額

被保険利益は、保険事故が生じたことにより被った損害によって、減失するおそれのある利益を指す。いい換えれば、損害が発生しなければ得られてあろう利益である。住宅を対象とした火災保険においては、保険の目的物である住宅が損壊することにより、それを住居として使用する利益が失われることになる。損害保険契約が有効に成立するためには、このような被保険利益が存在することが前提となる。

被保険利益は、客観的に金銭として見積もることができなければならない。保険価額はその評価額、すなわち保険事故が発生した場合に、被保険者が被る可能性のある損害の見積額を指す[26]。したがって、客観的に保険価額を見積もることが必ずしも容易でない傷害疾病保険では、生命保険と同様に被保険利益の存在を保険契約成立の要件としていない。

---

24) 保険法においては、故意または重大な過失によって生じた損害に加え、「戦争その他の変乱によって生じた損害」についても、保険者が損害をてん補する義務を負わないことが定められている。

25) リスクの保険可能性を損なう要因と、それらへの対処方法については、**第5章**を参照されたい。

26) 保険価額は、**第3章**および**第8章**において述べるリスク評価の際に、時価額（時価）または新規調達価額（新価）などに基づいて算定される。

4　保険期間

　保険期間は、保険事故発生の対象期間を保険契約上に定めた保険始期から保険終期までの期間、すなわち保険による保護が継続する期間である。通常の事故発生日ベースの保険契約においては、**図表4**に示したとおり保険期間中に保険事故が発生して損害を被れば、保険金支払いの対象となるが、保険始期前および終期後の事故は対象とならない。損害保険については、保険の目的物の価額が時間経過とともに変化する場合が多く、契約条件や補償内容を見直す必要があるため、保険期間は1年間といった比較的短期間で設定される。

　一方で、傷害疾病保険や生命保険の保険期間は、短期のものから終身のものまで多様な保険期間が見られる。また、賠償責任保険のなかには、事故発生から相当期間経過後に損害賠償請求がなされる事態にも対応できるよう、特約条項を設けることにより、被保険者が保険期間中に損害賠償請求を受けた事故を保険金支払いの対象とする損害賠償請求ベースのものも見られる[27]。

図表4　保険期間と保険事故

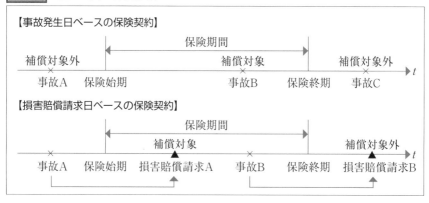

27）損害賠償請求ベース特約は、生産物賠償責任保険や会社役員賠償責任保険など、いつ事故や損害が発生したのか特定しにくい保険に付されることがある。ただしこの場合も、特定の遡及日が設定され、それ以前の事故については保険金支払いの対象とならない場合がある。

　傷害疾病保険や生命保険には、モラルハザードを回避するために一定の免責期間が設けられているものがあり、保険始期と保険責任開始期が一致しないものもある[28]。

5　保険金額

　保険金額は、保険金の支払限度額であり、保険契約締結時に保険会社が提示する範囲で、保険契約者が選択することが一般的である。火災保険などの財物保険の保険金額は、保険価額を上限として設定されるが、自動車保険の対人・対物賠償責任保険では任意に設定可能であるため、保険金額無制限が選択されることが多い。

図表5　財物保険の保険価額と保険金額の関係

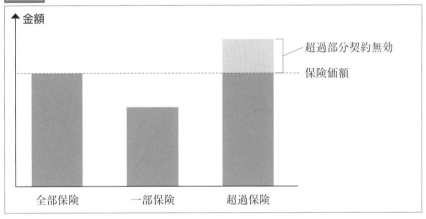

---

[28]　傷害疾病保険に含まれる特定疾病医療保険のがん保険には90日程度の、契約申込時の申告項目が限定される引受基準緩和型医療保険では1年程度の、所得補償保険や就業不能保険では数日から数か月の免責期間が、それぞれ設けられている。これは、体調不良を自覚しながら医療機関での受診を控え、それに先立って保険契約を申し込むといったことを防ぐことを目的としている。同様に生命保険の死亡保険にも、3年程度の免責期間が設けられているが、これにより自死という深刻な事態が引き起こされないようにしている。

　一方で、住宅を対象とした地震保険の保険金額は、主契約である火災保険の保険金額の一定割合とされている。また、自賠責保険においても支払限度額が、傷害・死亡・後遺障害の別に予め設定されている。このように保険金額または支払限度額が、法令で定められている保険の種類も存在する[29]。

　保険価額と同額の保険金額を付した保険契約は、全部保険という。一般的な財物保険の保険金額の例を見ると、**図表5**（前頁）に示したように、全部保険の場合には、後述する免責金額などの補償を限定する契約条件を設けていない限りは、保険の目的物に損害が生じれば、それと同額の保険金が支払われる。すなわち保険金と損害とに差額が生じるという、いわゆるベーシスリスクを最小化できるため、従前の状態への迅速な復旧ができる可能性が高い。

　他方で保険価額に満たない水準に保険金額を設定した保険契約は、一部保険と呼ばれる。一部保険には実損てん補方式と比例てん補方式があり、実損てん補方式が採用されていれば、損害額が保険金額を超えない限りは、その全額が保険金として支払われる[30]。一方で比例てん補方式での保険金は、実際の損害額に、保険価額に対する保険金額の割合を乗じて決定されるため、損害を受けた財物の修理・修繕・買替えのための十分な資金を保険金でまかなえないおそれがある[31]。しかし一部保険では、補償を限定することにより保険料を低く抑えることができる。したがって、保険金額が保険価額を大きく下回ることなく、期待損失の不確実性が高くなく、かつベーシスリスクを吸収する足る自己資金などの他のリスクファイナンスを手当てしているときには、一部保険が合理的な選択肢となりうる。

　超過保険は、保険価額を超えた水準の保険金額を設定した保険契約を意味するが、超過部分については被保険利益が存在しないため、このような契約を結

---

29) これらの保険の補償内容の詳細については、**第3章**を参照されたい。

30) ここでの「実損てん補方式」は、財物保険における比例てん補方式との対比で用いられる用語であり、損害保険の保険金が実際の損害を基準として決定されることをいう後述の「実損てん補ベース」より狭い意味を指す。

31) 実損てん補方式と比例てん補方式での保険金の計算については、**第3章**で数値例を用いて記述しているので、参照されたい。

ぶことはできない。仮に保険契約を締結できたとしても、保険価額を超えた金額の保険金が支払われることはなく、超過部分は契約無効となる[32]。

6 控除免責金額

控除免責金額は、その金額に満たない損害を保険契約者の負担とするものであり、保険契約締結時に設定される。**図表6**のように10万円の控除免責金額が設けられた保険契約では、保険事故による損害が10万円未満の場合には保険金支払いの対象とならないが、それを超えた損害が発生した場合は10万円を差し引いた金額が保険金として支払われる。控除免責金額を設けることにより、比較的発生頻度の高い少額の損害を伴う事故が保険金支払いの対象外となるため、期待保険金を低く抑えることができると同時に、保険金支払手続にかかる保険会社の経費も節約できる。

このことから純保険料および付加保険料の双方を低く抑えることができ、保

図表6 控除免責金額の仕組み

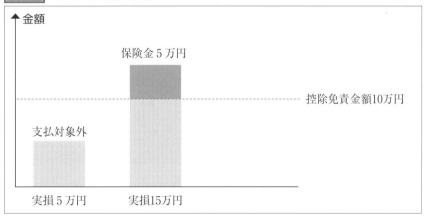

32）仮に超過保険が成立したとすると、保険契約者は保険事故が発生すれば利得を得ることになり、意図的な事故の惹起などの極端なモラルハザードを誘引しかねないことから、保険価額の超過部分は補償されない。

険契約者にとっても利点となる。また、控除免責金額により損失の一部を負担しなければならないことを認識する保険契約者や被保険者は、事故が発生しないよう努めると考えられる。たとえば、車両保険に免責金額が設けられていれば、運転者の安全運転へのインセンティブを引き上げると期待でき、その結果、実際に期待保険金が低下すれば、保険料の一層の引下げにもつながる[33]。

7　実損てん補ベースと定額給付ベース

火災保険や賠償責任保険といった損害保険の多くは、保険事故により実際に発生した損害を基礎として、保険金が算定される実損てん補ベースとなっている[34]。したがって、予め設定した控除免責金額や比例てん補方式などの契約条件により損害と保険金に差額が生じる可能性はあるものの、保険契約者は予定を超えて損害てん補のための費用を負担する可能性は低いといえる。

損害保険が実損てん補ベースとなっていることは、前述の被保険利益の存在が損害保険契約成立の要件となっていることに関係している。仮に実際に被った損害を超えた保険金が支払われるとすると、前述の超過保険の場合と同様に、意図的な事故の惹起といった極端なモラルハザードを誘引するおそれがある。このことから損害保険が実損てん補ベースであることには。合理性があるといえる（**第5章Column㉓**を参照）。

定額給付ベースでは、保険契約締結時に保険金額を設定し、保険事故が発生すれば保険金額に等しい額の保険金が支払われる方式であり、自動車保険の搭乗者傷害保険や自損事故保険、傷害疾病保険、生命保険において採用されている。これらの保険の保険事故は、被保険者の傷害、疾病、後遺障害、生存およ

33）事故発生前の損失回避努力を促す効果は期待できる反面、いったん事故が発生すれば損害が控除免責金額を超えれば保険金が支払われるため、損失縮小努力を促す効果は、限定的となると考えられる。控除免責金額のモラルハザード緩和効果については、**第5章**において分析する。

34）ここにおける「実損てん補ベース」は、傷害疾病保険や生命保険の定額給付ベースとの対比で用いられているもので、火災保険における「実損てん補方式」より広い意味を持つ。

び死亡などであり、これらが発生することによる損害・費用を正確かつ客観的に算定することは容易ではない。疾病や傷害の治療費やそのための交通費、生存した場合の生活費などの費用、死亡の場合の生命の金銭的価値などを積算するためには、保険会社は少なからぬ労力を費やす必要があり、その結果、保険金支払いが遅延したり付加保険料が高額となったりするおそれがある。反対に、入院または通院1日当たりの保険金や、手術1回当たりの保険金、生存または死亡の場合の保険金を、予め保険金額として定めておけば、迅速な保険金支払いが可能となるとともに、保険料の低下にもつながると期待できる。

その反面、保険契約者や被保険者は、実際に被った損害と保険金に差額が生じるベーシスリスクにさらされることになるが、傷害疾病保険ではこのことがモラルハザードの緩和に貢献する。すなわち、保険金が定額で支払われることで、被保険者は早期回復に努め、同様に医療従事者も必ずしも必要でない手厚い医療提供を行わないと期待できる。

4 損害保険制度を支える原理

1　保険料に関わる等価原則

(1)　収支相当の原則

　保険の仕組みが健全に運営されるためには、保険会社が保険期間中に収受する保険料と保険資金運用利益の総額が、同じ期間に支払う保険金と経費の総額と一致しなければならない。このような保険料算出の際に求められる等価原則が、収支相当の原則である。これを純保険料に限定して見れば、契約件数をn、1契約当たりの純保険料をP、保険事故発生件数をr、1事故当たりの保険金をZで、それぞれ示せば、以下の関係式により表される。

$$nP = rZ$$

　すなわち総収入保険料 nP は、総支払保険金 rZ に等しくなるよう保険料は算出されなければならず、このことにより保険会社の財務健全性と支払能力が維持される。

　ある損害保険会社が、リスク水準が同程度の自動車保険契約を1,000件引き受け、そのうち50件に保険事故が発生し、それぞれに100万円の保険金を支払うと仮定して収支相当の原則を示せば、以下のとおり契約1件当たり5万円の純保険料を収受すれば、採算が取れることになる。

保険契約1,000件 × 50,000円 ＝ 保険事故50件 × 1,000,000円

(2)　給付反対給付の原則

　収支相当の原則は、特定のリスクカテゴリー、保険種類あるいは保険会社の保険契約ポートフォリオ全体の収支に注目している。これに対して給付反対給付の原則は、個々の保険契約の保険料をいかに算出すべきかに焦点を当てたものであり、収支相当の原則を示す関係式の両辺を契約件数 n で除した以下の

関係式で表すことができる[35]。

$$P = \frac{r}{n} Z$$

右辺の $\frac{r}{n}$ は、保険契約者のうち保険金を受け取る者の割合、すなわち保険事故発生確率である。純保険料に限って給付反対給付を見れば、個々の保険契約に適用される純保険料は、この値に保険事故1件当たりの保険金 Z を乗じて求められることから、支払われる保険金の期待値と等価であることがわかる[36]。したがって、火災保険の風水災にかかる保険金が増えれば、これらを補償対象とする火災保険契約の保険料も引き上げられることになる。反対に自動車の安全性能向上に伴い自動車保険の保険金が減少すれば、その保険料も引き下げられる。

(3) 保険料公平の原則

収支相当の原則と給付反対給付の原則は、同じカテゴリーに含まれるすべてのエクスポージャのリスクが同質であることを前提としているが、実際には保険事故の発生頻度、保険金の強度ともに、保険契約により多少なりとも異なる。仮にリスク水準がそれぞれ異なるにもかかわらずすべての保険契約に対して同一水準の保険料を適用すれば、リスクの高い保険契約にとってその保険料は割安に、リスクの低い保険契約には割高となり、公平性が損なわれかねない[37]。

保険料公平の原則は、このような問題を緩和するために、個々のエクスポージャのリスク実態に応じて、リスクが高いものには高い保険料を、それが低いものには低い保険料を適用することを求めるものである。火災保険において、

---

35) 給付反対給付の原則の呼称は、保険会社（保険者）の視点から、保険金支払い、すなわち給付と、保険契約者からの保険料収受、すなわち反対給付との関係を表している。

36) **第1章**で述べたとおり、所得再分配の機能を持つ公的医療保険をはじめとする各種公的保険の保険料は、所得に基づく応能負担の原則に従うため、給付反対給付の原則は必ずしも成立しない。

37) 保険料公平の原則が損なわれた結果、逆選択が引き起こされるおそれがある。リスク細分化をはじめとした逆選択への対処方法については、**第5章**を参照されたい。

保険の目的物となる建物が鉄筋コンクリート造なのか、木造なのかにより火災のリスクは異なることから、保険料に差が設けられたり、自動車保険において自律緊急ブレーキ（AEB）などの安全運転を支援するシステムを装備した自動車に保険料割引が適用されたりするのは、保険料公平の原則に基づくものである。

✎ Column ❻ 保険における価値循環の転倒性

　保険の価格である保険料はどのように決まるのであろうか。保険が、他の多くの商品やサービスと顕著に異なる特徴は、保険契約時に、その原価が確定していない点である。多くの商品やサービスは、それらの販売に先立って、原材料費や製造に必要な人件費と物件費がほぼ確定される。一方で保険の原価には、将来保険事故が発生したときに支払われる保険金や、保険契約の引受け、維持、保険金支払いなどに必要な保険会社の諸経費、そして万一保険金支払いのための資金が不足した場合の証券発行などのための資金調達費用が含まれる。

　保険金はいうまでもなく、保険会社の諸経費や資金調達費用も、保険契約締結時にすべてが確定しているわけでない。このように保険の原価が事後的に確定するという特徴は、保険における価値循環の転倒性と呼ばれ、このために保険の価格である保険料は、予測に基づいて算出せざるを得ない。自然災害を含む偶然の事故に関わるリスクを対象とした損害保険については、特に期待保険金の将来予測が容易ではないといえる。このことから、損害保険会社にとって保険料算出業務は、非常に重要なものとなっている。

✎ Column ❼ 期待効用関数から見た付加保険料の適正水準

　損害保険会社は、期待保険金に基づいて純保険料を、諸経費、資金調達費用などの予測値から付加保険料を、それぞれ求め、両者を合わせて保険料を算出するが、それは保険契約者に常に受け入れられるものだろうか。このことについて、効用と財産の関係から分析を試みたい。個人の主観的満足度である効用は、さまざまな要素に左右されるが、財産からも大きく影響を受ける。**図表7**は、効用と財産の関係を示した期待効用関数であるが、ここからわかるように効用は、財産の増加に対して逓減的に増加する。つまり、財産が少ない状態で

の財産の増加は、効用を大きく引き上げるが、財産が十分にある状態に同じ額だけ財産が増加しても、効用はそれほど大きくは上昇しない。また、期待効用関数からは、個人は財産が増加することより、同じ額だけ財産が減少することのほうを、より重く受け止める傾向があることが読み取れる。

　分析を単純化するために、極端な例を挙げてみたい。**図表7**のように、ある個人が、今後1年間に50%の確率で事故に遭い80万円の損失を被り、その財産が100万円から20万円に減少するという純粋リスクにさらされていると仮定する。この場合の期待損失は、事故の頻度0.50×損失の強度80万円＝40万円と求めることができる。この個人のリスク回避度が非常に高いとすると、保険料が40万円の保険契約が提示されれば、保険に加入し財産が60万円に減ることを受け入れると考えられる。その場合、効用はどのように変化するだろうか。無事故で財産が100万円の場合の効用はU_0、事故により財産が20万円に減った場合の効用は U_L、そして純保険料を払い込むことで財産が60万円になったときの効用は U_A と、それぞれ示される。保険料払込後の財産60万円のときの効用 U_A は、無事故のときと有事故のときの効用水準の中間点である U_B より上方に位置する。したがって、この個人は効用が U_B に低下するまで、財産の減少をなお許容すると考えられる。このことから、**図表7**の水平軸に示した P の範囲においては、付加保険料を追加的に支払うことを受け入れるといえる。こうして求められた期待損失に P で示される金額を加算した保険料を公正保険料といい、リスク回避者であれば、この水準の保険料を躊躇することなく支払うと期待できる。

図表7 期待効用関数と公正保険料

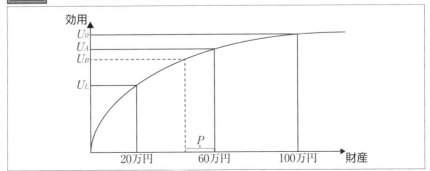

2　保険に関わる統計法則

(1)　大数の法則

　大数の法則は、偶然の事象の観測数を多くすれば、それだけ実際の結果が予測された値に近づくというものである。

　たとえば、サイコロを振ったときに1の目が出る確率は6分の1であるが、サイコロを振るという試行を6回行ったからといって1の目が1回だけ出るとは限らない。しかし、試行を60回に増やせば、1の出る回数は10を中心とした周辺に分布するようになる。さらに試行回数を600回、6,000回に増やしていけば、1の目が出る回数はそれぞれ100回、1,000回の周辺の値となり、相対的な変動性は徐々に縮小する。

　保険に関して見れば、前述の収支相当の原則や給付反対給付の原則が成立するためには、将来の保険事故件数 r、またはその発生確率 $\frac{r}{n}$、そして保険金 Z を高い精度で予測できなければならない。自動車保険契約1,000件のうち50件に保険事故が発生する前述の例に基づけば、事故発生頻度は5％となるが、仮に別の損害保険会社が、同様のリスク水準の自動車保険契約を20件のみ引き受けたとすると、保険事故発生件数が常に1件となるとは限らず、0件、2件またはそれ以上と、予測件数から乖離した数となる可能性が高い。このため、すべての保険契約から5万円の純保険料を収受したとしても、保険事故が1件を超えれば、100万円の保険金を支払えない事態となる。

　しかし、引き受ける保険契約を100件、1,000件、1万件と増やしていけば、それだけ保険事故発生件数は、事故頻度から予測された件数、すなわち順に5件、50件、500件に近づいていく。このような大数の法則は、以下のような計算式で表される。

$$\lim_{n=\infty}\frac{x_1+x_2+x_3+\cdots+x_n}{n}=\mu$$

　これに従えば、ある損害保険会社が、個々の保険契約に保険事故が発生したときの保険金 $x_1, x_2, x_3, \cdots, x_n$ に基づいて、期待保険金を計算するとき、保険契約件数 n を増やせば増やすほど、計算結果が実際の期待値 μ に近い値とな

る[38]。

　大数の法則を、実際に生じる結果とその度数を二軸に展開したヒストグラム
を用いて表すと、図表8のとおりとなる。すなわち保険契約件数が少ないとき
の実際の保険金の分布は、図表8のヒストグラムAのように期待保険金から大
きく乖離した金額も発生するが、件数を増やして行けば、Bで示したように期
待保険金に近い金額の保険金が発生しやすくなる。さらに件数を増やせば、C
で示したように実際の保険金の変動性、すなわち標準偏差は縮小し、期待保険

図表8　ヒストグラムから見た大数の法則と中心極限定理

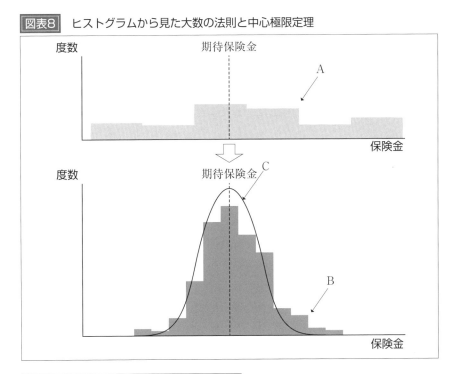

---

38) 厳密にいえば、大数の法則が成立するためには、すべての保険契約が独立であり、かつ
同じ確率分布に従うことが求められる。たとえば自動車保険について見れば、事故は通常
互いに無関係（無相関）に発生することから、独立であるとともに、同一の用途・車種で
あれば確率分布も個々の自動車により大きく異ならないので、大数の法則が成り立ちやす
い。

金に近い結果が多く発生するようになる[39]。

(2)　中心極限定理

　前掲図表8からは、もう一つ重要な確率分布の特徴が読み取れる。

　保険契約件数が少ないときの保険金分布には、ヒストグラムAのように明瞭な規則性は見られない。しかし、保険契約件数が増えればBで示したような期待損益の周辺が最も高い形状となり、さらに件数を増えれば、Cのような左右対称のベル型の形状となっていく。このような期待値を中心に起こりうる結果が分布している確率分布は正規分布と呼ばれるが、偶然の事象の観測数を増やせば増やすほど確率分布が、このような正規分布に近似していく。このことは、中心極限定理と呼ばれる。正規分布は、その性質がよく知られ、期待値 μ、標準偏差 $\sigma / \sqrt{n}$ を見出すことができれば、確率分布全体を把握することができる。したがって、保険会社は、引き受ける保険契約件数を増やせば増やすほど、保険契約ポートフォリオは管理しやすくなるといえる。

3　保険のリスクプーリング効果

(1)　独立のエクスポージャのリスクプーリング

　保険会社がその技術知識と規模の経済性を利用することにより、低費用でリスクプーリングを行っていることはすでに述べたとおりである。

　保険会社は、通常数多くの保険契約を引き受け、保険契約ポートフォリオとして保有している。保険契約が対象としている事故が、発生頻度が過度に高くなく、同時に多数の契約に発生するものでない、つまり損失発生が独立である限りにおいては、保険契約ポートフォリオを構成する一部のエクスポージャに保険事故が発生したとしても、保険会社はすべての保険契約者から予め収受し集積した保険料の総額のなかから、保険金を拠出することができる。保険契約者の視点に立てば、保険事故にあった当事者が被る損害を、リスクプーリング

---

39)　**第8章**では期待損失の変動性を測定する指標として、分散と標準偏差を取り上げるとともに、ヒストグラムによる確率分布分析についても触れているので参照されたい。

に参加するすべての保険契約者で均等に負担することに、予め同意していると
いえる。このことにより、**第1章**で述べたとおり、保険事故に遭った当事者に
とっては高額の損害であっても、それを埋め合わせるために必要な金額を、保
険契約者全体で予め保険料として負担し準備しておく仕組みを作れば、1人当
たりの事前の保険料は、それほど高額とはならない。このような保険契約の仕
組みは、リスク分散の仕組みを利用したリスクプーリングであるといえる[40]。
その意味で、保険契約者はこのアレンジメントへの参加者であり、保険会社は
その管理者の役割を担っている。

　保険のリスクプーリングによるリスク縮小効果は、保険契約者が多いほど高
くなる。十分に数多くの保険契約者が存在すれば、大数の法則に従い、1人当
たりの純保険料は、予測された期待保険金から大きく乖離することはなくな
る。それと同時に、中心極限定理により、期待保険が正規分布に近づく。前述
のとおり正規分布の標準偏差は $\sigma/\sqrt{n}$ であることから、リスクプーリング
に参加する保険契約者数 n を増やせば増やすほど、その値は小さくなる。あ
る保険契約ポートフォリオを構成する個々のエクスポージャの期待保険金の標
準偏差が100万円であるとすると、ポートフォリオが100件の保険契約で構成さ
れていれば、全体としての標準偏差は以下のとおり10万円となる。

$$1,000,000/\sqrt{100}=100,000$$

さらに契約が1万件に増えれば、標準偏差は1万円に縮小される。

$$1,000,000/\sqrt{10,000}=10,000$$

(2)　相関があるエクスポージャのリスクプーリング

　損害保険が対象とするリスクには、大数の法則や中心極限定理が十分成立す
るとは限らないものも含まれる点には留意しなければならない。

　地震や台風、洪水、大規模感染症などは、複数のエクスポージャに同時に保

---

40)　リスク分散の効果については、**第6章**において詳細に分析しているので、参照されたい。

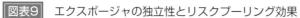

図表9　エクスポージャの独立性とリスクプーリング効果

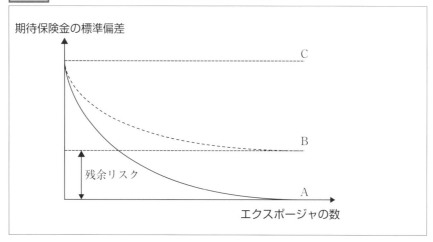

険事故が発生する可能性が高く、正の相関を伴うリスクであるといえる。この
ような場合のプーリングのリスク縮小効果は、互いに独立の場合より低いも
のとなる。図表9に示したように、保険契約ポートフォリオを構成するエクス
ポージャ間の相関が低ければ、その数が増えればそれだけ、実線Aのように全
体として期待保険金の標準偏差が縮小されていく。

　他方で、個々のエクスポージャの保険事故発生が互いに従属的であれば、図
表9の破線Bのようにリスク縮小幅は限定的で、数をいくら増やしても、標準
偏差を完全には除去できない。また、仮に完全に正の相関があるエクスポー
ジャにより構成される保険契約ポートフォリオでは、破線Cのようにエクス
ポージャ数を増やしても標準偏差は変化しないこととなる。

(3)　保険契約ポートフォリオの構成

　以上のように、損害保険会社がリスクプーリングにより保険契約ポートフォ
リオのリスクを縮小するためには、ポートフォリオに含まれるエクスポージャ
の独立性を把握することが求められる。

図表10 保険契約別の保険金支払実績

保険契約	各保険期間の保険金（万円）					平均値	標準偏差	Aとの相関係数
	t_1	t_2	t_3	t_4	t_5			
A	100	200	0	150	300	150	100	
B	300	200	600	400	0	300	200	−0.95
C	200	400	0	300	600	300	200	1.00

　この際に役立つ指標が、2つの確率変数の独立性を示す相関係数である[41]。相関係数は、どのような確率変数間であっても−1から+1の間の値を取り、それが負であれば2つの確率変数に負の相関が、正であれば正の相関があり、また0であれば無相関であると判断できる。このため損害保険会社は、相関係数が−1〜0であるエクスポージャを、綿密なアンダーライティングを通して引き受け、保険契約ポートフォリオを構成すれば、効果的なリスクプーリングを行うことができる。

　たとえばある損害保険会社が、保険契約AとB、またはAとCの組合わせで、保険契約ポートフォリオを構成しようとしていると仮定する。過去の保険期間$t_1, t_2, \cdots, t_5$の保険金支払実績が**図表10**に示したとおりであれば、保険金の平均値は、Aが150万円、BおよびCがともに300万円となる。保険契約Aについて保険期間iに支払った保険金をZ_{Ai}、平均保険金を期待保険金と見なしてそれを$E(Z_A)$とし、各金額の保険金が支払われる確率がすべて同じ20%であったとすると、保険金の標準偏差σ_Aは、以下のとおり100万円と求められる[42]。

41) 相関係数とポートフォリオ構成については、**第8章**で詳細に分析しているので、参照されたい。
42) 標準偏差と相関係数の考え方と計算方法、そして数値例については、**第8章**において詳述しているので、参照されたい。

$$\sigma_A = \sqrt{\sum_{i=1}^{5} p_i \left| Z_{Ai} - E(Z_A) \right|^2}$$
$$= \sqrt{(0.2 \times (100-150)^2 + 0.2 \times (200-150)^2 + \cdots + 0.2 \times (300-150)^2}$$
$$= 100$$

同様に保険契約BとCについて保険金の標準偏差 σ_B, σ_C を求めると、以下のとおりともに200万円となる。

$$\sigma_B = \sqrt{0.2 \times (300-300)^2 + 0.2 \times (200-300)^2 + \cdots + 0.2 \times (0-300)^2} = 200$$

$$\sigma_C = \sqrt{0.2 \times (200-300)^2 + 0.2 \times (400-300)^2 + \cdots + 0.2 \times (600-300)^2} = 200$$

また、保険契約AとBの相関係数 ρ_{AB} を求めると以下のとおり -0.95 と負の値が得られ、両者の相関が非常に低いことがわかる。

$$\rho_{A,B} = \frac{\sum_{i=1}^{5}\sum_{j=1}^{5} \left| Z_{Ai} - E(Z_A) \right| \cdot \left| Z_{Bj} - E(Z_B) \right| \cdot p_{ij}}{\sigma_A \cdot \sigma_B}$$
$$= \frac{0.2 \times (100-150)(300-300) + \cdots + 0.2 \times (300-150)(0-300)}{100 \times 200}$$
$$= -0.95$$

AとCの相関係数 ρ_{AC} も同様に求めると以下のように1.00となり、完全な正の相関にあることがわかる。

$$\rho_{A,C} = \frac{0.2 \times (100-150)(200-300) + \cdots + 0.2 \times (300-150)(600-300)}{100 \times 200} = 1.00$$

次に保険契約AとBの組合わせの合計保険金の平均値と、AとCの組合わせの平均値は、**図表11**に示したとおり、両者とも150万円＋300万円＝450万円となる。一方で標準偏差は、前者の組合わせでは以下のとおり約110万円であり、Aの標準偏差100万円とBのそれ200万円を合わせた値300万円から縮小され、リスクプーリングの効果が表れていることがわかる。

$$\sigma_{AB} = \sqrt{0.2 \times (400-450)^2 + 0.2 \times (400-450)^2 + \cdots + 0.2 \times (300-450)^2} = 109.54$$

　それに対して保険契約AとCの組合わせでは、保険金の標準偏差は以下のとおり300万円と、AとCの標準偏差を合わせた値のままであることから、完全な正の相関を伴うエクスポージャの組合わせでは、リスク縮小効果が期待できないことがわかる。

$$\sigma_{AC} = \sqrt{0.2 \times (300-450)^2 + 0.2 \times (600-450)^2 + \cdots + 0.2 \times (900-450)^2} = 300$$

　以上のように、損害保険会社は、保険契約引受けに際して、保険事故発生の相関の低いエクスポージャを組み合わせて保険契約ポートフォリオを構成することにより、リスクプーリングのリスク縮小効果を高めることができる。

図表11 保険契約ポートフォリオのリスク

保険契約の組合わせ	各保険期間の保険金（万円）					平均値（万円）	標準偏差（万円）
	t_1	t_2	t_3	t_4	t_5		
A+B	400	400	600	550	300	450	110
A+C	300	600	0	450	900	450	300

第3章
損害保険の種類と補償内容

　損害保険が対象とする火災、地震や台風などの自然災害、自動車事故、賠償責任の負担などの偶然の事故に関わるリスクは、個人が日常生活を送るうえでも、企業や組織が事業活動を行ううえでも、完全に回避することは不可能である。また、傷害、疾病などのリスクも、偶然性に左右される側面があるため、誰もがさらされているリスクであるといえる。しかも、これらのリスクのうち、地球温暖化に伴う極端な気象現象の増加による台風や洪水などの甚大化、高齢化による医療へのアクセス頻度の上昇と治療期間の長期化などにより、自然災害や傷害・疾病などのリスクは急速に拡大している。反対に火災や自動車事故のリスクのように、都市構造の改良、防火技術や自動車安全技術の向上などにより、縮小が期待されるリスクもある。自動車事故に関わるリスクについては、自動運転技術の向上により事故発生頻度は低下すると予想される一方で、事故発生の責任の所在が複雑化し、将来的に自動車保険も変化していくものと見られる。

　さらに、情報通信社会の進展による個人情報漏洩やサイバー攻撃など、現代社会において個人、企業や組織がさらされるリスクは、日々変化している。このように個人生活のためにも、企業・組織活動のうえでも、リスクマネジメントを実行するうえで損害保険や傷害疾病保険は、不可欠なものとなっている。本章では、これらのリスクを対象とした損害保険と傷害疾病保険について、主な保険の種類を、近年の傾向を踏まえて見ていく。

1 経済・社会における損害保険会社の役割 ✎

1　消費活動の促進

　損害保険会社がリスク移転と補償の手段を個人や企業・組織に提供し、リスクプーリングの管理者としての役割を果たしていることは、前章までに見てきたとおりである。このことにより、個人は起こりうる損害に備えた費用負担を軽減でき、そのための資金を消費に充てることができる。仮に十分な補償を伴う保険が入手できなければ、火災や地震、自動車事故、損害賠償責任の負担、そして傷害や疾病に備え、消極的なリスク保有を行わざるを得ない[1]。そのためには、貯蓄などを通して多額の資金を流動性の高い形で保有する必要があり、ひいては消費を控えることになると考えられる。反対に、保険を通して保険会社にこれらのリスクを移転することができれば、個人は、より積極的に消費活動を行うと期待できる。

　このように、個人がさらされるさまざまなリスクに対して十分な保険が入手可能であることは、商品・サービスへの需要を維持し、その結果、企業や組織による新規開発と生産を促すとともに、雇用を活性化するなど、経済全体にも正の効果をもたらしていると考えられる。

2　企業・組織活動の促進と技術革新

　企業や組織がリスク保有を行う場合には、個人と同様に多額の流動資金を保有し続ける必要がある。このことにより将来利益が見込まれる新規プロジェクトなどの有利な投資機会を見出したとしても、そこに資金を投入できないおそれがある。さらに発生した損失が、キャッシュフローはもちろん自己資金をもってしても埋め合わせることができないほど高額であった場合には、新たに株式や社債などの証券を発行する必要に迫られることになる。証券発行などの

---

[1] リスク保有には、貯蓄のほか、準備金や資金の借入れなどが含まれるが、これらの詳細については**第6章**を参照されたい。

外部資金調達のためには、金融機関への手数料の支払い、届出書類の作成、情報公開手続などの法律・規制要件を満たすための費用がかかることはいうまでもない。

　これらの明示的な費用に加え、発行する証券が過小に評価されるという非明示的な費用も負担することとなる[2]。これは、企業や組織の経営者と投資家との間に、経営実態に関する情報不均衡が存在することに起因するものである（より詳しい分析は第5章Column⓭を参照）。企業が高額の損失を被ったのちに株式や社債を発行すれば、情報劣位にある投資家は、その財務状況に過剰に懸念を抱くことになりかねず、その結果、過大評価したリスクに見合ったリスクプレミアムを差し引いた価格でしか、証券を購入しないと考えられる。このような費用負担の可能性を認識する企業や組織は、新規投資に消極的にならざるを得ない。

　反対に、保険によりさまざまなリスクを保険会社に移転することで、潜在的な費用負担を免れることができれば、企業や組織は本来の基幹的な事業に注力でき、また新規投資機会に、より積極的に資金を投入すると期待できる。このことは、将来性が見込めるものの、不確実性が高いプロジェクトにも多くの資源を投入することにもつながり、革新的な商品・サービス・技術の開発を促すと考えられる。新たな商品・サービスの開発・販売による損害賠償責任負担のリスクを、後述する生産物賠償責任保険を通して移転可能となれば、企業はより積極的にこうしたプロジェクトに投資すると期待できる。しかも、将来の収益性が不確実性な新商品・サービスの開発であっても過度に躊躇することはなくなると考えられる。このような革新的な技術開発は、新エネルギーシステムの開発や、自然災害などによる損失回避・縮小のための新たな技術開発などの分野においても期待でき、社会全体のレジリエンス向上にも貢献するものであ

---

2) 企業や組織は、損失発生後に銀行融資を申し込むこともできるが、この場合にも信用リスクが過大評価されれば、割高の金利負担を強いられることになる。

る[3]。

3）損害保険会社は、そのリスク移転手段と補償の提供を通して個人や企業・組織の活動を
　支えているほか、生命保険会社とともに、金融仲介機関として資金の効率的集積と配分に
　貢献している（第1章Column❷を参照）。

② 財物損失リスクの損害保険

1 火災保険

損害保険が、偶然の事故を原因とする財物損失のリスクと賠償責任損失リスクを中心としてさまざまな純粋リスクを対象としていることは、**第1章**で述べたとおりである。純粋リスクのうち、建物やその収容物などの財物資源が損壊・滅失する財物損失を補償の対象とした損害保険には、火災保険、地震保険、自動車保険の車両保険、そして企業・組織向けの各種の財物保険が含まれる[4]。

これらのうち火災保険は、偶然の事故によって、建物、設備・什器、商品・製品、屋外設備・装置に生じる損害に対して保険金が支払われる保険であり、住宅火災保険や住宅総合保険、積立火災保険などの個人分野の火災保険や、後述する普通火災保険などの企業向けの財物保険も含まれる。

(1) 火災保険の保険料

火災保険が対象とする建物やその収容物は、個人が生活を営むうえでも、企業や組織が事業活動を行ううえでも不可欠な財物であり、その保険料は合理的かつ妥当であるという、**第2章**で述べた保険料率の三原則を満たすことが求められる[5]。このため、火災保険商品は事前認可の対象となり、保険料に使用可能なリスク指標などには一定の制約がある[6]。さらに、**第2章**で取り上げた損保料率機構が参考純率を算出している。参考純率は、金融庁に届け出られ、保険料率の三原則に基づいて適合性審査を受け、30日以内にその結果が同機構に通知される。それを受けて、同機構の会員保険会社に提示され、保険会社はそれ

---

4) 車両保険の補償内容については、**③2**の自動車保険のなかで述べる。
5) 保険料率は、基準となる保険金額に対する保険料を指し、保険料算出の際に用いられる。損害保険においては、通常保険金額1,000円当たりの保険料をいう。
6) 保険料と補償内容に関する規制の形態と目的については、**第4章**において詳細に述べているので参照されたい。

を自らの保険料率算出の際に純保険料率として使用することができる[7]。

　火災保険料体系は、保険会社や保険商品により差異はあるものの、一般的には火災や風水災などのリスク水準に対応するよう、**図表1**のとおり物件種別、構造、所在地、用途により保険料が異なるものとなっている。物件種別は、建物の使用用途を大きく区分したもので、住居として使用する住宅物件、事業所や商業施設などの一般物件、製品製造・加工のための工場物件、そして物品保管のための倉庫物件に分けられる。

　建物の構造としては、耐火建築の共同住宅、耐火建築の専用住宅、鉄骨造の専用住宅・準耐火専用住宅、そして木造住宅を含むその他の建物の区分が設けられている[8]。また、風水災や雪災などのリスクは、建物の所在地により異なることから、所在地についても都道府県別に区分される。さらに一般物件、工

図表1　**火災保険の保険料体系**

物　件種　別	住宅物件		住居として使用する建物
	一般物件		事業所、商業施設、教育施設などの建物
	工場物件		動力や電力を使用し製品の製造・加工を行う建物
	倉庫物件		物品を保管するための建物
構　造	M構造		耐火建築の共同住宅（コンクリート造のマンションなど）
	T構造	1級	耐火建築の専用住宅（コンクリート造の一戸建て住宅など）
		2級	鉄骨造の専用住宅・準耐火専用住宅
	H構造	3級	木造の共同住宅、一戸建て住宅など
所在地	都道府県別		
用　途	建物内で行われる作業内容による区分		

7）参考純率は、金融庁に届け出られ、保険料率の三原則に基づいて適合性審査を受け、30日以内にその結果が損保料率機構に通知される。それを受けて、参考純率が保険会社に提示され、使用可能となる。

8）建物の構造区分は、**図表1**のとおり住宅物件に対して順にM構造、T構造、H構造と、一般物件に対してT構造およびH構造について1〜3級の区分が一般的に用いられる。

場物件、そして倉庫物件については、事業内容により火気の使用状況などが異なるため、建物の詳細な用途により保険料が異なる。

(2) 火災保険の補償対象となる損害

　火災保険は、建物やその収容物を保険の目的物とし、それらの財物に火災はもとより、自然災害や盗難などにより直接的に生じる損害に加え、二次的に発生する費用などについても補償対象としている。火災保険は、その名称が示すとおり元来は火災による損害を補償する保険であったが、その後経済成長を経て、都市構造の改善と同時に、防火対策の強化、耐火建築の普及などにより、火災の発生件数が減少すると同時に、広範囲に被害を及ぼす大規模火災の発生もまれなものとなった[9]。他方で、第二次世界大戦後の経済成長により都市化が進むとともに、企業・組織の物的資本が蓄積するなか、頻繁に発生する台風などの風水災の被害が、しばしば甚大となった[10]。また、生活水準の向上や事業活動の複雑化により、財物に関わるさまざまなリスクへの補償ニーズが高まったことを受けて、火災だけでなく、風水災や盗難などによる損害にも、補償範囲が拡大して行った。

　具体的には、保険契約条件により異なるものの、**図表2**（次頁）に示したように、火災・落雷・破裂・爆発によって生じた損害、風災・雹災・雪災・水災による損害、盗難・水濡れ・物体の落下・飛来・衝突・倒壊・騒擾など多様な事象を原因として生じた損害、そしてこれらの損害の発生を原因として二次的に発生する代替住居費用や交通費などの付随的な費用を補償対象としている[11]。

---

9) わが国において火災保険は、1887年に引受けが開始されたが、当時は火災の発生頻度・強度とも高く、社会的にも重大なリスクであったといえる。

10) 1959年の伊勢湾台風は、甚大な人的・物的被害をもたらしたが、これを契機にして火災保険が風水災などの自然災害による損害を補償対象とするようになった。

11) 地震、噴火および津波を原因とする損害については、個人分野の火災保険では補償対象とはならず、後述する地震保険の保険金支払いの対象となる。地震保険は、企業や組織は対象とはならないが、後述する企業向けの火災保険に、地震による損害を対象とした拡張担保特約を付すことができる。

図表2　火災保険の補償対象となる損害

火災・落雷・破裂・爆発による損害	・火災による建物・家財など焼失・損壊 ・落雷による電気設備・製品などの損壊 ・ガス漏れによる破裂・爆発による建物・家財などの損壊　など
自然災害による損害	・台風、旋風、竜巻、防風などの風災による建物・家財などの損壊 ・降雹による建物・家財などの損壊 ・積雪による建物・家財などの損壊 ・洪水による建物・家財などの浸水 ・豪雨による落石、土砂崩れによる建物・家財などの損壊　など
その他の事故による損害	・家財の盗難、それに伴う建物の損壊 ・給排水設備の破損による水漏れ ・車両や航空機の衝突による建物の損壊 ・騒擾、労働争議に伴う破壊行為による建物などの損壊　など
付随的な費用	・火災などにより二次的に発生する代替住居費用、交通費、転居費用、残存物除去費用、失火見舞金などにかかる費用　など

これらのうち、火災や自然災害などによる損害をてん補する保険金は損害保険金と、付随費用を補償するものが費用保険金と、それぞれ呼ばれる。

⑶　火災保険の保険金

　火災保険の保険金は、**第2章**において取り上げた保険価額と保険金額に基づき決定される。

　保険価額は、被保険利益を金銭として見積もったものであり、火災保険の場合は保険の目的物となる財物の評価額となる。保険価額は、時価額（時価）または新規調達価額（新価）のいずれかに基づいて設定される。時価額は、評価時点での財物の価値であり、以下のとおり新規調達価額から、使用による消耗分すなわち経年減価額を差し引いて計算される。

$$時価額 = 新規調達価額 - 経年減価額$$

　このため、保険価額を時価額に基づき設定すると、火災により建物が全焼しても、支払われる保険金では、同様の建物を再取得する費用に不足するおそれ

がある。このため近年は、住宅を対象とした住宅総合保険などの火災保険では、新規調達価額に基づく契約が一般的となっている[12]。

　保険金額は、保険価額を上限として任意に設定されるもので、**第2章**で述べたように、両者を同じ水準としたものが全部保険、保険価額を下回る水準に保険金額を設定したものが一部保険である。

　一部保険の場合には、実損てん補方式と比例てん補方式のいずれを選択しているかにより、支払われる保険金が異なる。保険価額2,000万円の建物に保険金額1,600万円を付し、保険事故により1,000万円の損害は発生した場合に、実損てん補方式が選択されていれば、保険金額を上限として実際に被った損害と同額の保険金が支払われるため、保険金は以下のとおり1,000万円となる。

保険金 ＝ 保険金額を上限とした損害額 ＝ 1,000万円

　一方で比例てん補方式での保険金は、実際の損害額に、保険価額に対する保険金額の割合を乗じて決定される。したがって、上記と同じ例では、保険金は以下のとおり800万円となり、損害補てんのためには200万円不足することになる。個人契約者を対象とした火災保険では、実損てん補方式が一般的となっているが、企業や組織を契約者とする火災保険には、後述するように比例てん補方式のものも少なくない。

保険金 ＝ 損害額 × 保険金額 ／ 保険価額
　　　 ＝ 1,000万円 × 1,600万円 ／ 2,000万円 ＝ 800万円

---

12) 損害保険は、**第2章**で述べたとおり、基本的に実損てん補ベースであるため、かつては時価額に基づく火災保険契約が多く見られたが、このことにより保険契約者がしばしば深刻なベーシスリスクにさらされることが認識されるようになり、個人契約の火災保険では、新規調達価額ベースが主流となっていった。ただし、この場合は補償が手厚い分、保険料は割高となる。

2　地震保険

　地震のリスクは、風水災などの自然災害と同じく、いったん大規模なものが発生すれば同時に数多くのエクスポージャに損害が発生するおそれがあることに加え、ある期間内に発生するかどうか、そして発生したとしても損害がいくらになるのか不確実である。このため、大数の法則、中心極限定理が成立しにくく、保険可能性が低い[13]。このことから、地震に起因して生じた損害は、住宅を対象とした火災保険では補償されない[14]。しかし、わが国においては、いつどこであっても大規模地震が起こる可能性があり、誰もがその被害者となりうる。

　このように地震リスクは、個人が生活するうえで回避することができないものであることから、1924年の関東大震災をはじめ大規模な地震により甚大な被害が発生するたびに、保険による補償の可能性が繰り返し議論されてきた。しかし、保険会社のみで地震リスクに対処することが困難であることから、地震保険は長らく創設には至らなかった。こうしたなか1964年の新潟地震を契機として、公的施策として地震保険制度の導入が推し進められ、損害保険各社もこれに呼応した結果、1966年に**第2章**で述べた「地震保険に関する法律」が施行され、強い公的介入の下、災害補償制度の一部を担うものとして地震保険制度が導入された。地震保険は、同じ建物・家財を対象とした火災保険を主契約として、それに任意で付帯する方式が取られ、その付帯率も徐々に上がっている[15]。

　しかし、地震リスクの保険可能性が低いことには変わりなく、このため以下に述べるように基準料率が算出されるとともに、補償内容が制限され、さらに公的再保険制度が設けられている。

13）このような地震リスクの保険可能性の低さについては、**第5章**において詳細に分析する。

14）風水災による損害は、保険会社は再保険取引などを通して保険可能性を補完しようとしている。しかし、これらの自然災害の保険可能性が、地震と同様に低いことには変わりない。

15）火災保険への地震保険付帯率は約69.4％（2022年度末）となっているが、その水準は地域によりばらつきが見られる。

(1) 地震保険の保険料

　地震被害者の生活の安定を目指した地震保険では、保険の入手可能性、そして保険会社の支払能力が損なわれるようなことがあってはならない。このため、地震保険については、損保料率機構が、純保険料率と付加保険料率の双方を含めた基準料率を算出しており、損害保険会社はそれを変更することなく自らの保険料として使用することができることとなっている[16]。保険会社にとっては、自ら地震保険料を算出し、それを使用する余地が残されているものの、

図表3 　地震保険の保険料体系

建物の構造による保険料区分	イ構造	鉄骨造・コンクリート造など
	ロ構造	木造
耐震性能による割引	建築年割引	1981年6月1日以降に新築した場合に10%の割引
	耐震等級割引	住宅性能表示制度の耐震等級1・2・3に該当する場合に等級に応じ10%・30%・50%の割引
	耐震診断割引	耐震診断・耐震改修により耐震基準を満たしている場合に10%の割引
	免振建築物割引	住宅性能表示制度の免振建築物に該当する場合に50%の割引
建物の所在地による区分	1区分	北海道、青森県、岩手県、秋田県、山形県、栃木県、群馬県、新潟県、富山県、石川県、福井県、長野県、岐阜県、滋賀県、京都府、兵庫県、奈良県、鳥取県、島根県、岡山県、広島県、山口県、福岡県、佐賀県、長崎県、熊本県、鹿児島県
	2区分	宮城県、福島県、山梨県、愛知県、三重県、大阪府、和歌山県、香川県、愛媛県、大分県、宮崎県、沖縄県
	3区分	茨城県、埼玉県、千葉県、東京都、神奈川県、静岡県、徳島県、高知県

---

16) 金融庁は、届出のあった基準料率を、保険料率の三原則に加え、能率的な経営を維持できる範囲で可能な限り低いものであるかどうかを審査する。各保険会社は、審査期間を経過したのちに基準料率を使用可能となる。

それによる利点と、そのための費用を勘案した結果として、すべての保険会社が基準料率を使用している。基準料率は、こうして価格競争を制限し、地震保険の安定的供給に貢献している（Column❽を参照）。

　地震保険の基準料率には、個々の地震保険契約のリスク水準が異なることから、**第2章**で述べた保険料公平の原則に基づいて、建物の構造や耐震性能により差が設けられている。すなわち**図表3**（前頁）に示したように、建物の構造については、鉄骨造・コンクリート造と木造では、耐震性や、火災による焼失リスクが違うことから、それを反映した保険料区分が設けられている。さらに、建物の耐震性能を、より詳細に保険料に反映させるために、建築年割引、耐震等級割引、耐震診断割引、そして免振建築物割引が設けられ、これらの基準に適合する場合には10 〜 50％の保険料割引が適用される[17]。

　また、建物の構造や耐震性能に加え、地震・噴火・津波のリスクはそれが所在する地域によっても異なることから、地震保険の基準料率では、**図表3**のとおり都道府県別をリスクが低い順に1 〜 3の区分に分類し、保険料に差を設けている。

(2)　地震保険の補償内容

　地震保険の補償対象となる保険の目的物は、**図表4**のとおり住居用建物と、そこに収容されている家財に限られる。ただし、住居用建物には、その一部を住居の用に供するものも含むことから、店舗や事務所との併用住宅も保険の目

図表4　地震保険の補償内容

保険の目的物	住居用建物および家財（併用住宅を含む）
補償の対象となる損害	地震、噴火または津波を原因とする火災、損壊、埋没、流出による損害
保険金額	主契約となる火災保険の保険金額の30 〜 50％（上限金額：建物5,000万円、家財1,000万円）

17）建築年割引は、1981年6月1日に改正建築基準法が施行され、耐震基準が厳格化したことを受けたものである。

的物となる。また、居住中のものだけでなく、居住可能な状態のものや完成後居住可能となる建設中の建物も含まれる[18]。家財については、生活に用いられる家具、家庭用電気機器などは補償対象となるが、自動車、通貨、有価証券、預貯金証書、営業用什器・備品や商品は補償されない[19]。

地震保険は、地震または噴火、これらによって引き起こされる津波を原因として保険の目的物である建物や家財が火災に遭ったり、損壊、埋没または流失したりした場合の損害を補償対象とする。具体的には、地震による倒壊・破損、地震によって生じた火災による焼損、地震によってダムや河川の堤防が決壊し洪水となったため生じた流失、噴火に伴う溶岩流、火山灰や爆風による倒壊、埋没、津波による流失などが含まれる。

地震保険の保険金額は、同じ建物や家財を対象とした火災保険契約の保険金額の30〜50％の範囲で定め、建物については5,000万円、家財については1,000万円の限度額を超えてはならない[20]。したがって、建物に2,000万円の火災保険を付している場合の地震保険の保険金額は、600万円（2,000万円×0.3）〜1,000万円（2,000万円×0.5）の範囲で設定することとなる。しかし火災保険の保険金額が1億2,000万円の場合は、地震保険のそれは、3,600万円（1億2,000万円×0.3）〜5,000万円（上限金額）となる。

以上のように、保険契約者にとって地震保険の保険金は、当座の生活の必要に充てることはできても、建物の修理・修繕・建替えのために十分な資金を提供するものではない点に留意する必要がある。

(3) 地震保険の保険金

地震保険では、支払われる保険金にもいくつかの制限が設けられている。

図表5（次頁）に示したように、地震による損害の程度を全損、大半損、小

---

18) 住居用建物には、住宅に加え、物置や車庫など付属建物も含まれる。

19) 貴金属、宝石、骨董、通貨および有価証券などの保険金額が合計で1,000万円を超える場合は、その詳細を保険契約申込書に明記しなければ、補償内容とならない。

20) 前述のように地震保険は、火災保険を主契約として、それに付帯する方式が取られている。

図表5　地震保険の保険金

損害の程度		保　険　金
全　　損	・建物主要構造部の損害が時価額の50％以上 ・焼失・流失した建物の床面積が70％以上 ・家財の損害が時価額の80％以上	保険金額の 100％
大 半 損	・建物主要構造部の損害が時価額の40％以上50％未満 ・焼失・流失した建物の床面積が50％以上70％未満 ・家財の損害が時価額の60％以上80％未満	保険金額の 60％
小 半 損	・建物主要構造部の損害が時価額の20％以上40％未満 ・焼失・流失した建物の床面積が20％以上50％未満 ・家財の損害が時価額の30％以上60％未満	保険金額の 30％
一 部 損	・建物主要構造部の損害が時価額の３％以上20％未満 ・床上浸水または地盤から45cmを超える浸水 ・家財の損害が時価額の10％以上30％未満	保険金額の ５％

半損、そして一部損の４段階に区分し、全損の場合は保険金額の100％、大半損ではその60％、小半損では30％、一部損では５％が、それぞれ保険金として支払われる。これに加え、１回の地震における保険金には総支払限度額が設けられているが、これまでそれを超える事態となったことはない[21]。

⑷　地震再保険

　損害保険会社は、引き受けた地震保険契約を日本地震再保険株式会社に出再し、収受した純保険料の一部を再保険料として支払っている。さらに同社は、受再した地震保険契約を損害保険各社と政府に再々保険として再出再している[22]。そして政府は、収受した再保険料を地震再保険特別会計として管理、運用し地震発生時の保険金支払いに備えている。具体的には、**図表6**のように１回の地震に対する保険金総支払限度額を３つのレイヤーに区分し、比較的低額の第1

---

21)　保険金総支払限度額は、2021年にそれまでの11兆7,000円が引き上げられ、12兆円となった。

22)　日本地震再保険株式会社は、地震保険制度の創設とともに、損害保険会社の出資により設立された。

レイヤーは損害保険会社が損害の100％を負担し、第２レイヤーは損害保険会社と政府とがそれぞれ50％を分担する。さらに高額の第３レイヤーは損害保険会社が0.2％、政府が99.8％を負担することとしている。

このように発生頻度は低いものの高額の損害が生じた場合の政府の関与を大きくすることで、損害保険会社では対処が容易でない超長期にわたる収支均衡を図ろうとしている。このように損害保険会社、日本地震再保険会社、そして政府の三者共同で再保険制度を運営することにより、地震保険の支払能力を維持しようとしている[23]。

図表6 地震再保険の仕組み

| 1 回の地震による損害額 |
| 保険会社 1,259億円 / 政府 369億円 / 保険会社 369億円 / 政府 11兆7,714億円 / 保険会社289億円 |
| 第1レイヤー / 第2レイヤー / 第3レイヤー |

0円　1,259億円　1,997億円　　　12兆円

Column ❽ 付加保険料を含む基準料率の合理性

　住宅用建物を対象とした地震保険と、本章で後述する自賠責保険は、地震や自動車事故の被害者への補償という公的な目的を持った私的保険であり、ともに基準料率が算出されている。基準料率は、地震保険契約または自賠責保険契約を引き受けるすべての損害保険会社の統計情報などに基づき、統一的に算出される。しかも基準料率には、将来の保険金の原資となる純保険料率に加え、保険会社の経費や資金調達費用を含む付加保険料率が含まれている。保険会社

23）2022年12月3日以降、保険金総支払限度額12兆円のうち、1,259億円までが第1レイヤー、1,259億円から1,997億円までが第2レイヤー、1,997億円から12兆円までが第3レイヤーとなっている。

によって事業効率性が異なるにもかかわらず、基準料率が付加保険料を含んで統一的に算出されていることに、合理的な理由があるだろうか。

　地震や自動車事故の被害者に確実に補償を提供するためには、地震保険と自賠責保険が安定的に市場に供給されることが求められる。保険の安定供給のためには、財務状況が健全であり、事業効率の良い保険会社が、これらの保険契約をすすんで引き受けることが望まれる。付加保険料部分を含み保険料が一律であることにより、事業効率の良い保険会社は、これらの保険契約を引き受けても、それにかかる経費や資金調達費用を十分償い、採算を取ることができる。その結果、財務状況の良い保険会社は、そうでない保険会社より、より積極的に保険契約を引き受けると期待できる。このように、基準料率に付加保険料が含まれていることには、地震保険と自賠責保険の安定的供給という、重要な目的のためであるといえる。

3　企業分野の財物保険

　企業や組織を保険契約者とする企業分野の損害保険では、前述の火災保険のほか、動産総合保険、工事保険、利益保険など多様なリスクを対象としたものが存在する[24]。これらを個々に手当てする場合もあるが、近年は複数のリスクに対処する各種の保険をパッケージ化したマルチリスク型の保険が一般的となっている。

(1)　火災保険

　企業分野の火災保険には、前述の火災保険の一般物件、工場物件および倉庫物件を対象とした火災保険が該当し、普通火災保険といった名称で呼ばれる。一般物件や工場物件を対象とした普通火災保険では、契約条件により異なるものの、火災・落雷・破裂・爆発によって生じた損害、風災・雹災・雪災による

---

24)　企業分野の財物保険には、ここに挙げたもののほか、機械保険、船舶保険、貨物保険など、多様なものが見られる。

損害、そしてこれらの発生に伴う付随的な費用などが補償対象となり、倉庫物件の普通火災保険では、火災・落雷・破裂・爆発によって生じた損害のみが通常補償対象となる。また、塀や車庫などの付属建物や通貨、有価証券などは、保険契約申込書に明記しない限り補償の対象とならず、仮設の建物とその収容物、そしてゴルフネットなど、特に風災、雪災、雹災により損害が生じるリスクが高いものも保険の目的物に含まれないことがある[25]。さらに、個人分野の火災保険が実損てん補方式であったのに対して、企業分野の火災保険では、一般的に一部保険の場合は比例てん補方式により保険金が算定される。

　企業や組織は、同一構内に複数の建物を保有・利用していることが少なくない。このため、保険の目的物となる建物などの財物を個々に特定し、それぞれに保険金額を設定しようとすれば、付保漏れが生じたり、契約引受けのための事務経費がかかり、結果として付加保険料が引き上げられたりするおそれがある。このような場合には、企業分野の火災保険では、同一の構内に所在する財物を一括して、保険価額を評価し、単一の保険金額を設定するという特殊包括契約方式が取られることが多い。また、企業分野の火災保険では、前述のとおり補償内容が限定される場合があるが、地震や風・雹・雪災、水災、騒擾などによる損害が基本契約で対象とならない場合には、これらを対象とした拡張担保特約を付すことにより、必要な補償を手当てすることも可能である。

(2)　動産総合保険

　企業や組織は、さまざまな動産を使用して事業活動を行っているが、情報処理関連機器、印刷・複写機などの事務用機器、空調機器や冷蔵・冷凍機器、検査機器などの什器・備品は、リースとして賃貸借している場合がある。

　動産総合保険は、こうしたリース物件を含め、事業用の什器・設備、商品や在庫品、通貨、有価証券などを保険の目的物とし、これらの動産の使用中、保管中、運送中、そして展示中に発生した損害に対して保険金を支払うものであ

---

25) 仮設の建物には、海の家など年間の使用期間が3か月以下のものを指すことが一般的である。

る[26]。補償対象となる損害の原因は、契約条件により異なるが、火災・落雷・破裂・爆発、風災・雪災、自動車などの衝突・接触、落下、破損、水濡れ、盗難など幅広いものが対象となっている。

　一方で自動車、船舶、航空機、生産・加工機械などは、自動車保険や船舶保険、機械保険など、他の保険の対象となるため、動産総合保険の対象動産とはならない。また、地震・噴火・津波、自然の消耗、故意・重大な過失、瑕疵、騒擾などを原因として発生した損害についても、通常は保険金支払いの対象とならない。

(3)　工事保険

　工事保険は、各種工事期間中に、火災・落雷・破裂・爆発、風災・雹災・雪災・水災、盗難、作業上の過失などにより、建物や各種設備などの工事の対象物や、工事用に一時的に設置される電気設備はどの仮設物、工事用資材などの保険の目的物に生じた損害を補償する財物保険である。

　工事保険には、建物の新築・増改築工事を対象とする建設工事保険、電気機器の据付工事や建物の内装・外装工事、電気設備や給排水設備工事などを対象とする組立保険、そして道路舗装工事や上下水道工事などを対象とする土木工事保険などの種類がある。

(4)　利益保険

　利益保険は、企業・組織が事業活動に使用する建物や設備・機械などの財物が、偶然の事故により損害を被り、事業中断・縮小せざるを得ない事態となった場合に、喪失した利益である休業損害、そして事故後の営業継続または早期復旧のための臨時的費用である収益減少防止費用を補償対象とする保険であり、企業費用・利益総合保険などの名称で呼ばれる。

　保険事故には、他の財物保険と同様に、火災・落雷・破裂・爆発、風災・雹災・雪災・水災、水濡れ、盗難などが含まれる。また、保険の目的物は、同一

26）動産総合保険には、個人所有のカメラや楽器を対象としたものも見られる。

構内に所在する建物や什器・設備となる。

保険金は、以下に示すように、生産高または売上高の減少分に、予め定めたてん補率を乗じた金額が、休業損失の補償に相当するものとして支払われるとともに、収益減少防止費用に相当する保険金が支払われる[27]。

> 保険金 ＝ 生産・売上高減少額 × 約定てん補率 ＋ 収益減少防止費用

❀Column ❾ 地球温暖化と火災保険

火災保険は火災や落雷による損害のほか、風災、水災、雪災といった気象に関わる自然災害による損害も補償の対象としている。このことから火災保険は、個人や企業、組織にとって火災だけでなく、自然災害リスクに対処するための重要なリスクマネジメントの手段となっている。一方で近年は、火災保険の支払保険金が、年により変動しながらも増加傾向を示している。その原因としては、火災保険の目的物である建物などの財物の増加や価額の上昇も挙げられるが、極端な気象現象の頻発と甚大化の影響も小さくないと考えられる。豪雨、台風、暴風、積雪などの気象現象による災害は、地震と同様に、一定期間内に特定の地域に発生するかどうかの予測が困難であるとともに、発生した場合にどの程度の損害が生じるのかも不確実である。しかも、いったん発生すれば同時に多数のエクスポージャが損害を被ることになる。このことから水災や風災、雪災などのリスクは、保険可能性が低く、損害保険会社にとっては引き受けにくい性質を持つものであるといえる。

極端な気象現象の増加が、温室効果ガス排出による地球温暖化がその主要な要因となっていることは、IPCC（気候変動に関する政府間パネル）が、第6次

---

27) この際のてん補率は、保険契約締結時に、以下の直近会計年度の利益率を超えない水準で設定される。

　　利益率＝（営業利益＋経常費）／営業収益

　　また、収益減少防止費用にかかる保険金は、以下のように算定される。

　　収益減少防止費用＝営業収益減少防止に必要・有益な費用×約定てん補率／利益率

評価報告書（2022年発表）のなかで「人為起源の気候変動」によるものであることを明示していることからもわかる。そして、これらの自然災害の発生頻度と強度も、今後上昇傾向を続けると予測している。こうしたことから、損害保険会社にとって火災保険契約の引受けに関わるリスクは拡大していくと考えられる。

　損害保険会社は、アンダーライティングの際のリスク特定・測定のための技術知識を活用して、保険契約締結後も契約者に対してさまざまなリスクコントロールサービスを提供し、事故発生頻度と損失強度を低下させる努力を行っている。同時に、中・長期的な社会の自然災害レジリエンスの向上を目指して、建築技術の開発、都市構造の改善、情報通信技術の活用などに関する研究に取り組んでいる。

　また、**第2章**で取り上げた日本損害保険協会は、全国のさまざまな地域で防災力向上への取組みを展開するとともに、消防自動車などの災害被害者救援資機材を、離島を含む自治体に寄贈したり、防災意識の醸成を目的として標語の募集やポスターの制作を行ったりしている。他方で、かつては住宅ローンの返済期間にあわせて30年や35年といった超長期の火災保険契約も見られたが、将来の自然災害リスクの拡大により、このような長期保険契約の保険料算出が困難となったことから、現在は10年以下の保険期間を設定せざるを得ない状況にもなっている。

③ 損害賠償責任リスクの損害保険

1 自賠責保険

　自動車事故を自らの過失により引き起こし、被害者に対して損害賠償責任を負うリスクを対象とした保険が、自賠責保険である。これは、自動車事故被害者の救済と自動車運送の健全な発展を目的として、**第2章**で取り上げた自賠法に基づいて運営される保険であり、自動車を運行の用に供する者には、個人および企業・組織ともに付保義務が課されている[28]。自賠責保険は、もはや現代社会において不可欠となった自動車運送を過度に制限することなく、一方でいくらリスクコントロールを行っても発生しうる自動車事故の被害者に、基礎補償を提供しようというものである。

(1) 自賠責保険の付保義務

　自動車事故被害者への補償が確実に行われるために、前述のとおり運行されるすべての自動車に対して自賠責保険の付保が義務付けられ、これに違反すると罰則が科せられる[29]。しかし罰則のみでは、自賠責保険からの潜在的な離脱誘引を完全に防げないおそれがあるため、自動車検査登録制度と連携することで、付保を確実にしようとしている。すなわち自動車の登録または検査の際に自賠責保険証明書の提示を求め、その保険期間が自動車検査証の有効期間を満

---

[28] 自賠法1条には、その目的として「自動車の運行によって人の生命又は身体が害された場合における損害賠償を保障する制度を確立するとともに、これを補充する措置を講ずることにより、被害者の保護を図り、あわせて自動車運送の健全な発達に資すること」と定められており、これに基づき自賠責保険は運営されている。

[29] 自賠責保険付保または自賠責共済への加入の義務は、自賠法5条に定められている。これに違反して自動車を運行した場合は1年以下の懲役または50万円以下の罰金が科せられる。また、自賠責保険証明書を不所持で自動車を運行した場合は30万円以下の罰金が科せられる。

たしていなければ、検査標章は交付されないこととなっている[30]。

　また、損害保険会社は、自賠責保険契約の申込みがあれば必ず引き受けなければならず、既存の保険契約についても、契約者に告知義務違反があった場合や重複契約があった場合、廃車となった場合などを除き解約を行えないこととなっている[31]。

(2)　自賠責保険の保険料

　自動車事故被害者の救済を確実なものとするためには、自賠責保険の保険料が保険契約者にとって付保可能であると同時に、保険会社の財務健全性を維持しうる水準でなければならない。このため同保険の保険料は、保険会社が能率的な経営を行うための適正な原価を償う範囲内で、可能な限り低い水準であることが求められている[32]。

　さらに自賠責保険は、前節で述べた地震保険と同様に、損保料率機構が純保険料率と付加保険料率を含む基準料率を算出しており、損害保険会社は、使用届出を行えば、自らの自賠責保険料としてこれを使用することができる[33]。独自の自賠責保険料を算出・使用することも可能であるものの、地震保険と同様に、自賠責保険を引き受けるすべての損害保険会社が基準料率を使用し、結果的に自賠責保険料は統一されている。こうして価格競争が起きることなく、自賠責保険は安定的に供給されている。

　後述する自動車保険が多様なリスク区分により保険料に差を設けているのに対して、自賠責保険では、**第2章**で取り上げた保険料公平の原則を満たすに足

---

30) 自動車検査の対象外の原動機付自転車などについては、保険契約者に対して、保険証書に加えて保険標章を交付している。これらの自動車は、この保険標章を貼付していなければ運行することができない。

31) 自賠責保険契約の引受義務は自賠法24条に、中途解約の制限については同法20条の2に定められている。

32) 自賠責保険料の適正原価主義は、自賠法25条に定められている。

33) 自賠責保険の基準料率も、前述の地震保険のそれと同様の審査プロセスを経て、使用可能となる。

| 図表7 | 自賠責保険の保険料体系 |

| 用途・車種 | 自家用乗用自動車、軽自動車、営業用乗用自動車、乗合自動車、営業用普通貨物自動車、小型貨物自動車、小型二輪自動車、原動機付自転車　　など |
| 適用地域 | 北海道・本州・四国・九州、北海道・本州・四国・九州の離島、沖縄県、沖縄県の離島 |

る最低限の区分しか設けられていない。

　具体的には**図表7**のように、自動車の用途・車種および適用地域のみの区分となっている。用途・車種については、自動車を使用する目的が自家用・事業用のいずれであるのか、自動車の種類については、乗用・貨物の別、普通・小型・軽自動車などの別により、自動車事故のリスクの差異に基づいて基準料率に区分が設けられている。適用地域別については、自動車が使用される地域による自動車事故リスクの違いから、北海道・本州・四国・九州、これらの離島、沖縄県、沖縄県の離島の4区分が設けられている[34]。

(3)　自賠責保険の補償内容

　自賠責保険は、自動車を運行することによって生じた人身事故による対人賠償責任の負担のみを保険金支払いの対象としている。また、自動車事故被害者救済の公平性と迅速な保険金支払いを確実とするため、支払基準が定められ、治療関係費や文書料については、必要かつ妥当な実費であることを求めるとともに、慰謝料や休業損害、葬儀費用などについては金額が定められている[35]。

　さらに、保険金には支払限度額が設けられており、**図表8**（次頁）のとおり傷害の場合には被害者1名につき120万円、後遺障害の場合、その障害の程度

34）離島は、北海道・本州・四国・九州および沖縄本島以外の島で、橋または隧道によりこれらの地域との間の交通・移動ができないものを指す。

35）自賠責保険の支払基準は、自賠法16条に基づき国土交通大臣および内閣総理大臣が定めており、傷害の場合の慰謝料は入通院1日当たり4,300円、死亡の場合は400万円、休業損害は1日当たり6,100円、葬儀日については100万円などとしている。

図表8	自賠責保険の支払限度額
傷　害	治療費、休業損害および慰謝料などに対して被害者1名につき120万円
後遺障害	障害の程度に応じて逸失利益および慰謝料などに対して75万～4,000万円
死　亡	被害者1名につき葬儀費、逸失利益および慰謝料などに対して3,000万円

に応じて75万円から4,000万円までが支払われる。死亡の場合は、被害者1名につき3,000万円まで支払われる[36]。

　このように、自賠責保険の補償内容が基礎的範囲に制限されているのは、自賠責保険の保険料区分が前述のとおり制限されていることで起こりうる逆選択の問題を緩和するために、保険料を低廉化する必要があることも理由の一つである。

(4)　過失責任主義の修正

　一般の賠償責任保険は、被った損害について、加害者に故意・過失があったことを、被害者自らが立証することが求められる過失責任主義の原則に基づいて運営される[37]。しかし不可避に、かつ瞬時に発生する自動車事故において、被害者が加害者の故意・過失を立証することが常にできるとは限らず、特に重大な人身事故の場合は事実上不可能である。そこで自賠責保険では、立証責任を加害者側に転換することにより、加害者が自らに故意・過失がなかったことを証明しない限りは損害賠償責任を負うこととし、被害者への補償の実効性を高めている。

　さらに、過失相殺の適用についても、被害者に有利な仕組みが採用されている。後述する対人賠償責任保険を含むその他の賠償責任保険における損害賠償

---

36)　なお、支払限度額は1事故当たりの金額であるため、保険期間中の複数回の事故に対して保険金が支払われても、それぞれの事故に対して限度額が適用される。

37)　過失責任主義は、民法709条に基づくものである。これにより、個人は、標準的な注意を払って行動していれば、処罰されたり、不測の損害賠償責任を負わされたりすることはなく、自由な行動が保障されているといえる。

図表9	自賠責保険における重過失減額		
被害者の過失割合	傷　　害	後遺障害	死　　亡
7割未満	減額不適用		
7割以上8割未満	2割減額	2割減額	
8割以上9割未満		3割減額	
9割以上10割未満		5割減額	

額は、被害者が被った損害額から、被害者自身の過失割合に相当する金額が差し引かれて決定される[38]。したがって自動車事故により傷を負った被害者が被った損害が100万円で、その過失割合が80％であれば、損害賠償額は20万円に減額されることとなる。これでは傷害などを負った被害者の補償には十分とはいえない。

　こうしたことから自賠責保険では、被害者に7割以上の重大な過失がある場合のみ保険金を減額するという、いわゆる重過失減額に限って行われ、減額割合も、図表9のとおり、後遺障害・死亡に関しては最大5割、傷害は最大でも2割にとどめている。これに従って前述と同じ事例の損害賠償額を求めると、重過失減額は20万円にとどまり、80万円の損害賠償額が認められることとなる。なお、損害額が前述の支払限度額を超える場合は、支払限度額から減額が行われる。

(5)　自動車損害賠償保障事業

　自動車事故被害者が自賠責保険により補償を受けられるのは、加害者が特定でき、かつ自賠責保険を付していた場合に限ることはいうまでもない。

　このことから、自賠責保険の補償対象とならない被害者に対しては、国土交通省により運営されている自動車損害賠償保障事業が、自賠責保険と同等の補償を提供している。ひき逃げにより自動車の所有者が不明のため損害賠償請求

38）このような過失相殺の原則は、民法722条に基づくものである。

ができない事故や、無保険自動車による事故の被害者は、同保障事業に請求すれば、国土交通省が加害者に代わって損害相当額が支払われる[39]。同様に、盗難自動車による事故などのように、加害者が特定できても自賠責保険の被保険者が損害賠償責任を負わない場合も、被害者は同保障事業に請求することができる。

　自動車損害賠償保障事業の財源は、主として自賠責保険料に組み込まれている賦課金が充てられる[40]。

✎ *Column* ❿ 自賠責保険と逆選択

　自動車保険の保険料には、用途・車種に加え、自動車の型式、安全性能、運転者の年齢、無事故・事故歴などの指標による区分が設けられ、リスク細分化が行われている。これにより保険契約者は、自らのリスクに見合った保険料を負担することとなり、逆選択の問題は起こりにくい（**第5章を参照**）。他方で自賠責保険の基準料率には、用途・車種と適用地域という限られた区分しか設けられていないため、同一の用途・車種で同じ地域で使用される自動車の保険料は、過去の保険金請求歴などにかかわらず同じ保険料を負担することとなる。その結果、リスクが高いと自覚する保険契約者にとって保険料は割安になる反面、リスクが低い契約者にとっては割高となり、たとえ付保義務が課せられていたとしても、自賠責保険システムから離脱するインセンティブを持ちかねない。このような逆選択が潜在することとなると、無保険自動車のスクリーニングを行うなど追加的な費用が必要となり、結果として保険料も引き上げられるおそれがある。逆選択を回避するためには、保険料を、付保を躊躇しない程度に低廉な水準に保つ必要があるが、そのためには補償内容をある程度限定せざるを得ない。このように自賠責保険の補償が基礎的な範囲に限定されていることには、逆選択の回避という意図もあるということができる。

---

39) 自動車損害賠償保障事業については、自賠法71条に定められている。また、請求窓口は、各損害保険会社となっている。国土交通省は、被害者に損害相当額をいったん支払ったのち、これを加害者に対して求償する。

40) 自動車損害賠償保障事業の支払件数・金額とも減少傾向が続き、2021年度では499件、約8億1,500万円となっている。同保障事業の財源に充てられる賦課金は、2023年4月改定の自家用乗用自動車1年契約の保険料11,500円のうち4円となっている。

2　自動車保険

　自賠責保険は、対人賠償責任のみを対象とし、かつ支払限度額が設けられているが、自動車事故の対人賠償額には、その水準を上回るものも決して少なくない[41]。また、自動車事故の加害者となった場合には、対物賠償責任を負うおそれもあるが、これについては自賠責保険の補償対象とならない。

　さらに、自らの自動車が損傷を受けたり、運転者や同乗者が傷害を負ったり、死亡したりするおそれもある。このような自動車に関わるさまざまなリスクに包括的に対処するために任意で付保する保険が自動車保険であり、**図表10**（次頁）のとおり自賠責保険の支払限度額超過部分を補償する対人賠償責任保険、対物賠償責任の負担のリスクに対処する対物賠償責任保険、自らが財物損害を被るリスクを補償する車両保険、そして自らが人身損害を被るリスクに対する搭乗者傷害保険や人身傷害補償保険などにより構成される。

(1)　自動車保険の保険料

　自動車事故は、個人、そして企業や組織にとって重大なリスクであると同時に、それを対象とする自動車保険は、その主要部分を対人・対物賠償責任保険が構成しており、保険契約者のみならず、誰もがなりうる自動車事故被害者にも影響を及ぼすものである。このことから、自動車保険は事前認可の対象となるとともに、損保料率機構が、会員損害保険会社の統計情報や自動車事故関連情報に基づいて参考純率を算出している。そして、前述の火災保険の参考純率と同じく、保険会社は、それを自らの純保険料率として使用することができる[42]。

　一方で自動車事故のリスクは、自動車や運転者などに関するさまざまな要素により左右される。仮に個々の保険契約のリスク水準にかかわらず、すべての

41）自動車による人身事故の高額賠償の判決例には、死亡の場合に5億2,853万円（横浜地判平成23年11月1日判例集未登載）、後遺障害については4億5,381万円（札幌地判平成28年3月30日自保ジャ1991号1頁）など、自賠責保険の支払限度額を大幅に上回るものも見られる。

42）自動車保険の参考純率の審査プロセスは、火災保険のそれと同様である。

図表10　自動車保険と自賠責保険の対象リスク

対人賠償責任 損失リスク	対物賠償責任 損失リスク	財物損失リスク	人身損失リスク			
対人賠償責任保険	対物賠償責任保険	車両保険	搭乗者傷害保険	人身傷害補償保険	自損事故保険	無保険車傷害保険
自賠責保険						

契約に対して同一の保険料を適用すれば、自らのリスクが高いことを認識する保険契約者にとって保険料は割安に、リスクが低い契約者にとっては割高となる。その結果、任意付保である自動車保険には、高リスク者ばかりが加入するという逆選択が引き起こされかねない。そのため、自動車保険においても、一定のリスク細分化が行われている[43]。

　参考純率には、損害保険会社の使用義務が課されていないため、保険会社や保険商品によりばらつきは見られるが、一般的に図表11に挙げたような用途・車種、自動車の型式、安全性能、新車・新車以外の別、運転者の年齢、無事故・事故歴、損害率実績、運転者の範囲などによる区分が設けられている[44]。

(2)　対人賠償責任保険の補償内容

　対人賠償責任保険は、自賠責保険と同様に、自動車事故を引き起こし、他者

---

43) 逆選択とリスク細分化の関係については、**第5章**を参照されたい。

44) 無事故・事故歴による区分が適用されるノンフリート契約には個人契約者の多くが含まれ、損害率実績に基づくフリート契約には企業などの契約者が多い。これらに基づく保険料区分は、**第5章**で分析するように経験料率の一つの形態であり、モラルハザードを緩和することが期待される。ここに挙げた区分のほか、年間走行距離や自動車の使用目的（業務使用、通勤・通学使用、日常・娯楽使用などによる区分）などによる区分を設けたものも見られる。また、リスクに基づく区分ではないものの、保険金額と控除免責金額によっても、保険金の金額および支払頻度が異なることから、保険料に差が設けられる。

図表11	自動車保険の保険料体系
用途・車種	自動車の用途（自家用または営業用など）、車種（乗用、貨物、普通、小型、軽自動車など）による区分
型式別料率クラス	自動車の型式によるリスクの違いに基づくクラス区分（9クラス）
自動車の安全性能	自律緊急ブレーキ（AEB）などの安全装備の有無による区分・割引
新車・新車以外	新車とそれ以外の安全性能の違いによる区分
年　　　齢	運転者の年齢層による区分（全年齢、21歳以上補償、26歳以上補償、35歳以上補償などの年齢条件による区分）
無事故・事故歴	付保台数が9台以下の保険契約（ノンフリート契約）を対象とした過去の無事故期間・事故件数に基づく等級区分（1〜20等級）
損害率実績	付保台数が10台以上の保険契約（フリート契約）を対象とした損害率に基づく割増引
運転者の範囲	運転者を本人および配偶者に限定する場合と、運転者を限定しない場合での区分

を死傷させたことによる損害賠償責任の負担のリスクを補償対象とした保険である[45]。自賠責保険が自動車の運行による事故のみを対象としているのに対し、対人賠償責任保険は、より広く自動車の所有、使用または管理に起因して生じた事故により、損害賠償を負担した場合も補償対象となる。

　このため車庫内に駐車中の自動車が爆発し、被害者が損害を被った場合には、自動車の運行による事故ではないため自賠責保険の補償対象とはならないが、対人賠償責任保険では保険金支払いの対象となる。

　対人賠償責任保険の保険金は、被保険者が損害賠償請求者に対して負担する損害賠償額および損害防止軽減に要した費用の合計から、自賠責保険から支払われる保険金などを差し引いて支払われることから、自賠責保険の上積み保険と呼ばれる。また、被害者への見舞品代および香典などの費用、訴訟のための費用なども保険金支払いの対象となる。

---

45) ここでの他者には、歩行者、相手自動車の搭乗者、自らの自動車の同乗者などを含むが、記名被保険者または運転者本人、そしてその家族は含まれない。

　一方で保険契約者または被保険者の故意により生じた事故による損害、台風や洪水、地震といった自然災害による損害、戦争・紛争などによる損害は、補償対象とならない。保険金は、保険契約時に設定した保険金額を限度として計算されるが、高額化する賠償額に対応するように、ほとんどの保険契約において、保険金額無制限が選択されている[46]。

　自賠責保険と対人賠償責任保険をそれぞれ異なる保険会社と契約している場合には、保険金請求手続が煩雑となるため、対人賠償責任保険の保険会社が自賠責保険部分を含めていったん保険金を支払い、追って自賠責保険の保険金相当金額を自賠責保険会社から回収する仕組みが設けられている。また、保険契約者が、損害賠償責任の有無や過失割合、損害額の決定などに関して十分な知識を持つとは限らないことから、保険会社は、折衝、示談、調停または訴訟の手続の支援サービスを提供している。このような示談交渉支援は、次に述べる対物賠償責任保険でも行われる。

⑶　対物賠償責任保険の補償内容

　対物賠償責任保険は、自動車の所有、使用または管理によって他人の財産に損害を与え損害賠償責任を負うリスクを対象とした保険である。すなわち、自動車相互の衝突により相手方の車両やガードレールを損壊したり、住宅への衝突により家屋や家財に損害を及ぼしたりすることで、損害賠償責任を負担した場合に、保険金が支払われる。保険金には、被害者に対して負担する損害賠償額と損害発生・拡大防止費用、緊急措置などに要した費用に基づき、保険金額を上限に算出される。

　また、これらに加え訴訟に要した費用、弁護士費用、仲裁・和解・調停のための費用も保険金支払いの対象となる。ただし、保険契約者または被保険者の故意や自然災害、戦争・紛争などによる損害は、補償対象とならない。保険金額は契約締結時に任意に設定されるが、対人賠償責任保険と同様に多くの保険

46）　2021年度の自家用普通乗用車の保険金額無制限の保険契約は、全体の99.9％を占めている。自動車事故による賠償額は前述どおり数億に及ぶものもある一方で高額事例の発生頻度は極めて低いため、保険金額無制限を選択しても保険料は大きくは上がらない。

契約が無制限となっている[47]。

(4) 車両保険の補償内容

　車両保険は、偶然の事故によって被保険自動車が受けた損害を補償するものであり、財物保険の一つである。保険金支払いの対象となる事故には、衝突や接触、墜落、転覆、他物の落下、火災、盗難などが含まれるが、特約を付すことにより車両相互衝突や盗難などに限定し、保険料を低く抑えることも可能である。一方で、保険契約者または被保険者などの故意や酒酔い運転、地震・噴火・津波および戦争・紛争などによる損害に対しては、保険金は支払われない。

　保険の目的物となる被保険自動車には、自動車本体に加え、警告反射板や消火器など法令により自動車に定着・装備されているもの、そして音響装置、空調設備、時計など一般的に定着・装備されている付属品も含まれる。

　車両保険においても保険金額が設定され、保険金はそれを限度として支払われる。保険金額は、被保険自動車の車両価額に基づくが、自動車の価額は時間の経過による減価が著しく、その程度も個々の自動車の使用状態などによって異なる。このため保険契約締結時に、被保険自動車と同一車種、同年式で同じ損耗度の自動車の市場販売価格相当額を車両価額とすることを取り決め、保険期間中はこの保険価額に基づく方式がしばしば採用される[48]。また、控除免責金額は、保険期間中1回目の事故については0万円、2回目以降10万円のように1事故ごとに設定される[49]。

　車両保険の保険金は、全損と分損とで支払方法が異なる。全損は、被保険自

---

47) 2021年度の自家用普通乗用車の保険金額無制限の対物賠償責任保険契約は、全体の98.7%となっている。自動車による物件事故の高額賠償の近年の判決例には、1億1,798万円（大阪地判平成23年12月7日判例集未登載）などが挙げられるが、過去においては2億6,135万円（神戸地判平成6年7月19日交民27巻4号992頁）といった極めて高額のものもある。

48) この方式は、車両価額協定保険特約を付すことにより有効となる。

49) 自動車の軽微な損傷は比較的頻繁に起こるが、こうした少額の損害を控除免責金額により保険金支払いの対象外とすることにより、付加保険料の低廉化とモラルハザードの緩和が期待できる。このことについては、**第5章**で詳細に分析する。

動車の修理費が保険金額を上回る場合や、修理が不能である場合、盗難された場合などを指し、保険価額と同額が保険金として支払われる。分損は、被保険自動車の修理費が保険金額未満となる場合であり、修理費相当額から控除免責金額を差し引いた金額が保険金として支払われる。

(5)　搭乗者傷害保険の補償内容

　搭乗者傷害保険は、自動車の運転者やその同乗者を被保険者とし、自動車の搭乗中に急激・偶然・外来の事故に起因して死傷したときに保険金が支払われるものであり、後述する傷害疾病保険と同様に人身損失リスクを対象とした保険である。具体的には、自動車の運行中に、飛来中または落下中の他物との衝突、火災、爆発または自動車の落下によって死傷した場合に補償の対象となる。ここでいう搭乗中とは、自動車のドアや床に手や足を掛けたときから、下車しようとしてドアや床から手足をすべて離し、両足を車外の地面などに着けるまでの間として、広くとらえられる。反対に、トラックの荷台など正規の乗車装置でない場所に搭乗していた場合などは、保険金は支払われない。

　保険金には、死亡保険金、後遺障害保険金、医療保険金などがあり、これらは、実際に負担した治療費や交通費にかかわらず、保険契約締結時に設定した保険金額に基づく定額給付ベースで支払われる。死亡保険金と後遺障害保険金は、事故発生日から180日以内に死亡したり後遺障害となったりした場合に、死亡の場合は保険金額相当額が、後遺障害の場合はその程度に応じた約定の係数を保険金額に乗じた金額が、それぞれ保険金として支払われる。また、医療保険金は、保険契約時に設定した日額に入院または通院日数を乗じて決定される。

(6)　人身傷害保険の補償内容

　人身傷害保険は、搭乗者傷害保険と同様に急激・偶然・外来の事故に起因して死傷したときに保険金が支払われるものであるが、被保険自動車に搭乗中の事故に限定したり、被保険者以外の自動車に搭乗中の事故および歩行中の自動車事故などにも補償範囲を広げたりすることが可能となっている。また、被保険者だけでなく、その配偶者や同居の親族、別居の未婚の子が死傷した場合に

も保険金が支払われるものである。

　搭乗者傷害保険の保険金が定額給付ベースで支払われるのに対して、人身傷害保険では、治療費や逸失利益など、実際に生じた損害額に基づいて保険金が支払われる実損てん補ベースとなっている。しかし、対人・対物賠償責任保険のように過失による減額は行われない。

　以上のように人身傷害保険は、幅広い補償を提供することから、保険契約者が、搭乗者傷害保険を含む自動車保険や、その他の傷害疾病保険を付していた場合には、補償の重複が生じるおそれがある。このため、他の各種保険との補償関係を考慮し重複部分を最小化することで、合計での保険料負担を軽くすることが可能である。

(7)　自損事故保険の補償内容

　ガードレールや電柱、建物などに衝突するなど単独事故で死傷した場合には、加害者不在のため自賠責保険では補償されない。自損事故保険は、このような単独事故により被保険者が死傷した場合に補償を提供するものであり、対人賠償責任保険に特約として任意で付帯される。

　自損事故保険の保険金には、死亡保険金、後遺障害保険金および医療保険金があり、いずれも定額給付ベースで支払われる。すなわち死亡保険金については約定の保険金額相当額が、後遺障害保険金はその程度に応じて予め取り決めた金額が、医療保険金は1日の入院および通院1日当たりの約定の金額が、それぞれ保険金として支払われる。ただし、自損事故保険の補償内容は、前述の人身傷害保険のそれに含まれることから、いずれか一方を選択することになる。

(8)　無保険車傷害保険の補償内容

　自動車事故の被害者となった場合に、加害者が特定できたとしても、無保険であった場合や対人賠償責任保険の保険金額が低額であったり、運転者年齢条件や運転者限定特約の条件により補償対象とならなかったりした場合には、十分な損害賠償金が得られないこととなる。無保険車傷害保険は、このように事故の相手側が損害賠償義務を履行できない場合に、保険金を支払うものであ

り、自損事故保険と同様に対人賠償責任保険に特約として付帯される。

　無保険車傷害保険では、被保険者とその配偶者、同居の親族、そして別居の未婚の子が、被保険自動車またはそれ以外の自動車に搭乗中、あるいは歩行中に、無保険自動車との事故により死傷した場合に保険金が支払われる。保険金は、加害者が本来負担すべき損害賠償額のうち、自賠責保険の支払限度額を超えた金額となる[50]。

3　自動運転化社会における自動車保険

　近年、自動車の自動運転技術が急速に発展し、運転補助機能をはじめとして、その一部はすでに実用化されている。将来的に完全な自動運転化社会が実現されれば、高齢者による事故を含む自動車事故頻度と損失強度の低下、運送業における運転者不足の解消、自動車使用の効率化による温室効果ガス排出量の削減、過疎地域における移動手段の確保など、さまざまな社会的課題の解決に貢献すると期待されている。

　自動運転の段階は、図表12に示したとおりレベル０からレベル５の６段階とされる。すでに普及しつつある運転支援機能を持つ自動車は、アクセルやブレーキの操作、ハンドル操作の一部が自動化されているものの、運転操作の主体は運転者であることから、レベル１または２に相当する。レベル３とレベル４は、現在高速道路または限定された地域において実証実験が行われる段階になっている。レベル３では、システムが運転操作の主体となるが、それが正常に作動しないおそれがある場合には、運転者が適切に応答することが求められる。レベル４では、高速道路や、いわゆるスマートシティといった限定地域において、完全にシステムが運転主体となる段階で、2025年の実現を目指して研究・開発が進められるとともに、道路交通法などの法整備が行われている。レベル５では、すべての条件の下で常にシステムが運転操作を行うもので、現在のところ中期的な実現を目指した構想段階にあるといえる。

---

50)　自賠責保険の補償範囲については、前述の自動車損害賠償保障制度から補償が提供される。

図表12 自動運転のレベル

自動運転レベル	運転操作主体	自動運転の内容	実現段階
レベル0	運転者	運転者がすべての運転操作を行う。	実用化・普及段階
レベル1		アクセル・ブレーキ操作またはハンドル操作のいずれかの一部が自動化される。	
レベル2		アクセル・ブレーキ操作およびハンドル操作の双方の一部が自動化される。	
レベル3	自動運転システム	システムが運転を実行するが、必要に応じ運転者が応答する。	実証実験段階
レベル4		限定地域においてシステムが運転を実行する。	
レベル5		常にシステムが運転を実行する。	構想段階

　このような自動運転化の進展は、自動車保険にどのような影響を及ぼすだろうか。自動車事故被害者に基礎的補償を提供する自賠責保険は、**第2章**において取り上げた自賠法に基づき運営されている。同法には事故発生に対する運転者などの責任所在が示されているが、自動運転技術の向上に伴い、運転者の責任が必ずしも明確に問えない事故も増えていくと考えられる。たとえば、自動運転性システムの安全上の欠陥、地図情報や道路情報などの外部情報の誤り、第三者によるシステムへのサイバー攻撃などを原因とした事故が発生すると予想される。現在実証実験に入っている自動運転レベル4までについては、自動運転システムの欠陥や外部情報の誤りを原因とする事故については、これまでと同様に自賠法の定める運行供用者責任が生じると見なし、自賠責保険から保険金が支払われるとされている。

　他方でサイバー攻撃による事故については、盗難自動車による事故と同様に運行供用者責任は問えず、自動車損害賠償保障事業の対象となるとされる。これらの対応により、自動車事故被害者への迅速な補償を実現しようとしてい

る。

　自賠責保険の補償範囲を超えた損害については、自動車保険で対処することになる。自動車保険は、自賠法ではなく、民法に基づいて運営されるため、自動運転システムの欠陥やサイバー攻撃による事故では、損害賠償責任関係が確定するまで時間を要し、保険金支払いが遅延することとなる。こうした事態に備え、損害保険会社は、損害賠償責任関係が不明であっても補償を提供する、被害者救済費用等保障特約などの特約を用意するようになっている。

　今後は、完全自動運転化が実現されるレベル5に向けた自賠責保険、自動車保険のあり方についても、引き続き議論が求められる。

4　企業向けの賠償責任保険

　企業分野の賠償責任保険には、施設賠償責任保険など企業や組織を保険契約者としたさまざまな種類の賠償責任保険、会社役員賠償責任保険、そして専門職業人賠償責任保険などがある。以下では企業や組織を対象とした各種の賠償責任保険を見ていく。

　企業や組織が、それを取り巻くさまざまな当事者に対して損賠賠償責任を負うリスクにさらされていることは、**第1章**において述べたとおりであるが、このようなリスクに対処するための賠償責任保険は、その事業内容と、それに伴うリスクが多様であることから、その種類は多岐にわたる。一方でこれらの賠償責任保険には、**図表13**のとおり、被害者に対する損害賠償責任や争訟費用、他者への損害賠償請求や求償のための費用、保険会社に協力するために要した費用など、補償内容に共通する部分も多くある。

　企業分野の賠償責任保険の主なものとしては、**図表14**のようなものが挙げられる。

| 図表13 | 企業向け賠償責任保険に共通する補償内容 |

| --- |
| 被害者に対する法律上の損害賠償責任 |
| 損害賠償責任に関する争訟費用 |
| 他者に損害の賠償請求または求償を行うことができる場合にその権利の保全・行使のために支出した費用 |
| 保険会社による損害賠償請求の解決に協力するために支出した費用 |

| 図表14 | 企業向け賠償責任保険 |

保険の種類	対象リスク
施設賠償責任保険	企業が所有・使用・管理する施設の欠陥や従業員の業務遂行上生じた損害賠償責任の負担
請負業者賠償責任保険	請負工事・作業などの遂行、そのために所有・使用・管理する施設の欠陥、管理の不備を原因とした事故による損害賠償責任の負担
生産物賠償責任保険	製造、販売した製品の欠陥または請負業務の結果に起因した損害賠償責任の負担
個人情報漏洩保険	個人情報の漏洩による損害賠償責任の負担、謝罪広告掲載費用など事故対応のために支出した費用
サイバーリスク保険	サイバーリスクによる損害賠償責任の負担、事故時に必要となる費用や自社の喪失利益
受託者賠償責任保険	顧客などの第三者からの受託物の保管・管理中の事故による損壊などに対する損害賠償責任の負担
自動車保管者賠償責任保険	顧客などの第三者からの受託自動車の保管・管理中の事故による損壊などに対する損害賠償責任の負担
運送業者貨物賠償責任保険	顧客などの第三者からの受託運送貨物の輸送用具に積載中の事故による損壊などに対する損害賠償責任の負担
企業総合賠償責任保険	複数の種類の損害賠償責任負担のリスクを単一の保険契約で引き受ける企業向け賠償責任保険
企業包括賠償責任保険	複数の賠償責任保険の補償限度を超過する高額損害賠償事故の際に上積みの補償を提供する企業向け賠償責任保険

⑴　施設賠償責任保険

施設賠償責任保険は、企業が所有、使用、管理している施設の欠陥や、従業員等の業務の遂行を原因として損害賠償責任を負担するリスクを補償するもので、多くの業種に共通するリスクを対象とする保険といえる。

⑵　請負業者賠償責任保険

請負業者賠償責任保険は、請負工事・作業などの遂行や、それを行うために所有、使用または管理している施設の欠陥、管理の不備を原因とした事故により、損害賠償責任を負担するリスクを補償するもので、建設工事、土木工事、電気工事、水道工事、道路工事など、幅広い業種の企業を保険契約者とする賠償責任保険である。

⑶　生産物賠償責任保険

施設賠償責任保険や請負業者賠償責任保険では、製造、販売した製品の欠陥や、請負業務の結果に起因して損害賠償責任を負担しても補償対象とはならない。しかし、このような損害賠償責任は、多くの業種で製品販売後や請負業務終了後に負うおそれがあることから、これらの保険とは別に生産物賠償責任保険が、保険会社により引き受けられている。生産物賠償責任保険は、**第2章**で取り上げた製造物責任法に基づいて運営され、製品の欠陥や請け負った工事やサービスの不備により顧客が損害を被った場合に、損害賠償金に基づいて保険金が支払われるものである。

⑷　個人情報漏洩保険

企業や組織が所有・使用・管理する個人情報が漏洩した場合には、被害者に対して債務不履行責任または不法行為責任による損害賠償責任を負うことに加え、市場における信用の低下につながるおそれもある。個人情報漏洩保険は、個人情報の漏洩による被害者への損害賠償金の支払い、信用低下防止のための広報・広告などの費用を補償対象とする保険である。

(5) サイバーリスク保険

　近年、企業や組織に対するサイバー攻撃が増加し、個人情報や機密情報の流出はもとより、保有データの損壊・改ざん、コンピュータシステムの中断、そしてそれらによる喪失利益、さらには株価下落や顧客の喪失などのリスクが顕在化している。サイバーリスク保険は、このようなサイバー攻撃による顧客や取引先事業者への損害賠償金の支払いだけなく、サイバー事故対応に要した費用、そしてコンピュータシステムの中断による喪失利益や事業継続費用などを包括的に補償するものである。

(6) 受託者賠償責任保険

　受託者賠償責任保険は、顧客などから借用したり、預かったりした受託物を約定の施設内に保管中、または約定の目的に従い管理中に、火災や盗難、取扱上の不注意などによる破損により返還できなくなった場合に、貸主や預け主に対して損害賠償責任を負担するリスクを対象とした保険であり、倉庫業、修理業、クリーニング業、借用不動産や借用機器を使用する事業者などが、保険契約者となる。

(7) 自動車保管者賠償責任保険

　自動車保管者賠償責任保険は、自動車整備業や駐車場業を営む企業が保険契約者となり、顧客などの第三者の自動車を約定の施設内で保管・管理する間、または移動や試運転のため一時的に施設外で管理している間に、火災や過失などによって自動車を損壊したり、盗難されたりした場合に負う損害賠償責任のリスクを補償対象とする保険である。

(8) 運送業者貨物賠償責任保険

　運送業を営む企業が、受託した運送貨物を予め定めた自動車などの輸送用具に積載している間に、火災や衝突、盗難、水濡れ、破損などの事故により損害が発生し、貨物の所有者などに対して負う損害賠償責任のリスクを補償対象とする保険が、運送業者貨物賠償責任保険である。

⑼　企業総合賠償責任保険

　以上で見てきた各種賠償責任保険は、それぞれ単体で契約することも可能であるが、これらの保険の補償内容を包括的に補償する企業総合賠償責任保険を付すことにより、施設および業務遂行や請負業務遂行に関わるリスク、製造物責任のリスク、人格権侵害のリスクなどに単一の保険契約で備えることができる[51]。

⑽　企業包括賠償責任保険

　企業や組織が、複数の賠償責任保険を手当てしていたとしても、予め設定した保険金額を超えた高額の損害賠償金の支払いを求められることもある。こうした事態に備える保険が、企業包括賠償責任保険である[52]。この保険は、**図表15**に例を挙げて示したとおり、上記で挙げた生産物賠償責任保険など各種賠償責任保険の補償限度超過部分のほか、保険契約者である企業が付している自賠責保険の超過部分についても、補償対象としている。ただし、各保険契約の控除免責金額範囲内の損害については補償されない。

　また、保険を手当てせず、準備金などによりリスク保有を行っている損害賠償責任負担のリスクについても、1事故当たりの損害が、予め定めた企業包括

図表15　企業包括賠償責任保険の補償範囲

51）企業総合賠償責任保険は、英文名称がCommercial General Liability Insuranceであることから、CGL保険とも呼ばれる。

52）企業包括賠償責任保険は、複数の賠償責任保険に、傘のように上積みの補償を提供することから、アンブレラ保険とも呼ばれる。

賠償責任保険の保険金支払いの発動金額を超過した場合に、その超過部分について保険金が支払われる。

5 会社役員賠償責任保険

会社役員賠償責任保険は、被保険者となる会社役員が、その業務を適切に遂行しなかったことに起因して、保険期間中に損害賠償請求を受けるリスクを補償対象とする賠償責任保険である[53]。通常、法人としての企業が保険契約者となり、被保険者がその企業の取締役、監査役、そして執行役員などとなる。

会社役員賠償責任保険では、新規事業を適切に遂行しなかったことにより高額の損失を被った場合に、経営判断に重大な過失があったとして、株主から役員に損害賠償を求める株主代表訴訟を受けるリスクや、雇用や昇進の際の差別や、職場でのハラスメントがあった場合に、それらを防ぐ適切な内部統制システムを構築しなかったとして求職者や従業員から損害賠償請求を受けるリスクなどが、補償対象となる[54]。その保険金は、被保険者が法的に負担すべき損害賠償金と、弁護士費用などを含む争訟費用に基づいて算定される。また、通常は保険金額により保険金に上限が設けられるとともに、控除免責金額も役員1名当たり、1請求当たりで予め設定され、この金額を差し引いて保険金が支払われる。

6 専門職業人賠償責任保険

専門職業人賠償責任保険は、医師や医療機関開設者、看護職、薬剤師、弁護士、司法書士などの専門職業人を被保険者として、その専門業務を遂行することに伴い他者の身体や財物に損害を与えたことにより損害賠償責任を負うリスクを対象とした保険である。特定の専門職業人を対象として、**図表16**（次頁）に挙げた医師賠償責任保険、弁護士賠償責任保険など、多様な保険商品が存在する。専門職業人賠償責任保険の保険金には、被害者に対する損害賠償金、和

53）会社役員賠償責任保険は、その英文名称がDirectors and Officers Liability Insuranceであることから、D&O保険とも呼ばれる。
54）個々の保険契約の条件によっては、株主代表訴訟のリスクは、特約を付帯することにより補償対象となる場合もある。

107

解金や示談金に加え、損害賠償請求に関する調査、交渉、訴訟、仲裁、和解などのために生じた争訟費用も含まれる。

　また、医療機関や弁護士事務所、会計士事務所などの法人が保険契約者となった場合には、それぞれの業務遂行のための施設の所有、使用、管理に起因して第三者が損害を被り、損害賠償責任を負った場合にも補償される。

図表16 主な専門職業人賠償責任保険

保険の種類	対象リスク
医師賠償責任保険	医師や医療機関開設者が医療過誤・誤診断・衛生管理の不備などにより患者およびその家族の身体・財物に損害を与えたことによる損害賠償責任の負担
看護職賠償責任保険	看護師やその補助者が看護業務・看護補助業務遂行により患者およびその家族の身体・財物に損害を与えたことによる損害賠償責任の負担
薬剤師賠償責任保険	薬剤師や薬局開設者が医薬品・商品の販売などの業務遂行により他者およびその家族の身体・財物に損害を与えたことによる損害賠償責任の負担
弁護士賠償責任保険	弁護士や弁護士法人がその資格に基づく業務遂行により依頼人などの身体・財物に損害を与えたことによる損賠賠償責任の負担
司法書士賠償責任保険	司法書士や司法書士法人がその資格に基づく業務遂行により依頼人などに身体・財物に損害を与えたことによる損賠賠償責任の負担

✏ *Column* ⓫ 損害賠償責任制度とリスクコントロールとの関係

　不法行為に基づく損害賠償責任制度の目的は、第一に被害者に対して適切な補償を提供することであるが、これに加えてリスクコントロールへの投資を促し、社会の安全性を向上させるという重要な経済的、社会的目的がある。仮に、他者の生命、身体、財産に損害を及ぼしても責任を負わなくともよい社会が存在するとすれば、個人や企業は、故意に、あるいは無意識的に安全努力を怠る可能性がある。しかし、損害賠償責任制度により、自らの故意、過失により他者に損害を及ぼした場合には、損害賠償金を負担しなければならないこととすれば、そのことを認識するあらゆる当事者は、他者に損害を

与えないよう、安全努力をすすんで行うと期待できる。たとえば、自動車運転者は事故を起こさないように安全運転に努めると考えられ、また、業務請負事業者は自らの過失で顧客が損害を被らないように細心の注意を払いサービスを提供すると期待できる。このように損害賠償責任の仕組みは、あらゆる当事者のリスクコントロール努力を促すよう働きかけるものである。

　ただし、不法行為責任に基づく損害賠償責任では、損害を被った被害者が、加害者に過失があったことを立証しなければならない点には留意する必要がある。家庭用電気機器や自動車などの製品（製造物）の原材料や製造工程などに関して、製造者は十分な情報を持ち、その安全性をコントロールできるのに対して、被害者となる消費者などにとっては、専門的な知識を持ってそうした情報を入手し評価することが困難なことが多い。このため、製品の安全上の欠陥により被害者が傷害を負っても、その原因が製品の安全上の欠陥によることを立証することは容易ではない。このような情報不均衡の問題を緩和し、迅速で適切な被害者救済を図ることを目的とした法律が、第2章で取り上げた製造物責任法である。製造物責任法の下では、被害者が製品に欠陥があること、すなわちその製品が通常有すべき安全性を欠いていることを立証すれば、損害賠償を請求することができる。その一方で、自らが製造した製品の欠陥が原因で、他者が損害を被れば、重い損害賠償責任を負うことを知る製品製造者は、製品の安全性向上のために生産管理体制を強化するなど、リスクコントロールへの投資をすすんで行うと期待できる。多くの製造者が同様のリスクコントロールに努めれば、あらゆる製品の欠陥に起因する事故が減り、社会の安全性が高まると期待できる。

4 人身損失リスクの保険

1　自動車保険

　損害保険のなかにも、人身損失リスクを対象とした保険がある。前述のとおり自動車保険に含まれる搭乗者傷害保険や人身傷害保険は、自動車の運転者やその同乗者などが、自動車事故やその他の事故により傷害を負ったり、後遺障害となったり、死亡したりした場合に補償を提供する保険である。同様に自損事故や無保険車による事故のように、事故の相手方に賠償請求ができないような場合の人身損失は、自損事故保険や無保険車傷害保険の対象となる。

2　傷害保険

　傷害疾病保険は、傷害、疾病、後遺障害などの人身損失リスクを対象とした保険であり、損害保険会社と生命保険会社の双方が引き受けることができることは第1章においても触れたとおりである。傷害疾病保険のなかで、特に損害保険会社によって多く扱われる保険としては、各種の傷害保険、医療保険、所得補償保険などが挙げられる。

　これらのうち傷害保険には、普通・家族傷害保険、交通事故傷害保険、国内・海外旅行傷害保険などが含まれる。普通傷害保険や家族傷害保険は、生活上、通勤途上、業務中、旅行中など日常のあらゆる局面で負う傷害を対象としている。交通事故傷害保険は交通に関係する傷害を、国内旅行傷害保険や海外旅行傷害保険は旅行中の傷害などを、それぞれ対象としている。これらの傷害保険は、個人により利用されることはもちろん、企業や組織がその従業員が業務中および通勤中に負う傷害を対象とする団体傷害保険もあり、福利厚生制度の一環としても利用される。

(1)　傷害保険の保険料

　個人は生活するなかでも、業務に従事するなかでも、火災や自然災害、自動車事故などの不慮の事故により傷害を負うおそれがある。これらの災害や事故

は、いかに慎重に注意深く行動しても完全に防ぐことはできない。また、**第1章**で述べたように公的医療保険には自己負担分があるとともに、先進医療のなかにはその対象とならないものもあり、傷害保険は医療保障システムのなかで、公的医療保険を補完する役割を担っているといえる。

　こうしたことから、傷害保険は事前認可の対象となるとともに、火災保険と自動車保険とともに、損保料率機構が参考純率を算出しており、損害保険会社は、それを自らの純保険料率として使用することができる

　傷害のリスクには、被保険者の範囲、職種、対象期間などにより異なることから、その保険料には、傷害保険の種類別に**図表17**のような区分が設けられている。すなわち普通傷害保険や家族傷害保険では、被保険者の従事する職種による受傷頻度や傷害の強度に違いがあることから、区分が設けられている。

　また、家族傷害保険やファミリー交通傷害保険の名称で呼ばれる家族型交通傷害保険では、被保険者の範囲を、本人、配偶者、その他の親族の組合わせにより区分している。国内旅行傷害保険および海外旅行傷害保険では、旅行期間、そして後者については渡航先によっても保険料に差を設けている。

図表17　主な傷害保険のリスク指標

保険の種類	リスク指標	区　分
普通・家族傷害保険	職　種	農林業作業者・漁業作業者・自動車運転者・建設作業者など
		上記以外（事務・販売・保健医療従事者など）
	被保険者の範囲（家族傷害保険・ファミリー交通傷害保険）	本人・配偶者・その他の親族
交通傷害保険		本人と配偶者
		本人・その他の親族
国内旅行傷害保険	旅行期間	
海外旅行傷害保険	旅行期間	
	渡航先	

(2)　傷害保険の保障内容

　傷害保険は、急激かつ偶然な外来の事故により被保険者が傷害を負ったり、後遺障害となったり、死亡したりした場合に保障を提供するものである。一方で、保険契約者、被保険者、保険金受取人の故意または重大な過失による傷害・疾病、被保険者の自死、犯罪行為などの場合は、対象とならない。

　事故の急激性とは、原因となった事故から結果としての傷害までの過程が直接的で、時間的間隔のないことを意味している。したがって、同じ動作を繰り返したために緩慢に身体に生じた腱鞘炎などについては、傷害保険の対象とならない場合が多い。

　事故の偶然性とは、傷害の原因となった事故が偶然であったこと、または、事故は偶然でなくても結果として発生した傷害が偶然であったことのいずれか、あるいはその両方をいう。したがって、階段から転落して傷害を被った場合は、階段からの転落という原因の発生が偶然であると見ることができる。また、激しい運動を行っているときに捻挫をした場合は、結果としての捻挫が偶然であったと判断され、いずれも保障対象となる。

　事故の外来性とは、傷害の原因が身体の外からの作用によることをいい、多くの疾病は傷害保険の保障対象とはならない。ただし傷害保険では、傷害を、一般的な外傷のように皮膚表面に創傷を伴うものに限定せず、広くとらえている。たとえば、火災などの際の煙による窒息や、一酸化炭素中毒も、外来の作用によるものとして、事故の急激性・偶然性を有していれば対象となる[55]。

(3)　傷害保険の保険金

　傷害保険は、保険契約締結時に取り決めた保険金額に基づいて保険金を支払う定額給付ベースに基づいている。保険金には、通院保険金、入院保険金、手術保険金、後遺障害保険金、そして死亡保険金といった種類がある。

　通院保険金と入院保険金は、傷害の直接の結果として、平常の業務に従事す

---

[55]　海外旅行傷害保険は、後述するように旅行中またはその直後に発症し、旅行中にその原因がある疾病についても、保障対象とすることができる。

ることができなくなった場合や、平常の生活に支障が生じたうえで通院または入院した場合に、約定の保険金額の日額に、事故日から180日以内の通院または入院日数を乗じた金額が、通院の場合は90日を、入院の場合は180日を限度として支払われる[56]。手術保険金は、事故日から180日間に、傷害の治療のために手術を受けたときに支払われるものであり、約定の入院保険金に所定倍率を乗じた金額として計算される[57]。後遺障害保険金は、事故日から180日以内に診断された後遺障害について、約定の後遺障害保険金に、その程度に応じた4〜100％の割合を乗じて計算される。事故日から180日以内に事故による傷害を原因として死亡した場合に、死亡保険金額の全額が、死亡保険金として支払われる。

　また、海外旅行傷害保険では、旅行中に原因があり、旅行中またはその直後に発症した感染症などの疾病とそれに起因する死亡に対して、疾病治療費用保険金、疾病死亡保険金が支払われる。さらに旅行先で入院した場合に家族が救援のために負担した費用に対して、救援者費用保険金が支払われる[58]。

3　医療保険

　医療保険は、傷害に加え、疾病のリスクも対象とした傷害疾病保険である。保険期間が一定期間なのか生涯継続するのかにより定期医療保険または終身医療保険、対象とする疾病を限定する三大疾病医療保険やがん保険などの特定疾病医療保険、また保険契約申込時の告知項目を限定した引受基準緩和型医療保

---

56) 契約条件により事故日から1000日以内の通院または入院について保険金を支払うものもある。また、通院保険金の支払対象日数は、契約条件により30日を限度とするものも見られる。一方で特約を付すことにより、入院保険金の支払対象日数を365日に延長することもできる。

57) 入院中の手術については10倍、入院を伴わない外来での手術の場合は5倍といった倍率が設定される。

58) 海外旅行傷害保険では、このほか携行品などの財物損害、損害賠償金の負担などのリスクも通常補償対象とすることができる。

険など、さまざまな種類が見られる[59]。

(1)　医療保険の保険料

　傷害や疾病のリスクは、被保険者の健康状態や生活習慣などにより左右されることから、健康診断結果、治療中の疾病の有無、過去の疾病歴に加え、喫煙や運動習慣などに基づいて保険料に差が設けているものが見られる。

　具体的には被保険者の血圧やBMIなどの健康診断結果が一定の基準を満たしていた場合や、被保険者が非喫煙者であった場合には、保険料割引が適用されたり、被保険者の健康診断結果などから保険会社が独自に算定した、いわゆる健康年齢と実年齢の差により保険料に差を設けたりする例がある。

　さらに、被保険者が装着したウェアラブル端末から1日当たりの歩数などの運動量に基づいて、次期保険料を決定する健康増進型医療保険といった新たな医療保険も登場している（Column⑫およびColumn⑬を参照）。

(2)　医療保険の保障内容

　医療保険の保障内容は、契約内容により多岐にわたるが、一般的に被保険者が傷害または疾病により入院したり、手術を受けたりした場合の保障を基本として、入院中に治療のために受けた先進医療の費用、退院したのちに治療のため通院したときの費用、死亡した場合の葬儀費用などについても保障対象となる。

　保険金の種類には、**図表18**のとおり、傷害・疾病入院保険金、傷害・疾病手術保険金、傷害・疾病通院保険金、先進医療費用保険金、葬儀費用保険金があり、いずれも定額給付ベースで支払われる。傷害保険と同様に、保険契約者、被保険者、保険金受取人の故意または重大な過失による傷害・疾病、被保険者の自死、犯罪行為などの場合は、補償対象とならない。入院保険金および通院保険金については、傷害・疾病の別に予め定めた入院日額または通院日額

59）引受基準緩和型医療保険は、告知項目が過去一定期間以内の入院・手術経験などに限られており、現在治療を受けていたり、疾病歴のある場合には加入しやすい反面、保険料は通常の告知項目を伴う保険に比べて高く設定されていたり、保障が限定されている。

| 図表18 | 医療保険の保障内容 |

保険金の種類	保険金の計算基礎
傷害入院保険金	傷害入院保険金日額または疾病入院保険金日額×入院日数
疾病入院保険金	
傷害手術保険金	傷害入院保険金日額または疾病入院保険金日額×所定倍率
疾病手術保険金	
傷害通院保険金	傷害通院保険金日額または疾病通院保険金日額×通院日数
疾病通院保険金	
先進医療費用保険金	先進医療費用保険金額
葬祭費用保険金	葬祭費用保険金額

に、入院または通院の日数を乗じた金額が保険金として支払われる。手術保険
金は、傷害または疾病の入院日額に所定倍率を乗じて算定される[60]。先進医療
費用保険金および葬祭費用保険金は、それぞれに対して予め設定した保険金額
に基づき支払われる。

　三大疾病については、通常の医療保険の補償対象となるものの、他の疾病に
比べて高度な治療が必要であるとともに、治療期間も長期にわたるため、それ
では十分な補償が得られないおそれがある。このため、これらの疾病を対象と
して、より手厚い補償が提供される特定疾病医療保険が、保険会社により引き
受けられている。

　特定疾病医療保険の一つであるがん保険では、入院保険金、手術保険金、通
院保険金について、支払対象日数の制限を緩和したり、これらの保険金に加
え、がんと診断確定された時点で一時金として診断保険金が支払われたりする
ことが一般的となっている。

60）入院日額に乗じる所定倍率は、手術の種類に応じて10倍、20倍、40倍など複数の倍率を
　設定している医療保険や、一律10倍または20倍としているものが見られる。

✎ *Column* ⑫ 損害保険におけるインシュアテックの展開

　損害保険におけるインシュアテックは、保険商品開発、アンダーライティング、マーケティング、販売、保険契約保全、そして保険金支払いといった、保険業務の各プロセスにおいて、多様な形態を持って進展している。たとえばアンダーライティングにおいては大量の即時情報に基づく精緻なリスク評価、マーケティングと保険販売においては保険契約申込者との双方向性と向上と補償の個別化、損害調査においては人工知能（AI）を用いた損害査定の精度向上と迅速化、そして保険金支払いにおいては保険金請求手続の簡素化などが、国内外において試みられている。

　これらの取組みの一つとして、情報通信技術を利用して契約締結後に継続的にリスク評価を継続的に行う、運転挙動反映型自動車保険や健康増進型医療保険と呼ばれる新たな保険商品が登場している。テレマティクス自動車保険とも呼ばれる運転挙動反映型自動車保険は、自動車に装備した端末から走行距離や速度などの運転挙動に関わる情報をリアルタイムで収集し、それに基づき自動車事故のリスクを評価し、次期保険料に反映するものである。また、健康増進型医療保険は、保険契約締結後の被保険者の健康診断結果や、いわゆる健康年齢を算出したり、ウェアラブル端末から得た被保険者の歩数などの健康増進活動に関する情報に基づき、予め設定された目標を達成すれば次期保険料に割引を適用したり、還付金を支払うものである。このような仕組みにより、契約締結時には外形的なリスク指標に基づいて大まかなリスク細分化しか行えなくとも、契約締結後に収集される情報によりリスクの再評価がなされることを、保険契約者または被保険者が認識することにより、逆選択が起こりにくくなると考えられる。また、保険契約締結後の自らの行動が保険会社によって常にモニタリングされ、次期保険料や還付金が決定されることを認識する保険契約者または被保険者は、すすんで事故を回避し、事故が発生したとしても損失を縮小するよう行動すると期待できることから、モラルハザードの緩和にも貢献すると考えられる。これらの保険商品において収集されるリスク指標は、現在のところ限定されているものの、今後の情報通信・分析技術の発展に伴い、自動車保険においては走行地域や時間帯など、医療保険においては血圧、脈拍数、強度別運動量などもリスク評価のための指標として利用されていく可能性がある。しかし、エクスポージャのリスク水準を代理しないようなリスク指標を用

いれば、リスク評価の精度向上につながらないばかりか、それにかかる費用が過大となるおそれがあることには、十分留意する必要がある。

4 所得補償保険

所得補償保険は、被保険者が傷害または疾病により就業不能となった場合に、喪失する所得を補償する保険である。

(1) 就業不能の範囲

ここでの就業不能とは、入院または医師の指示による自宅安静療養などで、業務に全く従事できない状態をいい、就業能力が減退した状態は含まれない。また、傷害や疾病による治癒後の非就業や、死亡は含まれない。

他の傷害疾病保険と同様に、保険契約者、被保険者、保険金受取人の故意または重大な過失による傷害・疾病、被保険者の自死、犯罪行為などの場合は、補償対象とならない。

(2) 保険契約条件の設定

保険契約締結に先立っては、前述の医療保険と同様に、健康診断結果、治療中の疾病の有無、過去の疾病歴などについて告知が求められ、その内容により保険料・保障内容などの契約条件が決定される。また、直近12か月間の被保険者の所得の平均月額に基づき1か月当たりの保険金額が定められると同時に、一定期間保険金支払いの対象としない免責期間と、保険金支払いの対象期間となるてん補期間が設定される。

図表19（次頁）に示した例のように7日間の免責金額を設定した場合は、その間の就労不能については補償対象とならない。またてん補期間を免責期間終了後1年間と定めた場合には、実際の就業不能期間がその期間を超えた場合は、その超過分については補償対象とならない。

⑶　補償内容

　保険金は、就業不能となった日が保険期間内であれば、支払いの対象となる。就業不能初日から免責期間が開始され、それが経過した時点からてん補期間となる。補償は、てん補期間内の就業不能期間１か月につき、約定の保険金額が定額で保険金として支払われる。就業不能期間が１か月に満たない場合や、１か月未満の端日数が生じた場合は、１か月を30日として計算した割合により保険金が計算される。

　図表19のとおり保険期間が当年の４月１日から翌年の３月31の１年間、月額保険金額が10万円、免責期間が７日間、てん補期間が１年間であった場合に、被保険者が当年の６月24日から翌年の６月15日まで就業不能となった場合

図表19	所得補償保険の補償対象期間

の保険金の支払対象期間は、当年の7月1日から翌年の6月15日までの11か月と15日間となり、保険金は100,000×(11＋15/30)＝115万円となる。また、同じ保険契約において就業不能期間が当年の6月24日から翌年の7月31日までの13か月間であった場合には、保険金支払対象期間は当年の7月1日からてん補期間終了日の翌年の6月30日までの12か月となり、100,000×12＝120万円となる。

✎ *Column* ⓭ 健康経営推進と保険会社の役割

　少子高齢化に伴う労働人口の減少が予測されるなか、従業員の心身の健康を維持、増進する健康経営の重要性が社会的に認知されるようになっている。健康経営は、企業や組織が従業員の健康維持・増進を図ることにより、生産性向上を目指すものであり、従来は主に身体的、精神的な健康増進を目指した人的資本投資の視点から実践されてきた。しかし近年は、従業員の特質と職場環境との適合度や生活の質が、業務上のパフォーマンスに影響を与えることが明らかにされ、ワークライフバランスの推進、従業員の成長機会の確保、成果の承認、従業員の意思決定への参画の重要性にも議論が及ぶようになっている。そして、健康経営の推進により生産性が向上すれば、企業や組織、ひいては経済全体の持続的成長につながるとともに、個人の就労可能年齢と健康寿命が延伸すれば公的医療保険をはじめとする社会保障の費用も削減されると期待されている。

　保険会社は、傷害疾病保険などの保険契約引受けに際して、被保険者の年齢、健康診断結果、職種などの健康関連情報を収集・分析し、疾病や傷害のリスク評価に必要な技術知識を蓄積しているが、健康経営推進への社会的要請が高まるなか、この資源を活かして、企業や組織を対象にヘルスケア分野で保険商品やサービスを提供する例が見られるようになっている。すなわち、医療保険契約者である企業や組織の従業員に対して、生活習慣病のリスクを低減するための健康相談・カウンセリング、生活習慣改善支援などのサービスを提供したり、健康増進型医療保険に見られるように歩数や健康診断結果が目標水準を達成した場合に、保険料割引を適用するなどのリワードを付与したりするものが例として挙げられる（Column⓬を参照）。

　これまで損害保険会社は、企業や組織に対して各種の財物保険や賠償責任

保険の引受けを通して、企業や組織に財物損失リスクと賠償責任損失リスク
の移転手段を提供してきたが、以上のような健康経営推進の潮流のなかで、
企業分野の医療保険分野とヘルスケアサポート・サービスにもこれまで以上
に注力することが求められている。

第4章
損害保険市場と保険規制

　保険業は、保険業法をはじめとする関係法令に基づいて、さまざまな規制の下に置かれている。規制を行う主体は金融庁であり、損害保険および生命保険を含む金融分野の制度に関する企画・立案、金融機関の監督・検査などを担っている 。損害保険に対する規制としては、保険会社の免許および業務範囲に関する規制、保険料と補償内容に関する規制、財務健全性に関する規制、そして保険契約募集に関する規制などが挙げられる。これらの規制の形態は、時代とともに変化しているものの、一貫して保険の安定的供給を実現することを主要な目的としている。

　第3章で見てきたように、損害保険は、個人や企業、組織にリスク移転の手段を提供することにより、それらの活動を支え、ひいては経済・社会の持続性に貢献しているが、常に安定的に供給されるとは限らない。仮に規制が適切に行われなければ、保険会社の財務健全性が損なわれ支払不能に陥ったり、保険の入手可能性が低下したりすることもある。このような事態となれば、個人は安定した生活が送れず、企業や組織は事業活動を縮小せざるを得ず、経済、社会に深刻な影響が及ぶおそれがある。

　そこで本章では、保険市場の特徴を分析したうえで損害保険規制の必要性を確認し、これまでの損害保険規制の変遷、そしてその現状を見ていく。

１ 損害保険市場の特徴

1　市場支配力の損害保険市場への影響

　伝統的な経済理論に基づけば、損害保険市場が完全であれば、その参加者である損害保険会社や保険契約者などの取引当事者は、他者の行動から影響を受けることなく、保険取引に必要な十分な情報を得たうえで意思決定し、その結果に満足すると考えられる。しかし、現実の損害保険市場には、他の市場と同様に、さまざまな不完全性が存在するため、規制による公的介入が不在であれば、後述するように取引当事者はさまざまな追加的な費用を負担することになる。

　市場が完全であるためには、いくつかの条件を満たさなければならないが、その一つが特定の当事者が、他の当事者の行動に影響を及ぼすことがあってはならないというものである。このような他者への影響力は市場支配力と呼ばれるが、これを持つ当事者を不在とするには、保険市場においては、数多くの保険会社が、互いに市場を分け合っており、同時に数多くの潜在的な保険契約者が存在しなければならない。しかしわが国の損害保険市場の実態を見れば、数多くの小規模な保険会社が存在しているわけでない。これには、免許規制における厳しい審査基準が参入のための費用を引き上げていることなどにもよるが、他方で免許取得要件は、規模の経済性による保険会社の経営効率性の維持と、保険のリスクプーリング機能の向上を目指すために不可欠なものである[1]。

　しかし、損害保険市場が寡占状態に陥れば、市場支配力を持つ当事者が現れる可能性を否定できない。その結果、規模が大きく高い経営効率性を達成して

1）引き受ける保険契約数を増やせば、それだけ１件当たりにかかる契約引受け、維持、保険金支払いなどの費用を削減することができるとともに、保有する保険契約ポートフォリオの規模を大きくすればするほど、保険のリスクプーリング効果を引き上げ、効果的にリスク分散を行うことが可能となる。こうしたことから、保険会社はある程度の事業規模を備えることが求められる。

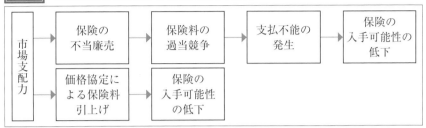

図表1 損害保険市場における市場支配力の影響

いる保険会社が、過度に低い保険料で保険契約を引き受けるなど、いわゆる不当廉売を行うことになりかねない。また、競争圧力にさらされる他の保険会社は、自らの財務状況を顧みる合理性と先見性を失い、一斉に保険料引下げに追従する可能性もある。その結果、支払不能が引き起こされれば、保険の入手可能性が損なわれることになりかねない。

　反対に複数の保険会社が価格協定を結ぶことで、不当に高い保険料を提示することとなれば、やはり保険の入手可能性、購入可能性が低下することとなる。以上のような市場支配力による損害保険市場の影響は、**図表1**のとおりとなる。

2　外部性の損害保険市場への影響

　完全市場においては、取引に関する当事者の意思決定が、外部から影響を受けることはないが、実際には、ある当事者の行動が、他者にスピルオーバー効果を及ぼすことがある。この効果が他者の便益につながれば正の外部性に、他者に費用を課すものであれば負の外部性となる[2]。

　負の外部性には、ある保険会社が、技術革新に裏付けされた新たな保険商品やサービスを開発し、それが容易に他社に模倣されるようなケースが挙げられる。こうした事態になれば、**図表2**（次頁）のとおりフリーライドを恐れる保険会社は、技術開発・商品開発意欲を低下させたり、これらの保険商品の供給

2）正の外部性、負の外部性は、それぞれ外部経済、外部不経済とも呼ばれる。

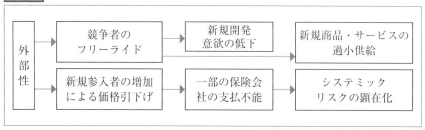

図表2　損害保険市場における外部性の影響

を減らしたりすることにもなる[3]。

　より深刻な外部性に起因する問題としては、他の金融市場と同様に、システミックリスクの顕在化が挙げられる。仮に国内保険市場が完全に開放され、多数の新規参入があった場合に、国内価格が世界価格より高ければ、市場全体として価格が引き下げられることになる。損害保険市場においても、既存の保険会社が、保険料の引下げを余儀なくされ、その結果、これらの保険会社にとっては負の外部性が、より低い保険料を享受する保険契約者にとっては正の外部性が、それぞれもたらされることになる。

　しかし、そのことにより一部の保険会社が支払不能に陥れば、既存の、そして潜在的な保険契約者が、他の保険会社の支払能力に疑念を抱き、たとえ良好な財務状況を維持している保険会社であっても、契約解除件数の増加や、契約引受件数の減少を経験する可能性がある。

3　損害保険市場の情報の不完全性と不均衡

　市場支配力と外部性の問題に加え、損害保険市場を特徴付けるものが、取引に必要な情報の不完全性である。いかなる市場においても、取引当事者が最適な選択を行うためには、さまざまな情報が必要である。

　商品やサービスの購入者にとっては、販売者の所在、商品やサービスの価格

3）このようなフリーライドの問題は、保険規制によるのではなく、知的所有権保護のための公的介入の一つである特許権により緩和されている。

および質などに関する情報が、無費用または十分に低い費用で得られることが求められる。同様に販売者にとっても、原材料の入手可能性や価格など生産に関する情報や、潜在的な購入者の所在と可処分財産、選好などの情報が得られる必要がある。損害保険に関しても同様のことがいえ、保険商品の購入者である潜在的な保険契約者は、保険会社の支払能力、保険商品の保険料と補償内容などに関する十分な情報を、重い費用負担なく入手できなければならない。保険商品の供給者である損害保険会社にとっては、将来の保険金支払いの有無やその金額を左右する情報、すなわち保険の目的物や被保険者などのエクスポージャのリスク実態に関する情報が得られなければならない。

　しかしこれらの事項に関して完全な情報を得ることは、保険契約に関わる当事者の双方にとって極めて困難であるうえに、損害保険会社と保険契約者との間で得られる情報量に不均衡が存在する。その結果、両者は次に述べるとおり追加的な費用を負担しなければならず、保険取引の効率性を低下させることになる。

(1)　保険会社の支払能力に関する情報

　損害保険会社の支払不能は、保険会社の固有の要因によっても市場の要因によっても引き起こされる。固有の要因としては、不正確なリスク評価とアンダーライティング、保険契約ポートフォリオの不十分なリスク分散、過度の保険料引下げ、資本と比較して過度な契約件数・金額の伸び、不適切な資産投資などが挙げられる。また、市場全体に関わる要因としては、大規模な自然災害や感染症による高額の保険金支払い、経済の低迷による保険需要の低下、株価や債券など資産価格の下落などが挙げられる。

　保険契約者の視点に立てば、保険契約締結に先立って、損害保険会社の現在の財務状況に加え、その固有の要因を左右する経営実態に関する情報を十分に得ることは困難であるし、契約締結後も保険会社の財務状況や経営実態を継続的に監視することは容易ではない。さらに、いうまでもなく不確実性を伴う将来の市場動向を正確にいい当てることはできない。このように、保険契約者は保険会社の支払能力に関して情報劣位な立場にあるといえる。

　一方で損害保険会社にとっては、支払能力に影響する固有の要因について
は、自らの経営行動によって一定の範囲で制御することが可能である。このた
め、保険契約者より情報優位な立場にあるといえる。そして、自らの経営実態
や財務健全性に関して、保険契約者が著しく情報劣位にあることを認識する保
険会社のなかには、十分な支払能力を維持するインセンティブを弱め、あえて
保険契約引受件数を過度に増やしたり、投機的な資産投資割合を引き上げたり
するおそれもある。しかし損害保険会社もまた、自らの支払能力に関し完全な
情報を持つわけではない。将来の資産価値の変動や自然災害の発生傾向につい
ては、保険会社も保険契約者と同様に不完全な情報しか入手し得ず、予測を超
えた資産価値の下落や、高額の保険金請求に直面する可能性もある[4]。

　このような損害保険会社の支払能力に関して情報不均衡、不完全性があるな
かで、情報劣位にある保険契約者が適切な選択を行おうとすれば、複数の保険
会社の財務状況や経営実態に関して精度の高い情報を得たうえで、綿密な分析
を行わなければならず、そのための明示的な費用や時間、労力を含む探索費用
を費やさなければならない。さらに、保険契約を締結したのちも、その財務状
況などに関する情報を継続的に入手し分析するには、少なからぬモニタリング

図表3　支払能力に関する情報不均等と当事者の費用負担

保険契約当事者	情報に関する立場	追加的費用の種類と内容	
保険契約者	情報劣位	探索費用	契約前に複数の保険会社の財務情報・経営実態などに関する情報を収集し分析する費用
		モニタリング費用	契約締結後に保険会社の財務情報・経営実態などを監視する費用
保険会社	情報優位	シグナリング費用	既存の、または潜在的な保険契約者に対して自社の財務健全性を開示・説明する費用

4）保険は価値循環の転倒性を伴うため、保険会社は、予め収受した保険料で保険金を償
　いきれない事態に予期せず直面する可能性がある（価値循環の転倒性については**第2章
　Column❻**を参照）。また、**第5章**で分析するように、保険会社が、保険可能性の低いリス
　クを多く引き受けている場合には、支払能力に関する情報不完全性は一層深刻となる。

費用を負担しなければならない。

支払能力に関する情報不均衡は、保険契約者より優位な立場にある保険会社にも費用負担を強いるものである。自らが十分な支払能力を備えている保険会社は、他社に対して競争優位に立つためには、既存の、あるいは潜在的な保険契約者に対して、自社の財務情報を、容易に理解しうるよう編纂し開示・説明しなければならず、このためのシグナリング費用を負担しなければならない[5]。

以上のような保険会社の支払能力に関する情報不均衡と不完全性に起因して、保険契約当事者が負担する追加的費用の種類とその内容を示せば、**図表4**のとおりとなる。

図表4 保険料と補償に関する情報不均衡と当事者の費用負担

保険契約当事者	情報に関する立場	追加的費用の種類と内容	
保険契約者	情報劣位	探索費用	契約締結前に自らのリスクを正確に評価し、複数の保険商品の保険料と補償内容に関する情報を収集し分析する費用
		追加的付加保険料	保険会社の保険商品情報発信・伝達の費用、リスク縮小費用、資金調達費用の一部の付加保険料への織込み
保険会社	情報優位	シグナリング費用	既存の、または潜在的な契約者に対して自社の保険商品の優位性を発信・伝達する費用
		リスク縮小費用と資金調達費用	期待損失の不確実性低下のためのリスク縮小費用と予想を超えた保険金支払いに備えた資金調達費用

5）反対に、貧弱な財務体質であるにもかかわらず、そうでないように見せかけた情報を提供する保険会社がいれば、情報劣位にある消費者は、誤った選択へと誘導されることもありうる。

(2)　保険料と補償に関する情報

　保険には、生産費用が保険期間経過後に確定するという価値循環の転倒性が伴う（第2章Column❻を参照）。このことは、保険契約者および損害保険会社の双方に対して、保険の価格である保険料に関する情報の不完全性をもたらす。特に保険契約者にとっては、契約締結に先立って、自らのリスク特性を熟知したうえで、保険料がどのような統計情報に基づき、どのような数理的手法を用いて算出されたものなのかについて正確に理解することは極めて困難である[6]。同様に損害保険の補償内容に関しても、事前に保険約款を精読し、どのような場合にいくらの保険金が支払われるのかを理解したうえで、複数の損害保険会社の提示するさまざまな選択肢を比較することは容易ではない[7]。このように、潜在的な保険契約者が、最適な意思決定を行うために、契約締結に際して損害保険商品の保険料と補償に関する詳細な情報を得ようとすればするほど、そのための探索費用の負担は増すこととなる。

　一方で損害保険会社は、自らの保険商品について保険料を算出するとともに、補償内容を設計したうえで保険約款を編纂する立場にあることから、保険契約者に対して情報優位にあることはいうまでもない。しかしこのような情報不均衡があるため、損害保険会社は、自社の保険商品の優位性に関して認知され、理解を得るために、潜在的な保険契約者に対してさまざまな方法で情報を発信し、伝達するというシグナリング費用を負担しなければならない。複雑かつ無形の損害保険商品の保険料と補償内容について、数多くの潜在的な保険契約者の正しい理解を得るには、少なからぬ費用が必要であろう。しかも、そのために要する費用の一部は、最終的に付加保険料に反映され、結果的に保険契約者の負担も重くなるおそれもある。

　また、損害保険会社が、十分な量の統計情報を用いて科学的な手法で保険料

6）保険契約者は保険代理店などが提供する各種の保険商品比較サービスを利用することもできるが、これも無費用で運営可能なものではなく、その費用の一部は代理店手数料などとして、取引当事者双方が負担することとなる。

7）しかも実際に発生する事故の原因と態様、そして損失の強度は一律ではなく、将来どのような事故が発生し、いくらの保険金が支払われるのかを正確に知ることはできない。

算出を行ったとしても、収受した保険料が将来支払う保険金を確実に償うものとなるとは限らない。このため、損害保険会社は、綿密なアンダーライティングや再保険取引などのリスク縮小措置を、費用をかけて行わなければならない[8]。しかも、これらの措置を行っても、保険会社はなお残余の期待保険金の不確実性にさらされており、予想を超えた高額の保険金請求に備えて資金調達費用を負担することになる。そしてこれらのリスク縮小費用と資金調達費用の一部は、付加保険料に織り込まれ、保険契約者の負担も重くするものである。

　以上のような保険商品の保険料と補償に関する情報不均衡・不完全性は、前掲図表4に示したようなさまざまな費用を、保険契約者と損害保険会社の双方に課すものである。

⑶　エクスポージャのリスクに関する情報

　保険会社の支払能力、そして保険料と補償に関する情報につては、保険契約者が情報劣位、保険会社が情報優位であったのに対して、エクスポージャのリスク実態に関する情報については、保険会社側が劣位な立場にある。保険契約者は自ら、あるいは保険の目的物や被保険者のリスク水準を比較的容易に知りうる一方で、保険会社はこれに関して低費用で精度の高い情報を得ることが困難である。

　自動車保険では、契約締結に先立って運転者の事故歴や保険金請求歴、契約締結後は自動車の使用状況など、自動車事故のリスクを左右する要素について、年齢など運転者の外形的な情報のみから保険会社が正確に知ることはできない。同様に企業分野の財物保険でも、契約締結前に建物内部の防火装置の設置状況など、契約後は火気の使用や従業員に対する防火教育の実施状況などを、保険会社が費用をかけずに知ることはできない。その結果、契約前には保険契約者の逆選択の問題が、契約後においてはモラルハザードの問題が潜在することとなる。

8）アンダーライティングや再保険取引によるリスクの保険可能性の補完については、**第5**
　章を参照されたい。

　逆選択は、リスクの低い当事者よりリスクの高い当事者のほうが、保険に加入する強いインセンティブを持つことにより引き起こされる。保険会社がエクスポージャのリスク実態について知り得ず、均一の保険料で均一の補償を提供すれば、保険契約ポートフォリオは高リスクのエクスポージャのみで構成され、収支が悪化することになる[9]。こうした事態を回避するために、保険会社は、費用をかけてリスク細分化や厳格なアンダーライティングといったスクリーニングを行っている。一方で、情報優位な立場にある保険契約申込者も、保険料割引などの提供を受けるため、安全性能の高い自動車を購入したり、建物の防火・耐震性を高めたりするリスクコントロールに投資したうえで、自らが低リスクであることを保険会社に開示するシグナリングを行うことになる。

　もう一つのインセンティブの問題であるモラルハザードは、保険に加入することにより、被った損失の全額、または一部が保険金として補てんされることを認識する保険契約者または被保険者が、無意識に、あるいは意図的に損失回避・縮小の努力水準を低下させることで引き起こされる。期待損失を左右する保険契約後の保険契約者または被保険者の行動について、保険契約者は自ら制御できる立場にあるが、保険会社はそれらの情報を入手できるとは限らない[10]。その結果、モラルハザードが深刻となれば保険収支が悪化し、やはり保険の仕組みが破綻しかねない。このため保険会社は、保険契約者にリスクコントロールサービスを提供したり、経験料率を適用したり、控除免責金額や比例てん補方式により契約者に損失の一部について負担を課したりするなどの、直接的、間接的なモニタリングの措置を取ることになる[11]。

9）逆選択が期待保険金を上昇させ、ひいては保険の入手可能性を損なうメカニズムと、それを緩和するためのアンダーライティングとリスク細分化の内容については、**第5章**において詳しく述べる。

10）モラルハザードのメカニズムと、それを緩和するための経験料率や控除免責金額、リスクコントロールサービスなどの詳細な内容については、**第5章**を参照されたい。

11）免責金額や比例てん補方式が採用されていれば、損失発生時に損失の一部を負担することを認識する保険契約者または被保険者の損失回避・縮小努力へのインセンティブを引き上げることから、これらも間接的なモニタリングであるといえる。

| 図表5 | エクスポージャのリスクに関する情報不均衡と当事者の費用負担 |

保険契約当事者	情報に関する立場	追加的費用の種類と内容	
保険契約者	情報優位	リスクコントロール費用	期待損失を低下させ有利な条件で保険を手当てするための損失回避・縮小措置への投資の費用
		シグナリング費用	エクスポージャのリスクが低いことを保険会社に開示する費用
		リスク保有の費用	控除免責金額、比例てん補方式による自己負担に備えるための費用
		追加的付加保険料	保険会社の経験料率の運用費用とリスクコントロールサービスの提供にかかる費用の一部の付加保険料への織込み
保険会社	情報劣位	スクリーニング費用	アンダーライティング、リスク細分化の費用
		モニタリング費用	経験料率の運用費用、保険契約者に対するリスクコントロールサービスの提供のための費用

　以上のようにエクスポージャのリスクに関して情報不均衡が存在することにより、図表5のとおり、保険会社はリスク細分化などのスクリーニング、そしてリスクコントロールサービスなどのモニタリングを、費用をかけて行わなければならない。一方で、保険契約者は、これらの保険会社の追加的費用を反映した付加保険料を負担しなければならず、さらに費用をかけてリスクコントロールへの投資を行い、自らのリスク実態を開示するシグナリングを行うことになる。また、控除免責金額や比例てん補方式といったリスク保有の要素が組み入れられることにより、それに備えた資金準備などの費用が発生することになる。

4　損害保険規制による公的介入の必要性

　このような費用負担が保険契約当事者にとって過度に重くなれば、保険会社

は保険商品の補償を縮小したり、契約引受けを停止したりすることもあり、ま
た、保険契約者も過小な補償しか伴わない一部保険を選択したり、保険加入そ
のものを取りやめることにもなりかねない。損害保険により十分なリスク移転
を行うことができなければ、個人や企業、組織の活動が委縮し、その結果、経
済の低迷につながりかねない。規制による公的介入は、このような事態を回避
するために、損害保険市場が不完全性を補完し、保険の安定的供給を目指すも
のである。

　次節以降では、わが国における損害保険規制の変遷を概観したうえで、現在
の規制領域、その目的と内容を、免許と業務範囲に関する規制、財務健全性に
関する規制、保険料と補償内容に関する規制、そして保険契約募集に関する規
制の別に見ていく。

② 損害保険規制の変遷

1 第二次世界大戦前における保険規制

わが国においては明治初期にはすでに保険会社が誕生していたが、商法をはじめとする関係法令も整備されておらず、体系的な保険規制も行われていなかった。各府県における会社設立に関する規制は存在し、全国単位では当時の農商務省による事業監督は行われていたものの、極めて緩やかなものであった。このような状況の下、小規模な保険会社が乱立することとなったため、農商務省は保険事業の規制を強化することとなった。そして、1890年代には商取引に関する規律が整備されていき、1899年に保険契約に関する規定が盛り込まれた商法が制定されるとともに、1900年に保険規制体系の中核をなすものとして保険業法が制定された[12]。その後大正末期に農商務省から分離した商工局が設立され、これが保険の規制主体となったが、当時の規制体系では、検査を中心とした事後の対応に重点が置かれていた。さらにこの時期の規制主体の命令権限は決して強いものではなかったため、すべての保険会社が十分に適切な業務運営と財務健全性を維持していたとはいえず、むしろリスク選好的な経営を行う保険会社が少なからず存在した。加えて、検査の詳細な実施内容・方法なども、権限者である商工大臣や、保険検査官の裁量に依存する属人的要素の影響を受けたものであり、継続的、統一的に行われるものではなかった。

2 戦後型損害保険規制

(1) 戦後型損害保険規制の目的

保険会社間の自由競争を許容する保険規制が転換した契機は、1939年の改正保険業法の施行である。これにより保険業免許規定が厳格化され、要件を満たさない保険会社が淘汰されることとなった。また、大蔵省が規制主体となりそ

---

12) その後、2010年の現行保険法の施行まで、商法のなかの保険契約に関する一連の規律が保険法と呼ばれていた。

の権限が強化された。このような厳格な規制体制は第二次世界大戦後も引き継がれることとなり、経済の再建・復興期を経て、損害保険分野では「私的独占の禁止及び公正取引の確保に関する法律」の適用除外とされた保険料率算出団体の下で、保険料と補償内容が画一化されることとなった[13]。保険料以外の面では、保険会社間の競争がある程度展開されたものの、当時の「保険募集取締りに関する法律」などに縛られるとともに、保険会社間の自主的な協調的行動も見られた。

　このように第二次世界大戦後の損害保険市場において競争が管理され制限されていた理由は、保険事業のリスク移転機能と金融仲介機能が、経済の復興のために不可欠であったからといえる。**第3章**で述べたとおり損害保険会社は、リスク移転手段としての損害保険を供給することを通して、個人および企業、組織の諸活動を支え、経済の発展と安定に貢献する。それと同時に、保険取引を通して形成された責任準備金などの保険資金を投資・運用に充てることにより、金融仲介機能という重要な機能を経済において果たしている（**第1章Column❷**を参照）。あらゆる産業基盤が脆弱であった戦後の復興期においては、保険を安定的に供給することによる社会的、経済的利益が大きかったといえ、そのためこの時期の損害保険規制は、競争を制限し保険事業の成長を支えることを重視して設計されたといえる。

(2)　戦後型損害保険規制の形態

　戦後型保険規制の形態は、損害保険分野においては、損害保険料率算出団体制度の下で、損害保険商品の保険料は全社一律に定められ、補償内容も統一さ

---

13) 生命保険分野においても、厳格な認可行政が行われ、競争は実質的に制限されていた。戦後、生命保険の需要が減り、生命保険会社の財務状況は安定せず、公的な生活保障制度の補完と市場への資金供給という、社会の安定と経済の発展に不可欠な生命保険会社の役割を果たし得なかった。このため、この時期の保険規制は、生命保険の事業基盤の確立を目指していたと考えられる。

れていた¹⁴⁾。このような制度は、損害保険料率算出団体が中立的な立場から保険料率を算出し、それを使用する義務を同団体の会員保険会社に課すことにより、価格競争を回避し損害保険会社の財務健全性を確保することに貢献した。このことにより、保険の入手可能性は維持され、同時に損害保険会社は、企業や組織に長期的資金を安定供給することができた。このように、競争を制限した保険料規制が、戦後から経済成長期にかけて、わが国経済の発展に果たしてきた役割は大きかったといえる。

　傷害疾病保険の分野においても、1950年代から各種団体傷害保険が、その後の経済成長を経て1960年代からは交通事故傷害保険や海外旅行傷害保険が、生命保険会社だけでなく損害保険会社によっても販売されるようになった。

　これらの保険の引受主体が損害保険会社の場合は、他の損害保険の種類と同様に保険料規制の対象となるとともに、生命保険会社が保険契約を引き受ける場合も、厳格な事前認可制度の下に置かれ、いずれも競争は実質的に制限され、保険料と補償・保障内容は一定の画一化がなされていたことに変わりない¹⁵⁾。

3　損害保険規制の変化

(1)　損害保険市場における規制緩和の目的

　わが国の戦後復興と経済成長を支えたいわゆる戦後型の損害保険規制は、1990年代後半に大きく変化することになった。行政改革により、規制主体は大蔵省から金融監督庁を経て、金融庁となり、また、1996年以降の保険業法の改正などを通して、保険規制においても、競争の促進と経営資源の有効活用を通した効率性と収益性の向上、そしてその成果の保険契約者などへの還元などが

14）1943年に公布された「損害保険料率算出団体に関する法律」に基づき、同年損害保険料率算定会が、1964年に自動車保険料率算定会が、それぞれ設立され、1998年の同法改正まで、会員損害保険会社に使用義務のある、いわゆる算定会料率を算出してきた。その後、規制緩和を経て2002年に両者は統合し、損保料率機構となった。

15）生命保険分野では、第二次世界大戦直後に経営的苦境に陥っていた生命保険会社間で、最低保険料率水準の実質的協定が結ばれ、規制主体である大蔵省がそれを認めるという行政姿勢によって、保険料の画一化が実現された。

重視されるようになった[16]。すなわち、損害保険会社が互いに競争することを通して効率化を進め、その結果として保険料水準が低下し、また、さまざまな損害保険商品が開発されることによって保険契約者の選択の幅が広がることが期待された。

(2)　新たな損害保険規制の形態

損害保険分野における規制緩和の過程のなかで、1998年に**第2章**および**第3章**で取り上げた参考純率が導入された。これにより、自動車保険、火災保険、傷害保険、そして当時の介護費用保険について、損害保険料率算出団体の算出する保険料率は純保険料率部分のみを含む参考純率となり、保険会社に対する使用義務は廃止された[17]。これにより、保険会社独自の保険料体系も一部許容されることとなり、競争は促進された。しかし、参考純率の対象となる保険はもとより、損害保険の多くの分野に対して事前認可制度が継続され、保険料の水準や体系には一定の制限が課されている。このような規制の形態は、わが国においても一部の分野で採用されている届出制度、さらには一部の諸外国において試みられている届出不要制度のような事後的な規制ではなく、あくまでも事前の規制が行われているという点においては、規制緩和前と変わりない[18]。

また、自賠責保険および地震保険に関しては、前章までに述べたとおり損害保険料率算出団体が、純保険料率および付加保険料率を含む基準料率を算出することとなり、これについても保険会社の使用義務は課されないこととなった。しかし、費用をかけてまで自ら保険料率を算出し、認可申請を行う損害保険会

---

16) このような保険市場の規制緩和を方向付けたのは、1992年保険審議会答申である。同答申は、規制緩和に関して「経営資源の有効活用により、効率性、収益性を向上させると共に、その成果を的確に利用者に還元する」こと、「規制緩和，自由化を通じて競争の促進を図り、事業の効率化を進める」こと、さらに「国際的に調和のとれた制度を構築する」ことが求められるとしている。

17) **第2章**および**第3章**で述べたように、現在は自動車保険、火災保険および傷害保険について、参考純率が算出されている。

18) 生命保険についても保険料と保障内容に独自性が許容されることになったが、事前認可制度は継続されている。

社はおらず、事実上、これらの保険の保険料は基準料率に統一されている。

4　保険契約募集に関する規制の整備

　損害保険市場の規制緩和は、制限を設けながらも、多様な保険料と補償を伴う保険商品の登場を促し、また情報通信技術の発展により、保険商品の販売チャネルも多様化して行った。従来、保険募集人のなかで、個人分野の損害保険契約募集では、第2章で述べたように保険代理店が主要な役割を担ってきたが、銀行窓口、いわゆる来店型保険ショップ、インターネットなどを通した保険契約募集が増加し、同時に保険代理店も大型化して行った。その結果、潜在的な保険契約者にとって、多様な保険商品のなかから最適な選択を行うための探索費用は、規制緩和以前よりかえって重くなったといえる。

　このような状況に対応するために、2016年に改正保険業法が施行されることとなった。これにより、保険契約募集の基本的規則が整備されたが、その一つが保険契約申込者の意向の把握義務が、保険募集人に課されたことである。すなわち、次節で詳しく述べるように、従来は保険商品の内容が契約申込者の意向に沿ったものかどうかを、保険契約締結の最終局面で確認すればよかったものが、契約申込みを受けた時点で申込者の意向を把握し、それに沿った保険商品を提示する義務が、保険募集人に課されることとなった。同時に、契約申込者は、これまでの受動的立場から、自らの意思を伝え保険商品の選択に積極的に関与することが求められるようになった。意向把握義務に加え、保険募集人は、契約申込者への情報提供義務も負うこととなった。これにより、契約申込者が保険商品の内容を理解するために必要な情報や、注意喚起すべき情報など、保険募集人が契約申込者に告知すべき情報の範囲が広がった[19]。これらの対応により、潜在的な保険契約者が保険契約締結に先立って負担する探索費用は軽減されると期待できる。

---

19) 旧保険業法では、情報提供に関して重要な情報の不告知の禁止など、禁止事項が定められていた。

③ 損害保険規制の現状

1　免許と業務範囲に関する規制

(1)　免許と業務範囲に関する規制の形態

　保険業を営むには、第2章において述べたように金融庁の免許を受けること
が必要である。その種類は、図表6のとおり、保険業法により損害保険業免許
と生命保険業免許に定められ、それぞれ引受可能な保険の種類が異なってい
る。ただし、現在は、損害保険会社、生命保険会社とも子会社を通じて相互参
入が可能となっているとともに、持株会社が両者を所有することも可能となっ
ている。

　金融庁は、保険業の免許申請があれば、提出された事業方法書、普通保険約
款、保険料と責任準備金の算出方法書などに基づいて、申請者が十分な財産的
基礎を有し収支の見込みが良好であるか、十分な保険知識と経験、そして社会
的信用を有するか、事業方法や引き受ける保険商品の約款が保険契約者の利益

図表6　保険業免許の種類

免許の種類	引受可能な保険		保険商品の例
損害保険業免許	損害保険	偶然の事故によって生ずる損害を補てんすることを約す保険	火災保険 地震保険 自動車保険 自賠責保険 賠償責任保険　など
	傷害疾病保険	人の傷害・疾病に対して一定金額の保険金を支払うことを約す保険	傷害保険 医療保険 所得補償保険 介護費用保険　など
生命保険業免許	生命保険	人の生存または死亡に対し一定額の保険金を支払うことを約す保険	定期保険 終身保険 個人年金保険 養老保険　など

を損なうことがないか、保険料が合理的かつ妥当で不当に差別的でないかなどの基準に適合するかどうかを審査する。

　保険の種類により免許が異なるのは、**第2章**の保険法および保険業法のなかで述べたとおり、それぞれの保険が対象としているリスクの性質に違いがあるためである。生命保険は、人の生存と死亡に関わるリスクを対象としているが、これらのリスクは生存期間または死亡時期の不確実性を伴うものの、完全に偶然性に左右されるものとはいえない。しかも、標準生命表などに基づいて平均的な生存期間・死亡年齢を把握することができることから、期待損失の不確実性は大きくないといえる。

　一方で損害保険は、事故や自然災害などの偶然の事故に関わるリスクを対象としており、補償の対象とする事象が起きるのかどうか自体が不確実であるとともに、損失がいくらになるのかも不確実である。このことから損害保険の種類によっては期待損失の不確実性が極めて高くなるおそれがあり、生命保険とは分離して管理したほうが安全である。

　傷害や疾病、後遺障害は、偶然性を伴うものもあるが、個人の日常の活動形態、生活習慣などによっても一部左右される。また、特に疾病のリスクは、食事や運動といった生活習慣に加え、遺伝的要因から影響を受けるものもあり、損害保険が対象としているような偶然の事故に関わるリスクとはいいきれない性質のものである。また、傷害や疾病を繰り返し経験する個人もいれば、これらを長期間経験しない者もいることから、生存・死亡のように生命保険の対象リスクとも性質が異なる。このことからわが国においては、傷害疾病保険は、損害保険と生命保険とは別の分野として、損害保険業免許と生命保険業免許のいずれでも取扱可能となっている。

　免許規制に加え、保険会社には、行うことができる業務範囲にも制限が設けられている。すなわち、保険契約引受けや有価証券の運用を含む固有業務、債務保証などの付随業務、そして投資信託販売などのその他の業務に限定されている。これにより、保険会社は、本業である保険業と、それに関連する業務以外は行うことが許されていない。

(2) 免許と業務範囲に関する規制の目的

　以上のような審査基準を伴う免許規制が行われ、業務範囲も限定されている
ものの、規制緩和後新たに設立された損害保険会社も少なくないことから、現
在の免許規制は、市場を寡占状態に導くほど厳格なものとはいえない。このた
め、**1**で述べたような、強力な市場支配力を持つ保険会社が現れる可能性は
低いといえる。しかし同時にこれらの規制が、新規参入への一定の障壁となっ
ていることは違いなく、そのことによって保険会社数の過剰な増加を防ぎ、外
部性によるシステミックリスクなどの問題を回避しているといえる。さらに、
保険業免許申請者に、十分な財産的裏付けを求めていることから、支払能力に
関する情報の不均衡を縮小し、潜在的な保険契約者の保険会社選択を容易にし
ているといえる。

2　保険料と補償内容に関する規制

(1) 事前認可制度

　すでに述べたとおり、現在多くの損害保険の分野においては、事前認可制度
が取られている。このため、損害保険会社が新たな保険商品の販売を行おうと
すれば、保険契約引受けに先立って、保険料および補償内容について金融庁の
認可を受ける必要がある。金融庁の審査を通過するためには、保険会社から
提出された事業方法書、普通保険約款、保険料と責任準備金の算出方法書など
の契約内容が保険契約者保護に欠けるおそれがないこと、契約内容が特定の者
に対して不当な取扱いをするものでないことなどの基準を満たす必要があ
る[20]。

　このような審査過程を通して、保険商品の保険料と補償内容が、保険会社の
財務健全性を維持しうるものとし、潜在的な保険契約者が保険会社の支払能力
に大きな疑念を抱くことなく損害保険に加入することを可能にしている。この

---

20) 事業方法書などの資料は、免許申請時に保険会社から提出されたものである。実際の保
　険商品の事前認可は、これらの資料の変更内容を審査する形式で行われる。また、保険商
　品のこれらの審査基準は、保険業法およびその施行規則に定められている。

点において、保険商品の事前認可制度は、**1**に述べた保険会社の支払能力に関する当事者間の情報不均衡を縮小しているといえる。また、審査基準には、前述のとおり保険契約者の保護と不当な取扱いの排除が含まれていることから、潜在的な保険契約者は、認可を受けた保険商品であれば、その保険料と補償内容が妥当なものであると判断することができる。したがって、事前認可制度は、保険料と補償に関する情報不均衡の縮小にも役立っているといえる。

またこの審査基準は、地震保険と自賠責保険以外の保険の種類について、保険会社が、エクスポージャのリスク実態に応じて適切にリスク細分化を行ったり、経験料率を適用したりすることを許容している。リスク細分化や経験料率は、次章で分析するように逆選択やモラルハザードの問題を緩和することから、事前認可制度は、エクスポージャのリスクに関する情報不均衡の縮小にもつながっている。

(2) 参考純率

第2章および第3章で述べたように、火災保険、自動車保険および傷害保険に関しては、損害保険料率算出団体が、その会員である保険会社から収集した統計情報などに基づいて、純保険料部分のみを対象として参考純率を算出している。そして損害保険会社は、これを自らの保険料算出の基礎として使うことができる。参考純率の算出対象となるこれらの保険は、火災や自動車事故、傷害など、個人の生活上、あるいは企業や組織の事業活動上、常にさらされるリスクを対象としている。特に個人契約者は、保険会社の支払能力や保険商品の保険料と補償内容に関して、著しく情報劣位にあるといえ、参考純率はその立場を補完する意味もあるといえる。

損害保険料率算出団体は、合理的な方法により計算され、妥当な水準であり、かつ不当に差別的でないものでなければならないという、いわゆる保険料率の三原則に基づいて、参考純率を算出している[21]。これらのうち合理的で

---

21) これらの原則は、「損害保険料率算出団体に関する法律」に定められているものであるが、わが国だけでなく国際的にも保険料算出の基準となっている。なお、保険料率は、保険金額1,000円当たりの保険料を指す。

図表7　保険料率の三原則

三　原　則		原則が求める保険料率の要件
合理であること		算出に用いる保険統計やその他の基礎資料に客観性があり、かつ精度の高い十分な量のものであるとともに、保険数理に基づく科学的方法により算出されたものであること
妥当性であること	参考純率	将来の保険金の原資となる純保険料として、過不足が生じないものであること
	基準料率	潜在的な保険契約者にとって購入可能な水準であると同時に、保険会社の財務健全性を損なうものでないこと
不当に差別的でないこと	参考純率	保険料率のリスク区分・水準が、個々のエクスポージャのリスク実態の格差に基づいて適切に設定されていること
	基準料率	保険料率のリスク区分・水準が、個々のエクスポージャのリスク実態と保険運営の費用の格差に基づき適切に設定されていること

あるとは、図表7に示したように、保険統計やその他の基礎資料に客観性があり、かつ、精度の高い十分な量のものであるとともに、保険数理に基づく科学的方法により算出されたものであることを意味する。また、妥当な水準であるという原則は、将来支払う保険金の原資となる純保険料として、過不足が生じないことを求めている。これらの2つの要件を満たせば、参考純率に基づく保険料は、不当に高い水準ではなく、同時に保険会社の財務健全性を損なうほど低いものでないと、保険契約申込者や保険契約者が判断することができる。したがって参考純率は、保険会社の財務健全性と保険料に関して情報劣位にある保険契約者の立場を補完しているといえる。

　さらに、不当に差別的でないとは、参考純率のリスク区分や水準が、個々のエクスポージャのリスク実態の格差に基づいて適切に設定されていることを意味し、保険会社が適切にリスク細分化を行い、保険契約を引き受けることを求めている。このことから、参考純率は、エクスポージャのリスク実態に関する情報不均衡を縮小することにも役立っている。

一方で船舶保険、貨物・運送保険および航空保険など、国際取引にも関わる損害保険では、専門的知識を持つ、比較的規模の大きい事業者が保険契約者となることから、保険会社の支払能力や保険商品の保険料と補償内容に関する情報不均衡がそれほど深刻ではないといえる。このため事前認可の対象となっておらず、参考純率も算出されない。

(3) 基準料率

すでに述べたとおり、損害保険料率算出団体は、住宅用建物の地震保険と自賠責保険について、純保険料と付加保険料の双方を含む基準料率を算出している。損害保険会社は、使用の届出を行えば、基準料率を変更することなく自らの保険料として用いることができる。保険会社に基準料率の使用義務はなく、独自の保険料を算出し、認可申請を行い、審査を通過すれば、それを使用する余地は残されているが、そのための費用を勘案して、これらの保険を引き受けるすべての保険会社は基準料率を使用することを選択している。このように、地震保険と自賠責保険に関しては、保険会社間の保険料競争は事実上制限されているといえる。

参考純率と同様に基準料率も、保険料率の三原則に基づいて算出されている。これらの原則のなかで、妥当であることには、基準料率の水準が、保険会社の財務健全性を損なうものでないことに加え、保険契約申込者にとって購入可能なものであることを求めている。また、不当で差別的でないことには、エクスポージャのリスク実態の格差だけでなく、それに基づく保険契約引受け、契約維持、保険金支払いにかかる保険会社の費用の違いも適切に反映することを求めている。これらの原則は、地震保険または自賠責保険の契約引受けによって保険会社の財務状況に悪影響が及ぶことを回避すると同時に、保険契約者にとっても契約締結が可能な水準の保険料であることを求めている。

地震保険は、個人の生活の基盤である住居用建物がさらされる地震のリスクを対象としたものであり、また自賠責保険は、すべての個人がさらされている自動車事故のリスクを対象にした強制保険であることから、両者とも安定的に供給されることが求められる。基準料率は、競争を事実上制限すると同時に、

保険会社の支払能力を維持し、かつ保険契約者にとって受け入れら保険料水準を実現することにより、これらの保険の入手可能性の確保を目指したものであるといえる。また、このことは保険会社の支払能力、そして保険料と補償に関する情報不均衡を縮小することにもなっている[22]。

✎Column ⓮ リスク細分化の費用と便益

　損害保険および傷害疾病保険の多くの領域は、保険商品の販売に先立って認可を得ることが求められるとともに、火災保険、自動車保険、傷害保険では参考純率が算出されている。しかし、保険会社が独自に保険料体系を設計することも許容されていることも事実である。それにもかかわらず、リスク細分化は一定の範囲にとどまっている。公的規制あるいは保険会社の経営判断のいずれによるかを問わず、リスク細分化に歯止めがかかっていることはどのような理由によるのだろうか。

　リスク細分化に歯止めをかける要因の一つが、そのために保険会社が負担する費用である。自動車保険契約を引き受ける保険会社にとっては、保険契約申込者のリスク評価に際して、運転者の年齢や運転歴など、比較的に確認容易な指標に基づいてリスク細分化を行うのであれば、そのための費用は高くはないといえる。しかし、保険契約締結後もリスク実態を正確に把握しようとするあまり、運転挙動をつぶさにモニタリングすることとなれば、そのための費用負担は決して軽くないと考えられる。リスク細分化に過度の費用がかかれば、その費用の少なくとも一部は、付加保険料に反映され、結果的に保険契約者の負担も重くすると考えられる。

　しかし保険会社が十分な合理性と先見性を持つとすれば、規制による公的介入が不在であったとしても、このようなリスク細分化の費用と、リスク評価の精度向上から得られる便益を勘案し、前者が過度に重くならない範囲で

22）第3章で述べたとおり、自賠責保険については、自動車事故被害者の確実な救済のために、すべての自動車に対して付保が義務化されている。付保の義務化は、自賠責保険の保険料区分が用途・車種などに限定されていることにより起こりうる逆選択の問題を防止することにもなっており、この点において、エクスポージャのリスク実態に関する情報不均衡の緩和にも貢献している。

144

リスク細分化を行うことを選択すると期待できる。**第3章Column⓬**におい
て取り上げたテレマティクスを用いた運転挙動反映型自動車保険に関しても、
今後、走行速度や走行地域、走行時間帯など、運転挙動に関する詳細情報を
継続的に収集することが可能となっていくと予想されるが、保険会社は、自
らの保険商品の保険料体系設計に際して、リスク細分化の費用と便益を慎重
に比較することが求められる。また、保険規制主体も、保険商品の審査にあ
たっては、保険料体系に用いられるリスク指標が不当に差別的でなく、社会
的に受け入れられるものであるか否かの判断とともに、その指標を用いた保
険契約を保険会社が管理・運営するためのモニタリング費用についても考慮
することが求められる。

✎ Column ⓯ 保険料規制の合理性

Column⓮で分析したように、保険料規制が不在だったとしても、保険会社
は、リスク細分化による費用と便益を比較し、利益をもたらさない過度の細分
化を思いとどまると考えられる。しかしながら、保険会社が常に十分な先見性
を持つとは限らないことには留意しなければならない。現実の市場において競
争圧力にさらされる保険会社は、費用を顧みない新たなリスク指標を際限なく
導入することが起こりうる。ある保険会社が、低リスク者の保険契約を優先的
に引き受けるために、リスク選別が可能な新たな指標を導入すると、他の保険
会社もこれに追従しなければ、高リスク者を抱え込むことになる。このため、
費用を十分考慮せずリスク細分化を行うおそれがある。一方で高リスク者に対
しては禁止的に高額な保険料を適用することにより、その契約引受けを実質的
に拒否するクリームスキミングが行われる可能性もある。その結果、保険の入
手可能性が著しく低下することになりかねない。特に自動車保険の対人・対物
賠償責任保険のように無保険自動車の増加が、自動車事故被害者に深刻な不利
益をもたらすような場合には、諸外国に見られるような残余市場機構を創設
し、無保険自動車を保険会社に割り当てるといった、新たな社会的費用が生じ
ることになる。

このような議論を踏まえ、現在のわが国の保険料規制を見ると、使用可能な
リスク指標をある程度限定し、保険料体系の過度な複雑化を防止することを通
して、リスク細分化が制限なく進行することを防いでいるといえる。

３　財務健全性に関する規制

⑴　早期是正措置と早期警戒制度

　保険会社の財務健全性を評価するためにわが国で用いられる指標が、ソルベンシーマージン比率である[23]。これは、予測を超える保険金支払いに備えて、保険会社が自己資本をどの程度確保しているのかを示す比率であり、個々の保険会社について以下のような計算式で求められる。

$$
ソルベンシーマージン比率 = \frac{ソルベンシーマージンの総額}{通常の予測を超えるリスクの総額 \times \frac{1}{2}} \times 100
$$

　ここにおいて、分母となる通常の予測を超えるリスクの総額は、保険リスク、予定利率リスク、資産運用リスク、経営管理リスクなどのリスクの総量を意味する。損害保険会社の場合に、これらのうち保険リスクは、火災や賠償責任、地震、風災、水災など、保険会社が引き受けているリスクの換算金額となる。また、分子となるソルベンシーマージンの総額は、資本金または基金、通常の予測を超えるリスクのための準備金などの合計額を意味する。

　ソルベンシーマージン比率は、200を超えていることが求められ、これを下回った保険会社は、早期是正措置の対象となる。図表8のとおり、同比率が100以上200未満となった保険会社は、経営改善計画を金融庁に提出し、それを実行しなければならない。また、同比率が100未満となれば、支払能力の回復のために合理的と認められる計画の提出とその実行、株主配当の禁止や抑制、予定利率を含めた保険料の計算方法の変更が命じられ、さらに０を下回れば業務の一部または全部の停止命令が出され、破綻処理が進められることとなる。

　ただし、たとえソルベンシーマージン比率が200以上であっても、支払不能が

23）ソルベンシーマージン比率は、保険負債の評価を契約締結時から固定する方式に基づいて計算されるが、後述するように金融庁は、2025年に保険監督者国際機構（IAIS）が策定を進めている国際保険資本基準における経済価値ベースのソルベンシー比率に移行することを予定している。経済価値ベースのソルベンシー比率では、保険負債を、最良予測の前提に基づくとともに、市場整合的な経済前提で評価することになる。

| 図表8 | 早期是正措置の発動基準と内容 |

ソルベンシーマージン比率	措置の内容
100以上200未満	・経営の健全性を確保するため合理的と認められる改善計画の提出とその実行の命令
0以上100未満	・支払能力の充実のために合理的と認められる計画の提出とその実行の命令 ・配当の禁止またはその金額の抑制の命令 ・予定利率を含む保険料計算方法の変更の命令 ・役員賞与の禁止またはその金額の抑制の命令 ・その他の事業費の抑制命令　　　など
0未満	・業務の一部または全部の停止命令

市場の要因によって引き起こされることがある。このことから、早期是正措置に加え、早期警戒制度が設けられ、保険会社の財務状況の悪化を未然に防ごうとしている。早期警戒制度に基づき金融庁は、保険会社へのヒアリングや報告要求を行い、基本的な収益指標、取引先の集中・分散の状況など信用リスクの管理状況、有価証券の価格変動などの市場リスクへの対応状況、資金繰りに備えた資産保有状況などの流動性リスクを把握し、必要に応じて業務改善命令を出す。

　ソルベンシーマージン比率に基づいた早期是正措置と、保険会社の詳細なリスク情報に基づく早期警戒制度は、規制主体が保険会社を直接モニタリングすることにより財務健全性を維持し支払不能を防ぐことを目的とした事前の規制である。これらにより、保険会社の支払能力に関する情報不完全性が補完され、劣位な立場にある保険契約者が保険会社を選択することを容易にしている。

(2)　国際保険資本基準と経済価値ベースのソルベンシー比率

　ソルベンシー規制は、各国で独自の方法で行われており、保険会社の財務状況を国際的に評価する統一基準は今のところ存在しない。わが国においては、リスクベースのソルベンシー規制が採用され、ソルベンシーマージン比率

のモニタリングがなされている。その計算要素の一つである保険負債は、契約時の金利などを用いて評価するという、いわゆるロックイン方式に基づいている。この方式によるソルベンシーマージン比率は、比較的簡便に計算できるものの、時間経過とともに変化する保険会社の財務状況を正確に反映しないことが懸念されてきた。このような問題を解消するために、2025年の導入に向けて現在検討が進められている新たな規制が、経済価値ベースのソルベンシー規制である。これは、保険監督者国際機構（IAIS：International Association of Insurance Supervisors）が策定を進めている国際保険資本基準（ICS：Insurance Capital Standard）に基づくものである。新たなソルベンシー規制において保険会社の支払能力は、以下のように計算される経済価値ベースのソルベンシー比率（ESR：Economic Solvency Ratio）によって評価されることになる。

$$ESR \ = \ 適格資本 \ / \ 所要資本$$

　経済価値ベースのソルベンシー比率の分母となる所要資本（qualifying capital resources）は、保険会社のリスクの総量を指し、損害保険会社については、**図表9**に示したように損害保険リスク、巨大災害リスク、市場リスク、信用リスクおよびオペレーショナルリスクといった内訳リスクを、分散共分散法により統合して算出される。ここでの損害保険リスクは、国際保険資本基準における貸借対照表上の保険負債の構成要素である現在推計を超えるマージンを反映するものであるが、これも経済価値ベースで評価されることになる。一方で分子である適格資本（capital requirement）は、**図表10**に示した国際保険資本基準に基づく貸借対照表上の純資産である資本の源泉のうち、リスクに対応するものと定義される部分である。

　経済価値ベースのソルベンシー規制では、その時点での保険会社の支払能力を、より正確に評価できると期待される一方で、将来の全期間の期待保険金を認識し、その現在価値を求めることを目指していることから、評価日時点における金利や死亡率をどのように設定すべきかなど、技術的な課題も残されている。

| 図表9 | 損害保険会社の所要資本の構成 |

所要資本	損害保険リスク	保険料リスク
		支払備金リスク
	巨大災害リスク	
	市場リスク	
	信用リスク	
	オペレーショナルリスク	

| 図表10 | 国際保険資本基準に基づく貸借対照表貸方 |

負　債	現在推計
	その他の負債（市場価値ベース）
	現在推計を超えるマージン
資本の源泉	適格資本
	その他の資本

(3) 保険契約者保護制度

　免許と業務範囲に関する規制、事前認可制度など保険料と補償内容に関する規制、そして早期是正措置と早期警戒制度は、保険会社の支払不能を事前に回避するものであるが、それでもなお支払不能が生じた場合には、事後の対応策として保険契約者保護制度が、保護を提供することになる。わが国には、同制度の下で、損害保険と生命保険の各分野に保険契約者保護機構が設立され、保険会社が破綻した場合に、保有していた保険契約を他の保険会社に移転するための資金や、保険契約者への保険金や解約返戻金、満期返戻金の補償のための資金の援助を行っている。保険会社は同機構への加入が義務付けられるとともに、事前に負担金を積み立てることが求められる。仮に負担金を上回る補償金支払いが必要となった場合は、同機構からの借入れで対応することにより、保険契約者への補償金の削減額を最小化しようとしている。

　しかし、すべての保険契約が保護の対象となるわけではなく、また、保険金が常に全額補償されるわけでもないことには、留意する必要がある。損害保険会社については、個人、小規模法人、マンション管理組合が保険契約者となっている損害保険は保護の対象となるものの、企業分野の保険契約については、自賠責保険、自動車保険および傷害疾病保険に対象が限定されている。また、地震保険と自賠責保険については補償割合が100％であるものの、自動車保険、火災保険などの損害保険、短期の傷害保険、そして一部の海外旅行傷害保険については、保険金の全額が補償される期間が、保険会社の経営破綻後3か月間に限られ、その後は80％に補償割合が引き下げられる[24]。また、それ以外の傷害疾病保険の補償割合は、破綻直後より原則として90％の補償にとどまる[25]。

　このように保険契約者保護制度が必ずしも十分に手厚くないことの背景には、財源確保が容易でないという消極的な理由に加え、保険会社に対する保険契約者のモニタリングを強化し、保険会社に対して健全な経営を促すという積極的な目的がある（より詳しい分析はColumn⓰を参照）。

　以上のように保険契約者保護制度には一定の制約があるものの、保険会社の支払能力を関する情報不均衡による問題に事後的に対処するものである。特に個人契約者に対しては、手厚い保護を提供することで、その劣位な立場を補っているといえる。

✎ *Column* ⓰ 保険契約者保護制度は十分に手厚いか？

　保険会社が支払不能となった場合に、保険契約者保護制度の保護対象となるのは、すべての自動車保険と、個人契約のその他の保険などに限定され、また、支払われるべき保険金の全額に相当する補償が得られるとは限らない。このように保険契約者保護制度が、必ずしも十分に手厚くないのは、財源確保が容易でないことに加え、より積極的な理由もある。仮に保険会社が財務困難と

24）このため保険契約者は、3か月以内に他の保険会社と新たに保険契約を結ばなければならない。また、これらの保険契約の解約返戻金、満期返戻金の補償割合は、破綻直後から80％と制限されている。

25）積立型の傷害疾病保険の返戻金の積立部分は、80％の補償となっている。

なっても保険金が全額保護されるのであれば、保険契約申込者や保険契約者は保険会社の支払能力への関心を低下させ、そのことを知る保険会社は、投機的な経営行動を取るおそれもある。反対に、保護が限定されていることを契約申込者が認識していれば、保険会社の支払能力に多少なりとも関心を持ち、より財務健全性の高い保険会社を選択し、契約を申し込むと期待できる。同様に既存の保険契約者も、契約を結んでいる保険会社の財務状況に関心を持つと考えられる。特に保護範囲が限定されている企業や組織の保険契約者は、保険会社の財務健全性を精査する、より強いインセンティブを持つと考えられる。そして保険会社は、保険契約者に選ばれるために、健全な経営に努めると期待できる。このように保険契約者保護制度は、契約申込者と保険契約者によるモニタリングを通して市場規律を機能させ、保険会社が自律的に財務健全性を維持するように誘引するという、政策的意図を伴って設計されているといえる。同様のことは、銀行を対象とした預金保険機構が、有利息型普通預金や定期預金などの一般預金について、それらを合算した元本1,000万円までとその利息分のみが保護の対象となり、外貨預金などは保護の対象とはならないことに対してもいえる。

✎*Column* ⑰ 信用リスク格付情報による市場規律

　早期是正措置と早期警戒制度は保険会社の支払不能を事前に回避し、保険契約者保護制度はそれに事故的に対処するものであるが、これらの公的規制に加え、保険会社自身や、その他の当事者の行動にも、保険会社の支払能力の向上に貢献するものがある。その一つが、**第5章**において述べる保険会社による再保険取引によるリスク分散であるが、その他に信用リスク格付情報も、支払能力強化のために重要な役割を果たしている。信用リスク格付機関は、各種証券の信用リスクに関する格付けとともに、保険会社の財務健全性や支払能力を含むさまざまな視点から客観的に判断された格付けの結果を市場に提供している。格付けが高ければ高いほど、支払能力が高いことを示している。格付機関には、ムーディーズ（Moody's Corporation）やスタンダードアンドプアーズ（Standard & Poor's）、格付投資情報センター、日本格付研究所などがあり、これらに所属するアナリストが保険会社の財務情報や経営戦略情報などを分析

し、格付情報を英数字や正または負の符号の組合わせで発表している。

　ムーディーズは信用リスクの低い順にAaa, Aa, A, Baa, Ba, B, Caa, ……のように、同様にスタンダードアンドプアーズはAAA, AA, A, BBB, BB, B, CCC, ……のように、それぞれ格付情報を示している。これらの格付情報は、個人や企業、組織などの保険契約者や契約申込者にとって、保険会社の支払能力評価の参考となるものである。保険会社も、保険契約者に選択されるよう、格付けの維持または引上げに向けた努力を積極的に行うと期待できる。また、上位の格付けに位置付けられた保険会社は、それを積極的に開示している（シグナリングに関して第5章Column㉑を参照）。このように格付情報は、保険会社に対する保険契約者のモニタリングを容易にすることで、その規律付けに貢献している。

4　保険契約募集に関する規制

(1)　意向把握義務

　前節で述べたとおり、規制緩和後の保険商品とその販売チャネルの多様化を受けて、保険募集人である保険会社や保険代理店の役職員、そして保険仲立人は、保険契約申込者に対して意向把握義務と情報提供義務を負うことになっている。意向把握義務は、保険募集人が、契約申込者のさらされているリスクや、それを踏まえた保険へのニーズを十分把握することを求めている。保険募集人が把握すべき事項は、金融庁が保険業法に基づいて整備した監督指針に詳細に示されており、損害保険と傷害疾病保険に関しては、契約申込者が望む保険の種類はもちろん、主な補償内容や特約の有無に対する意向など、具体的な事項を挙げている[26]。

　監督指針はまた、そのための方法やプロセスについても定めており、アンケートなどにより契約申込者の意向を事前に把握し、そのニーズに沿った保険

26）金融庁は、「保険会社向けの総合的な監督指針」のなかで、火災保険については保険の目的、地震保険の付保の有無などの意向を、自動車保険については若年運転者不担保特約、運転者限定特約、車両保険の有無などの意向を、傷害保険に関しては保障の内容と範囲などの意向を、それぞれ把握することを挙げている。

商品のプランを作成・提案し、契約申込者の意向と保険商品がどのように対応しているのかを説明することを求めている。これらのことを行ったうえで、保険契約締結に際しては、契約申込者自身が、自らの意向と保険商品の内容が合致していることを確認する機会を設けることを、保険募集人に義務付けている。

(2) 情報提供義務

保険募集人はまた、保険契約締結の判断を行うに際して参考とすべき情報を、保険契約申込者に提供する義務を負っている。自動車保険に関しては、保険事故の種類、補償内容、保険金支払方法に加え、事故時のレッカー牽引サービスなどの付帯サービスについても契約申込者に対して説明しなければならない。さらに、複数の保険会社の保険商品を取り扱う乗合代理店などに対しては、比較可能な同種の保険商品を契約申込者に提示したうえで、意向に沿う保険商品を選別・推奨し、その理由も説明することが義務付けられている。

保険契約募集に関する意向把握義務および情報提供義務の概要は、図表11に示したとおりであるが、これらを保険募集人に義務付けることは、保険商品の保険料と補償内容に関して情報劣位にある保険契約申込者、すなわち潜在的な保険契約者の立場を補完し、保険商品の適切な選択を容易するものである。

図表11 保険契約募集における意向把握義務と情報提供義務

意向把握義務	・保険契約募集において保険契約申込者の意向を把握すること ・保険契約申込者の意向に沿った保険商品を提案すること ・保険契約申込者の意向と保険商品の内容が合致することを説明すること ・保険契約締結に際して、保険契約申込者の意向と保険商品の内容が合致していることを申込者自身が確認する機会を設けること
情報提供義務	・保険契約締結の判断を行うに際して参考とすべき情報を保険契約申込者に説明すること ・比較可能な同種の保険商品を保険契約申込者に提示し、保険商品を選別・推奨し、その理由を説明すること

5　損害保険規制の市場の不完全性への影響

　以上のように損害保険規制は、免許と業務範囲、保険料と補償内容、財務健全性、保険契約募集といったさまざまな視点で行われ、損害保険市場の不完全性を補完するとともに、保険契約に関わる当事者間の情報不均衡を縮小している。すなわち、図表12のとおり、免許と業務範囲に関する規制は、過度の新規参入による負の外部性を回避するとともに、保険会社の財務健全性を確保し支払能力に関する情報の不均衡を緩和している。

　また、保険商品の事前認可制度、そして参考純率と基準料率は、保険会社の財務健全性と保険料と補償内容の妥当性を確保することに貢献している。さらに、早期是正措置と早期警戒制度は、保険会社の財務状況を規制主体が直接モニタリングすることにより、保険会社が支払能力を確実に維持できるよう働きかけるものであるが、それでも支払不能となった場合は、保険契約者保護制度によって事後的に対処している。保険募集人に意向把握義務と情報提供義務を課すことにより、保険商品の保険料と補償内容に関して情報劣位にある保険契約申込者の立場を補完している。

　こうしたことを通して、損害保険規制は、システミックリスクを回避するとともに、保険契約に関わる当事者が負担する探索費用、シグナリング費用、スクリーニング費用、そしてモニタリング費用などの追加的費用を削減し、保険市場の効率性を高め、保険の安定供給に貢献している。もちろん、規制の設計と実施は無費用で行えるわけではない。しかし、保険規制が不在であった場合に引き起こされる保険会社の支払不能や保険の入手可能性の低下などの深刻な問題の回避という便益が、そうした費用を上回ることを、あらゆる当事者が非明示的であっても認識しているために、損害保険市場の実態に適合した規制の存在に対して社会的合意が形成されているといえる。

図表12 損害保険規制の市場の不完全性への影響

規制対象分野	規制の形態	市場の不完全性への影響
免許と業務範囲	免許規制 業務範囲の制限	負の外部性の回避 保険会社の支払能力に関する情報不均衡の縮小
保険料と補償内容	事前認可制度 参考純率 基準料率	保険会社の支払能力に関する情報不均衡の縮小 保険料と補償内容に関する情報不均衡の縮小
財務健全性	早期是正措置 早期警戒制度	保険会社の支払能力に関する情報不均衡の事前の縮小
	保険契約者保護制度	保険会社の支払能力に関する情報不均衡の事後の縮小
保険契約募集	意向把握義務 情報提供義務	保険料と補償内容に関する情報不均衡の縮小

第5章
リスクの保険可能性

　損害保険は、第2章において見たとおり、生命保険や傷害疾病保険と並んで、純粋リスクを対象としている。また、保険会社が数多くの保険契約を引き受け、それらをプールすることにより全体でリスク縮小を行っていることは、第3章で理解したとおりである。これらのことのみに注目すれば、あらゆる種類の純粋リスクに対して損害保険が提供されているはずである。しかし実際には、控除免責金額、比例てん補方式、そして保険金額の上限設定などにより補償が制限されることもあれば、対処可能な保険が存在しない純粋リスクもある。このように保険による補償が制限されている理由の一つには、リスク引受けのために保険会社が負担する費用の存在が挙げられる。

　本章では、どのような純粋リスクの場合に、リスク引受けのための費用が過大となり、その保険可能性が損なわれることになるのかを、事故の頻度と損失の強度、損失発生の相関と期待損失の不確実性、そして逆選択とモラルハザードの視点から分析する。そして、保険料や補償内容といった保険商品の設計や保険契約引受け・管理方法などにどのような工夫を施すことにより、保険の対象となりにくい純粋リスクの保険可能性を補完しようとしているのかを見ていく。

1 高頻度・低強度のエクスポージャ

1　高頻度のエクスポージャと控除免責金額

　保険料は、将来支払われる保険金に充てられる純保険料に加え、保険会社の諸経費や資金調達費用などの財源となる付加保険料を含んでいることは、すでに述べたとおりである。純保険料に比較して付加保険料が過度に高額となれば、保険契約申込者にとって保険料が全体として割高となり、そのような保険は選択されにくくなるため、保険需要が低下する。また同時に、保険会社も保険契約の引受けを控え、保険供給も制限されることになる。

　付加保険料は、保険会社が事故頻度の高いエクスポージャを数多く引き受けていた場合に、相対的に高額となるおそれがある。いうまでもなく保険事故がたびたび発生すれば、期待保険金とそれを反映する純保険料は上昇することになる。その際に、少額の損失についても補償対象としていた場合には、純保険料の上昇幅は、付加保険料の上昇幅ほど大きくならない。すなわち保険会社は、少額の保険金支払いを繰り返し行わなければならないため、保険金請求の受付け、契約内容の確認、損害調査、保険金の算定と支払いなどの業務にかかる経費負担が重くなることになる。その結果、純保険料に比べて付加保険料が相対的に高くなる。

　5％の頻度で保険事故が発生すると予想される全部保険の車両保険の例を考えてみたい。保険金の強度は20万円とすると、純保険料は以下のとおり1万円と計算の例できる。単純化のため付加保険料のうち損害調査費を含む保険金支払いにかかる固定費は、1件当たり1万円と仮定すると1契約当たりの保険金支払いのための固定費は500円（10,000円×0.05）となり、これに変動費部分を加えた付加保険料はそれほど高額とはならないと考えられる。

> 純保険料：200,000円×0.05＝10,000円
> 付加保険料（固定費部分）：10,000円×0.05＝500円
> 保険料：10,000円＋500円＋ 付加保険料（変動費部分）

しかし、同様の車両保険が軽微な損傷による損害を含めて高頻度で保険金を

支払う場合には、期待保険金が高くなくとも保険金支払いにかかる固定費が相対的に高額となる。仮に保険金支払いの頻度が80％、保険金の強度が30,000円とし、そのための固定費が同じく1件当たり1万円とすると、以下のとおり純保険料は24,000円（30,000円×0.80）となり、また、1契約当たりの保険金支払いのための固定費は8,000円（10,000円×0.80）となる。付加保険料には、この8,000円に変動費部分が加算されるため、保険料は、損失の強度30,000円を超えることになる。

> 純保険料：30,000円×0.80＝24,000円
> 付加保険料（固定費部分）：10,000円×0.80＝8,000円
> 保険料：24,000円＋8,000円＋ 付加保険料（変動費部分）

　以上のように、高頻度のエクスポージャを対象とした保険契約の付加保険料は、保険契約者にとっては自らの期待損失に近い金額となるか、場合によってはそれを超えることになる。割高の保険料の払込みを躊躇する潜在的な保険契約者は、無保険のままであることを選択する可能性がある。この問題を緩和するための方策が、控除免責金額の設定により少額損失を補償の対象外とすることである。

　前述のとおり保険金支払いにかかる経費には、保険金の強度にかかわらずほぼ定額である部分を含んでいる。保険金請求の受付けと契約内容の確認にかかる業務は、損失の強度に必ずしも連動せず、それが少額の場合も一定金額の負担が生じる。他方で少額の損失を伴う軽微な事故は、比較的高頻度で発生するため、これらを対象外とすれば、保険金支払いにかかる経費が大きく削減され、その結果、付加保険料も引き下げられる。保険契約者にとっては、控除免責金額は、補償が縮小されることを意味するが、それが貯蓄や準備金、キャッシュフローから自己負担とすることが可能な水準に設定される限りは、保険料の低廉化につながることから十分に受け入れられると考えられる。

2　低強度のエクスポージャと包括担保方式

　損失の強度が低いエクスポージャを対象とした保険についても、付加保険料が相対的に高額となるおそれがある。事故が発生しても少額な損失しか生じな

いような場合には、損失強度が低いため純保険料は低額に抑えられる反面、保険契約の締結と維持・管理、保険金支払いなどの費用には固定的な人件費や物件費が含まれるため、付加保険料を低く抑えることは必ずしも容易でない。

　全部保険の火災保険について見れば、その対象となる保険の目的物が、住宅である場合の純保険料は、少額の家庭用電気機器である場合のそれより、高額となる。しかし、保険会社は、いずれのエクスポージャであっても基本的に同じ業務プロセスに則って契約引受けを行うことから、両者の付加保険料には、純保険料ほどの差は生じないと考えられる。その結果、家庭電気機器を対象とした火災保険契約の付加保険料は相対的に高額となり、それを織り込んだ保険料は、保険契約者にとって期待損失に比べて割高となる。

　別の例として、2台の自転車を対象とした盗難保険を考えてみたい。そのうち1台の自転車の価格は1万円、別の1台の価格は20万円として、盗難に遭う確率はともに5％であると仮定する。いずれも全部保険が付されているとすると、これら2台の自転車の期待保険金、すなわち純保険料は以下のとおり、前者については500円、後者は1万円とそれぞれ計算できる。

> 1万円の自転車の純保険料：10,000円×0.05＝500円
> 20万円の自転車の純保険料：200,000円×0.05＝10,000円

　一方で、保険販売、契約引受けなどにかかる諸経費は、保険の目的物の価額にかかわらず5,000円であると仮定すると、以下のとおり変動費に充当する付加保険料を除いた前者の保険料は5,500円、後者では1万5,000円となる。

> 1万円の自転車の保険料：500円＋5,000円＝5,500円
> 20万円の自転車の保険料：10,000円＋5,000円＝15,000円

　20万円の自転車の盗難に備える保険料として1万5,000円の保険料を妥当と考える保険契約者は少なくないと推測されるが、1万円の自転車のために5,500円の保険料を支払う者は多くないだろう。

　以上のような低強度のエクスポージャを保険可能とするために採用されるのが、包括担保方式によるエクスポージャのパッケージ化である。住宅総合保険における家財一式担保方式では、住宅およびそこに収容されている家具、家庭用電気機器などに加え、さらに特約を付すことにより一時的に持ち出す携行品

を含めて一括して補償の対象とすることで、財物1つ当たりの保険契約の引受け、維持・管理、保険金支払いのための諸経費の固定費部分を低額に抑えている。同様に企業分野の火災保険にしばしば見られるマルチリスク型の保険においても、保険契約者のさらされる多様な財物損失リスクを一括して補償対象とすることにより、契約全体での付加保険料を低廉に抑えている。

　以上のような高頻度、低強度のエクスポージャを、控除免責金額の設定または包括契約方式の採用により、付加保険料が過度に引き上げられることを防ぎ、リスクの保険可能性を高めているメカニズムを示せば、図表1のとおりとなる。

図表1　事故の頻度・損失の強度とリスクの保険可能性

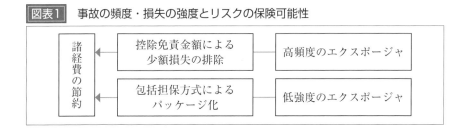

2 損失発生の相関と期待損失の不確実性 ✏

1　損失発生の相関

　付加保険料には、保険会社の経費に加え、資金調達費用も含まれている。保険会社が引き受けたエクスポージャの間で損失発生の相関が高いときには、資金調達費用が高額となり、その結果付加保険料が相対的に高くなる。すなわち損失発生が従属的であれば、保険が対象としている事故が起きなければ、引き受けたエクスポージャにも損失が発生せず、一度に高額の保険金支払いは求められない。しかし、いったん事故が発生して多くの保険契約が損失を被れば、短期間に集中して多数の保険金請求がなされることになる。

　甚大な被害をもたらす地震や風災、水災などの自然災害や、大規模感染症などは、軽微な自動車事故や小規模な火災に比べて発生頻度は必ずしも高くないものの、一度発生すれば、数多くのエクスポージャに同時に高額の損失をもたらすことがある。このため、保険会社がこれらのリスクにさらされているエクスポージャを対象とした保険契約を引き受けていれば、保険契約ポートフォリオに通常の予想を超える高額の損失が一度に発生する確率が高まる。大規模地震について考えれば、数十年から数百年に一度の周期で発生するものであれば、頻度は高いとはいえず、期待損失はそれほど高額にならないこともある。しかし、いったん発生すれば広範囲の地域に影響を及ぼし、その地域で数多くの保険契約を引き受けている損害保険会社は、多数の保険金請求を受けることになる。そのような事態に、期待損失にのみ基づく保険料算出で備えることはできない。同様に、台風についても、保険会社がその影響を受けやすい地域に、風災や水災を補償対象とした火災保険契約を多く保有しているような場合には、大型の台風が襲来すれば、保険会社は短期間に数多くの保険金請求を受けることになる。

　独立性が低く期待保険金の変動性が大きいエクスポージャにより構成される保険契約ポートフォリオを保有している損害保険会社は、多額の保険金請求に直面しても支払能力を維持するために、追加的に多額の資本を保有するか、事

後的に資金を調達しなければならない。そのための資金調達費用を含んだ付加保険料が純保険料に上乗せされれば、保険料が保険契約者にとって購入不可能なほどに高額になるおそれがある（より詳しい分析についてはColumn⓲を参照）。

　このように損失発生の相関が高いエクスポージャの保険可能性は、著しく損なわれることになる。

✎*Column* ⓲ 損失発生後の資金調達費用

　保険会社は、大規模自然災害などの発生により多額の保険金請求に直面すれば、保険負債に対応した資産により、それに応じなければならない。しかし、保険金支払いが多額となり支払能力が損なわれる可能性が高まれば、新たに株式や社債を発行し、投資家などから資金を集めることになる。そのためには証券発行のための明示的費用を直接負担しなければならない。具体的には、金融機関に支払う手数料や、所定の届出書類の作成や情報公開手続など法律・規制要件を満たすための諸費用が含まれる。

　証券発行に必要な手数料や法律費用といった費用に加え、**第3章**において触れたように、外部資金を調達するには、証券の過小評価という少なからぬ非明示的費用を負担しなければならない。このような証券の過小評価は、保険会社と資金提供者である投資家との間の情報不均衡に起因して生じるものである。すなわち、保険会社の経営者・管理者は、自社の財務状況について十分知り得る立場にあるのに対して、潜在的な株主や社債保有者はそうした情報を無費用または十分に低費用で入手できるわけではない。一方で、自然災害などにより多額の保険損失が発生したという情報を証券市場参加者が得ることは、比較的容易であろう。このため、多額の保険損失発生後に保険会社が株式や社債を発行すれば、自らが情報劣位にあることを認識する投資家は、証券発行の理由が保険会社の財務状況に問題があるためであるととらえ、実際の水準より低い価値しか認めない可能性が高い。

　このような証券の過小評価の費用は、予定した外部資金の調達可能性を低下させるだけでなく、保険会社の発行する証券全体の価値低下にもつながる。このような事態を避けるためには、保険会社が保険可能性の低いリスクの引

> 受けに先立って、少なからぬ資金調達費用を織り込んだ付加保険料を収受する必要があり、その結果、保険の需要と供給は制限されることになる。

2　期待損失の不確実性

　大規模自然災害などのリスクは、保険金支払いの相関が高いばかりではない。これらの事象が起きる頻度が高いとはいえないことは前述のとおりであるが、このことにより、保険会社は過去の損失発生に関する十分な量の情報を得ることが困難となる。

　大規模地震は、前述のとおり長期的周期で発生するものが少なくない。また、ある地域がこれまで大規模地震を経験していないからといって、将来も同じ傾向が続くと判断することはできず、大規模地震がいったん発生したからといって、その後当面は同規模のものが起こらないともいいきれない。このため保険会社が、保険契約締結に先立って期待損失やその変動性を予想することは不可能である。このような期待損失の確率分布が不確かなエクスポージャを引き受けようとすれば、保険会社は、予想を超えて高額な保険金支払いに直面するおそれがあるため、支払不能とならないために、予め相応の資金調達費用を反映した付加保険料を適用せざるを得ない。

　大規模地震をはじめ主要な自然災害に関しては、損失シミュレーション技術の向上により被害想定の精度も高くなっているが、これらは都道府県や市区町村などの範囲において、今後数十年といった一定期間内にどの程度の確率でどの程度の被害が生じるのかを示すものである。このため、保険会社が実際に引き受けたエクスポージャの保険金推計の参考にはなるが、これのみによって期待損失の不確実性を完全に解消することはできない。

3　再保険によるリスク分散

　保険会社は、再保険取引を通して損失発生の高相関と期待損失の不確実性の問題を緩和することができる。保険会社は、出再保険契約を結ぶことにより、引き受けた保険契約に潜在する巨大損失発生のリスクを、海外を含むさまざま

な地域の複数の保険会社および再保険会社に移転することができる。反対に、自社の保有契約とは損失発生の相関の低い他社の保険契約を受再すれば、最終的に保有する保険契約ポートフォリオのリスクをさらに分散させることも可能である。このように保険会社は、再保険のリスク分散機能を利用することにより、損失発生の相関と期待損失の不確実性が高い自然災害などのリスクの引受けを可能にしている。

ただし現実には、再保険市場のリスク引受能力が常に十分な水準にあるとは限らず、大規模自然災害が発生し、多額の再保険金が支払われる事態となった場合、それを反映して再保険料も引き上げられたり、リスク引受けが制限されたりすることがある。特に地球温暖化の影響で極端な気象現象が繰り返し起きている現状では、再保険のみによって保険会社の支払能力が十分な水準に維持できない可能性が高まっているといえる。

4 てん補限度額の設定

てん補限度額を保険契約に組み入れることにより、保険会社は支払う保険金に上限を設けることができる。これにより損失発生の相関が高かったり、期待損失の不確実性が高かったりしても、保険金に上限を設けることができる。てん補限度額は、個人契約の損害保険でも見られるが、企業分野の火災保険や賠償責任保険においても設けられることがある。てん補限度額を超えた損失に備えるためには、超過損害てん補特約などを付す必要があるが、期待損失の不確実性が高いときなどには、そのための特約保険料が、非常に高額となる場合がある。

以上のような損失発生の相関が高いエクスポージャ、また、期待損失の不確実性が高いエクスポージャの保険可能性の低下が、再保険取引やてん補限度額によって、限定的であっても軽減されるメカニズムを図示すれば、**図表2**（次頁）のとおりとなる。しかし、これらによっても、保険可能性を十分向上させることができるとは限らないため、保険会社は、再保険に代わって**第7章**において述べるカタストロフィボンドなどを手当てしなければならない場合がある。また企業や組織などのリスク移転者も、保険に加えて、あるいはそれに代わって、同様にカタストロフィボンドやコンティンジェントデットなどのリス

図表2　再保険取引・てん補限度額の保険可能性補完機能

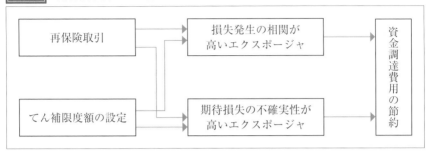

クファイナンスを利用することが必要となることがある[1]。

Column ⑲ 地震保険の引受けが可能なのはなぜか？

　地震のリスクは、エクスポージャ間で損失発生の相関が高く、また期待損失の不確実性も高いことから、保険可能性が高いとはいえない。このため、住宅を対象とした火災保険では補償されず、企業分野の各種財物保険においても特約などを付さない限りは通常は補償対象とならない。しかし、わが国においては、いかなる当事者であっても地震の被害者となるおそれがある。こうしたことから、**第2章**で取り上げた「地震保険に関する法律」に基づき、住居用建物を対象として、地震保険制度が創設されている。これにより、住宅用建物に関しては、その建物を保険の目的物とした火災保険を主契約として、それに地震保険を付帯することができる。地震保険を付帯していれば、地震、噴火または津波を原因として建物や生活用の家財が損壊、埋没または流失した場合の損失に対して保険金が支払われる。その前提として、政府が最終的なリスク負担者となるような再保険制度が設けられるとともに、**第2章**で詳述しているように保険金額に上限を設けたり、大・小半損、一部損の

1）再保険取引やてん補限度額の設定に加え、保険会社は異なる保険種目の保険契約を数多く引き受けることや、時間軸に沿ってリスクプーリングを行うことによっても、リスク分散が可能であるが、その効果は限定的であり、またそのための費用も十分に低いとはいえない。

場合の保険金の保険金額に対する割合を定めたりするなど、補償を限定している。さらに、これまでその金額を超えた前例はないものの、1回の地震による保険金に上限を課す総支払限度額が設けられている。こうした仕組みにより、地震リスクの保険可能性の低さを補完しようとしているが、保険契約者にとっては、従前の状態に復旧するための修理・修繕・建替費用を償うのに必要な金額に相当する保険金が支払われるわけではない。むしろ地震保険の保険金は、地震被害後に当座の生活の必要に充てるものとしてとらえるべきといわざるを得ない。

　他方で企業や組織は地震保険制度の対象ではないため、独自に対応が必要である。事務所や工場、倉庫、店舗などの専用の建物を所有したり使用したりしている場合には、火災保険に地震危険補償特約などを付帯する必要がある。このような企業分野の地震保険が存在するのは、保険会社が、引き受けた地震リスクを国際的な保険・再保険市場に出再したり、証券化の仕組みを応用したカタストロフィボンド（**第7章**参照）などを活用して資本市場に移転したりするなどにより、リスク分散を行っているからである。ただし、再保険市場や資本市場のリスク引受能力が常に安定しているとはいえない点には留意する必要がある。

3 逆 選 択

1　契約前の情報不均衡と逆選択

　リスクの保険可能性の低下は、保険契約当事者のインセンティブ問題によっても引き起こされる。インセンティブ問題のうち、逆選択は保険契約締結前の情報不均衡に起因して引き起こされる[2]。保険契約申込者は、自らのリスク水準に関して比較的容易に知り得る一方で、保険会社は、エクスポージャのリスク実態に関して、無費用または低費用で精度の高い情報を得ることが困難であり、情報劣位の立場にあるといえる。

　保険会社が自動車保険契約を引き受けようとすれば、被保険自動車の用途・車種や型式、運転者の年齢や運転免許取得年などは容易に知り得たとしても、過去の保険金請求の有無やその金額、保険期間中の自動車の使用目的、運転地域や運転時間帯、予定される走行距離など、自動車事故の頻度と強度を左右するような要素を、外形的な情報から知ることは極めて困難である。同様に企業や組織の火災保険契約の締結に際して、保険の目的物となる工場や事務所などの建物の所在地や規模、建設時期、主要構造部の防火性能や耐震性などは、多くの費用をかけずともある程度見極めることができるが、火気の使用状況を含めた建物内での活動内容、従業員の防火・防災教育・訓練の実施状況など、期待損失を左右する情報を、申込書類などの情報のみから正確に把握し、リスク評価を行うことは困難であろう。

　他方で潜在的な保険契約者すなわち契約申込者側に目を向ければ、自らのリスクが高いことを認識していれば、保険料が高額でない限りは、保険に加入することが合理的な選択肢となる。反対にリスクが低いことを知る当事者は、リスクに見合わない割高な保険料が適用されるのであれば、保険加入を躊躇する可能性がある。仮に保険会社が、エクスポージャのリスク実態に関して十分知

2）逆選択は、後述するモラルハザードと同じく、個人の経済合理的な意思決定の結果引き起こされるものであり、必ずしも非難されるべきものではない。

り得ないために、異なるリスク水準のエクスポージャに対して均一的な補償を提供する保険商品を、均一の保険料で提供したり、低リスク者から高リスク者へ大規模な内部補助を伴う保険料で提供したりした場合には、その保険商品は、低リスク者からは割高と、高リスク者からは割安と、それぞれ評価される[3]。

　高リスク者ばかりが保険に加入し、保険契約ポートフォリオは数多くの高リスク者により構成された結果、保険収支が悪化すれば、保険会社は採算を取るために保険料を引き上げざるを得ず、さらにリスクの高い保険契約者を引き付けることになる。こうしたことが繰り返されれば、保険収支は悪化し続け、保険のリスクプーリングの仕組みが破綻することになる。このため、逆選択の顕在化を防ぐことができなければ、保険会社は保険契約の引受けを制限したり、取りやめたりして、保険の入手可能性が低下することになる。以上のような逆選択が生じるメカニズムは、**図表3**のように示すことができる。

図表3　逆選択と保険可能性低下のメカニズム

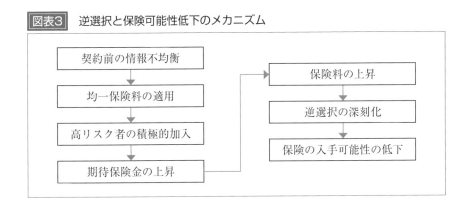

3）均一保険料はプール保険料（pooled insurance premium）とも呼ばれる。一部分離保険料（partially-separated insurance premium）は、一定のリスク細分化が行われた場合の保険料を指す。完全なリスク細分化により、個々のエクスポージャに適用される個別化された保険料は、分離保険料（separated insurance premium）と呼ばれる。

✒ *Column* ⑳ さまざまな市場に潜在する逆選択

逆選択は、モラルハザードとともに保険の分野で使われてきた用語であるが、保険以外の市場においても起こりうるものである。しばしば例として挙げられるのが、中古車市場における逆選択である。中古車の品質、性能、安全性に関して、売り手は通常情報優位な立場にあるが、その買い手はそれらを容易に評価することができない。仮に同一の車種・型式・年式の中古車が一律の価格で販売されるとすると、売り手側はその価格でも採算が取れると考える中古車、すなわち品質の低いものばかりを入荷、販売しようとするだろう。その結果、市場には品質の低い中古車ばかりが出回ることになる。

同様に、労働市場においてある企業が、求職者の業務知識・技能・熟練の程度にかかわらず、一律の報酬を提示して人材募集をかけたとすると、その条件でも納得する求職者は積極的に応募する一方で、有用な資格や経験を持つ求職者は、別の企業または組織を選ぶと考えられる。その結果、その企業は、優秀な人材を確保できないことになりかねない。

また、銀行の融資契約においては、債権者である銀行は、企業や個人などの融資申込者の信用リスクを、外形的な情報だけで評価することはできない。仮にすべての融資申込者に対して同一水準の金利で貸付けを行えば、自らの信用リスクが低いと認識する企業や個人は、その金利を割高と感じ融資の申込みを躊躇する一方で、自らの信用リスクが高いことを知る当事者は、それを割安と感じ、すすんで申込みを行うと予想される。このように品質に関する情報が不均衡であるために、同じ価格で財が取引され、その結果財の品質が低下する市場は、「レモン市場」と呼ばれ、保険市場以外にも広く当てはまるといえる。

2　アンダーライティング

保険会社は、保険契約締結に先立って、補償内容を設計し、それに基づいて保険料を算出している。保険は価値循環の転倒性を伴うため、保険会社は、自らの支払能力を維持するために、保険料算出の前提としていた引受予定のエクスポージャと、実際に引き受けるエクスポージャの期待損失を同程度とし、収

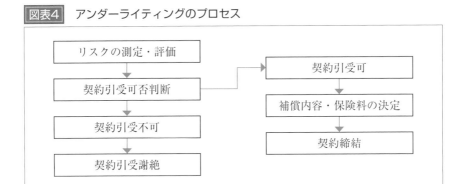

図表4 アンダーライティングのプロセス

支を均衡させなければならない。そこで保険会社は、保険契約締結の際に、対象となるエクスポージャのリスク実態を綿密に評価したうえで、保険契約の引受可否を判断し、それが可能とした場合はそのリスク実態に見合った保険料や補償内容などの契約条件を決定する。アンダーライティングと呼ばれるこのような一連の保険契約引受けのプロセスは、リスク実態に関する保険会社の情報劣位性を補完し、逆選択を緩和することに貢献している。

　アンダーライティングのプロセスは、**図表4**のとおり一般化して描くことができる。すなわち、保険契約の申込みがあれば、補償対象となるエクスポージャのリスクを測定・評価し、その結果に基づき契約引受けが可能かどうかの判断を行う。契約を引き受けるとした場合は、エクスポージャのリスクに応じて担保危険、保険金額や控除免責金額などの契約条件を調整するとともに、適用する保険料を決定する。こうしたプロセスのなかで、リスクの測定・評価が特に重要であるが、その方法は、次に述べるように保険契約者が個人か、企業・組織かにより異なる。

(1) 個人分野のアンダーライティング

　個人分野の火災保険や自動車保険などの損害保険では、引き受けるエクスポージャが比較的小規模であるとともに、引受件数が多い。また、エクスポージャのリスク特性も、保険契約間で比較的同質であるといえる。

　このため、個人分野のアンダーライティングでは、その方針、すなわちアンダーライティングポリシーを予め定め、それに則って体系的に保険契約引受けが行われる。その際のリスク評価に用いられる情報が保険契約申込書記載事項である。保険会社はリスク測定に必要な事項を申込書の項目に含め、それに基づいてアンダーライティングを行う。

　火災保険では、**第3章**で取り上げた保険料区分に用いられる指標である保険の目的物の所在地、構造および用法など、また、自動車保険では、自動車の用途・車種、型式、無事故・事故歴などである。これらの記載事項は、保険契約引受可否や契約条件調整の要否など保険会社の判断に影響を及ぼす重要事項であるため、保険契約申込者は告知義務を負い、知る事実を告げ、不実のことを告げないことが求められる[4]。

(2)　企業分野のアンダーライティング

　企業や組織を対象とした損害保険契約では、保険契約者が小規模なものから大規模のものまでさまざまであるとともに、事業内容も極めて多様である。なかでも、大規模な企業や組織の保険契約では、リスク実態が一層複雑となり、情報不均衡が拡大しやすい。また、甚大な事故が発生した場合の保険金も高額となるおそれがあり、保険会社の収支に及ぼす影響も小さくない。そのため、保険会社はしばしば現地調査を行い、詳細なリスク実態の把握に努めている。

　工場を対象とした火災保険を引き受けようとする場合、保険会社の担当者が実際に保険の目的物となる工場に赴き、業種、周辺環境、機械設備、取り扱う製品の種類・数量、電気・ガスなどの使用状況などを分析し、同時に消火設備の配備状況、建築構造、具体的な作業内容などの調査を行う。調査結果はインスペクションレポートとも呼ばれる調査報告書に取りまとめられ、この内容に基づいて保険契約引受可否の判断を行う。引受可能と判断した場合には、予め設計した保険料体系に従い保険料を決定すると同時に、必要に応じて担保制限や特約条項を付加する。

4）告知義務に違反すれば、保険契約が解除されることがある。

3 リスク細分化

保険会社が行うアンダーライティングには、リスク実態に見合った保険料を適用するプロセスが含まれていることはすでに述べたが、その前提となるのがリスク細分化に基づく保険料体系の設計である。

保険会社は、保険料算出に際して期待損失と相関のあるリスク指標に基づいてリスク区分を設定し、それぞれの区分に適用される保険料を算出する。保険契約締結時に、エクスポージャのリスク実態に見合った保険料が適用されれば、低リスク者であっても保険加入を躊躇しにくいと考えられ、反対に高リスク者には、比較的高い保険料を課すことから、そのようなエクスポージャを多く引き受けたとしても、保険契約ポートフォリオの収支が大きく悪化することはない。適切なリスク細分化は、このようにして逆選択の問題を緩和している。

(1) リスク細分化に用いられるリスク指標

リスク細分化に用いられるリスク指標としては、**第3章**において述べたとおり、わが国においては、火災保険では保険の目的物となる建物の物件種別、構造、所在地、用途などが用いられる（**図表5**）。

物件種別は、建物の使用用途により火災などのリスクが異なることから、住宅としてのみに使用される住宅物件、事業所などに使用される一般物件、製品

図表5 火災保険によるリスク細分化

物件種別	建物の使用用途（住居、事務所・商業施設など、工場、倉庫）による区分
建物の構造	耐火建築（共同住宅、専用住宅）、鉄骨造・準耐火専用住宅、その他の建物による区分
所 在 地	建物の所在地（都道府県）による区分
用 途	建物内の作業内容による区分

製造・加工が行われる工場物件、物品の保管に用いられる倉庫物件に区分される。また、建物の構造が耐火建築なのか、鉄骨造なのか、木造なのかなどによるリスクの違いに基づいて区分が設けられている。さらに、建物の所在地による風水災などのリスクの違いによる区分や、建物内での作業内容を反映した用途区分が設けられている[5]。

　自動車保険では、自動車や運転者の属性などによる自動車事故のリスクの違いを反映したリスク細分化が行われていることは、**第3章**で見たとおりである[6]。自動車の属性については、**図表6**のように、わが国では用途・車種による区分が行われ、自家用または営業用の別、乗用、貨物、普通、小型または軽自動車の別などによるリスク細分化が行われている。これに加え、車両型式別のリスク水準を反映した型式別料率クラスが、採用されている。また、自律緊急

図表6　自動車保険におけるリスク細分化

自動車の属性	用途・車種	自家用・事業用、乗用・貨物、普通・小型・軽自動車などによる区分
	型　式	車両型式別のリスク水準に基づく区分
	安全装置	自律緊急ブレーキ（AEB）などの装備の有無による区分
	付保自動車台数	付保自動車台数による自動車の使用目的や使用状況の相違に基づく区分
運転者の属性	運転者年齢	年齢別のリスク水準に基づく区分（年齢による担保範囲の限定）
	事故・無事故歴	過去の保険金請求件数および無事故期間による区分
	運転者の範囲	運転者を本人および配偶者に限定するか否かによる区分

5）建建物の所在地は現在のところ都道府県区分となっているが、ハザードマップの精度向上などに伴い、将来的にはより詳細な区分による細分化が許容されていくことも考えられる。火災保険の現在の保険料区分については、**第3章**で詳しく取り上げているので、参照されたい。

6）自動車と運転者の属性に加え、諸外国においては、自動車の車庫所在地などに基づいて、市区郡別、郵便番号別などによる詳細な地域区分を行っている例も見られる。

ブレーキ（AEB）などの安全装置装備の有無、そして自動車の安全性の急速な向上をリスク細分化に反映させるため、新車であるか否かといった区分も用いられる。また、1契約当たりの付保自動車台数によって、自動車の使用目的や使用状況が異なることから、付保台数に基づく区分も設けられている。運転者の属性については、その年齢、無事故・事故歴、運転者の範囲などの区分が用いられている。

　これらのリスク指標のなかで、事故・無事故歴について見れば、1契約当たり自動車10台以上をフリート契約、10台未満をノンフリート契約として、それぞれ別の方式に基づく保険料体系が採用されている。前者については、過去の損害率実績に基づき保険料に割増引きを適用する仕組みが採用されているのに対して、後者では、過去の保険金請求歴に基づいて保険料が異なる等級が適用される、いわゆるノンフリート等級の仕組みが用いられている。ノンフリート等級制度では、自動車保険を引き受けている保険会社間で、前契約の等級に関連する情報を交換することで、保険会社を移行した場合でも等級の引継ぎを可能とする情報交換制度が整備され運用されている。これにより、事故・無事故歴に関する情報不均衡をさらに緩和している[7]。

(2)　リスク細分化の許容範囲

　リスク細分化は逆選択の緩和に有効であるにもかかわらず、わが国をはじめ諸外国においても、規制による公的介入により、あるいは保険会社自らの意思決定により、リスク細分化には一定の歯止めがかかっている。第4章で見たとおりわが国では、一定のリスク細分化を許容しながらも、損害保険の多くの分野において事前認可制度が採用され、また、火災保険や自動車保険に関しては参考純率が、自賠責保険と地震保険については基準料率が、それぞれ損保料率機構によって算出されており、過度なリスク細分化が事実上制限されている。

　これには、不当に差別的でない、社会的に許容される保険料体系を実現する

7）フリート契約における損害率実績による保険料調整や、ノンフリート等級による保険料割増引きは、いずれも経験料率の形態であり、逆選択を緩和すると同時に、後述するモラルハザードの緩和にも貢献するものである。

目的もあるが、これに加え、保険の安定的供給を意図したものでもある。仮にリスク細分化に何らの制限もなければ、競争圧力をさらされる保険会社が、低リスクのエクスポージャを選別的に引き受けようと、過度のリスク細分化を行うおそれもある。その結果、低リスク者の保険料が引き下げられる反面、高リスク者の保険料が禁止的に高額となれば、無保険者が増加し、社会の安全性自体が損なわれることにもなる。

　また同時に、リスク細分化が進めば、そのためにかかる費用、すなわちスクリーニング費用の負担も重くなり、保険会社の支払能力が損なわれ、保険の入手可能性が低下することになりかねない（より詳しい分析は**第4章Column⓮**および**Column⓯**を参照）。リスク細分化を全面的に制限することは、逆選択の緩和の観点からは適切ではないことから、保険会社は、**図表7**のとおり逆選択の緩和と保険の入手可能性の確保という、互いにトレードオフの関係にある2つの目的を、許容できる程度に達成し得るアンダーライティングとリスク細分化を行うことが求められる。また、保険の規制主体も、逆選択の緩和と保険の入手可能性向上とのバランスを勘案した規制体系を設計することが求められる。

図表7　逆選択の緩和と保険の入手可能性とのトレードオフ

✎Column ㉑ スクリーニングとシグナリング

　Column⓴では、保険以外のさまざまな市場での逆選択を分析した。逆選択を緩和するために整備されているのが、事業免許規制、品質表示規制、財務規制などの規制による公的加入の仕組みであるが、これらに加えて取引当事者自身もさまざまな対策を講じている。労働市場について見れば、企業や組織が応募者に対して書類や面接、試験などによる選考を行ったり、資格や

職能に応じた手当てを提示したりすることにより、要件に見合った求職者を選別することができる。同様に融資契約においても、銀行が個人や企業の融資申込者に対して信用審査を行い、信用リスクに応じた金利を適用することなどが行われている。これらは、スクリーニングと呼ばれる、情報劣位者が優位者を選別する方法や活動である。保険におけるリスク細分やアンダーライティングも、スクリーニングに該当する。

　スクリーニングと合わせて、情報優位者が劣位者に自らの情報を開示するシグナリングも逆選択の緩和に貢献している。中古車市場において第三者による品質保証または品質評価結果を顧客に示すことで、品質が高い中古車をそれに見合った価格で販売することができる。労働市場では、求職者が、能力に見合った条件の職に就くために、自らの知識・技能・熟練を示す各種応募書類や資格証明書などを積極的に企業や組織に提示する。また、融資契約において、融資申込者が、担保物件や保証人を指定することで、低い金利で融資を受けることができる。保険の分野でも、医療保険契約に際して、保険料割引を受けるために被保険者が健康診断結果を保険会社に告知すること、また、保険会社が自社の財務健全性を示すために信用リスク格付情報（第4章Column⑰を参照）を積極的に開示することなどが、シグナリングの例として挙げられる。

4 モラルハザード

1　契約後の情報不均衡とモラルハザード

　エクスポージャのリスク実態に関する情報不均衡は、契約締結後には保険契約者のモラルハザードの問題を引き起こすことにもなる。個々のエクスポージャの期待損失は、保険期間中の保険契約者または被保険者の行動にも左右されるが、どのような行動を取ったかについて、その主体である保険契約者らは知り得るが、保険会社にとってはつぶさに知ることが難しい。また、保険に加入することにより、被った損失の全額、または一部が保険金として補てんされることを認識する保険契約者らは、意図的に、あるいは無意識的に損失回避、損失縮小の努力水準を引き下げ、期待損失が増加する方向に行動を変化させる可能性がある。期待損失の上昇を反映して保険料が引き上げられれば、モラルハザードの一層の深刻化につながり、やはり保険の仕組みが破綻しかねない。

　自動車保険に関して見れば、保険契約者が日々どのように自動車を使用し、安全運転の努力を行っているのかにより、事故の頻度と損害の強度は影響を受ける。しかし保険会社は、保険契約者や被保険者の行動を常にモニタリングできる立場にないため、十分な情報を得ることはできない。一方で行動の主体である保険契約者または運転者は、自らの自動車使用状況をコントロールできるが、事故が発生しても損失の全部または一部に対して保険金を受け取る立場にあるため、安心感から自動車の使用を不必要に増やしたり、運転中の安全への注力を無意識に怠ったりしてもおかしくない。これらの軽微な安全努力水準の低下は、極端なケースを除いて、保険契約者の経済合理的な行動であり、非難されるべきものではないが、それが集積されれば、逆選択の場合と同様に、保険会社の保有する保険契約ポートフォリオ全体の期待損失が上昇し、それを受けて保険料も引き上げられる。保険料が引き上げられれば、保険契約者は、高額の保険料に見合うよう頻繁に自動車を使用したり、さらに安全運転努力を低下させたりしかねない。

　保険によりモラルハザードが引き起こされ、その結果保険の入手可能性が低

| 図表8 | モラルハザードと保険可能性低下のメカニズム |

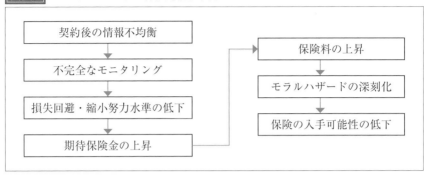

下するメカニズムは、**図表8**のとおり描くことができる。すなわち、保険契約締結後の保険契約者または被保険者の行動に関して、保険会社が情報劣位にあるため不完全なモニタリングしかできなければ、そのことを認識する保険契約者らは損失回避・縮小努力を、意図するかしないかにかかわらず低下させるおそれがある。その結果、期待保険金が上昇すれば、それに連動して保険料も引き上げられることになる。そして高額となった保険料に見合った行動を、保険契約者らが取ることにより、モラルハザードは一層深刻となり、保険料はさらに引き上げられる。このことが繰り返されれば、保険の入手可能性が著しく低下することになる。

✎*Column* ㉒ さまざまな契約に潜在するモラルハザード

　　保険によるリスク移転と損失回避・縮小のための努力水準は、互いにトレードオフの関係にあり、保険による補償範囲が拡大すれば、それだけ、期待損失を低下させようとするインセンティブが低下することになる。同様の問題は、保険以外の分野における契約関係においても見ることができる。
　　株式会社における株主と経営者の関係においても、モラルハザードは潜在する。経営者には、プリンシパルである株主のエージェントとして、株主の利益向上を重視した経営行動が求められるが、両者の利益が完全に一致しているわけではない。単純化して考えれば、株主は、配当の引上げや株価上昇

を、経営者は自らの報酬の引上げや、現在の経営者としての地位の継続を、それぞれ望むと考えられる。企業の経営実態関しては、経営者は十分知り得る立場にあるが、株主はその立場になく、経営者を常時モニタリングすることも極めて困難である。このため、経営者は自らの利益を、株主のそれより優先して、経営に関する意思決定を行い、株主が不利益を被る事態にもなりかねない。ただし、ESG投資が一般化しつつある現在は、株主は自らの利益のみを追求するわけではなく、また経営者としても、株主だけではなく顧客や供給者などの取引先、地域社会や環境など、その企業と直接的、間接的に関わりのあるあらゆるステークホルダーの利益を意識した意思決定を行うことが求められるようになっている。

　別の例として、企業の雇用契約において、すべての従業員に対して個人の努力による生産量や売上げなどの業績に関わりなく一律の賃金を支払う賃金体系を採用すると、多くの従業員は労働という費用を負担すればするほど実質的な賃金は目減りすることになるため、懸命に働かないことを選択する可能性がある。その結果、企業の生産性は低下することになる。ただし、複数の業務に携わる総合的な職種に対して、純粋な業績連動型の賃金を支払うこととすれば、生産量や売上げなどの業績の基準となった指標の引上げのみに注力することとなり、他の業務がおろそかになるおそれがある。基本給を保障したうえで業績連動給を上乗せする方式がしばしば採用されるのは、このためである。

2　経験料率

　保険契約者が保険契約締結後に安全努力水準を低下させるというモラルハザードの問題は、経験料率の仕組みを採用することで緩和することができる。経験料率は、過去における保険金請求の有無およびその金額、あるいは一定期間の損害率実績などにより、次期の保険料に割引または割増を適用する仕組みである。保険事故を起こさず保険金を請求しなければ、将来の保険料が安くなり、反対に保険金を請求すれば保険料が高くなる仕組みを承知する保険契約者や被保険者は、すすんで事故を回避し、損失を縮小する努力を行うと期待できる。

　企業や組織が所有し使用する複数の自動車に自動車保険を付した場合に、前

述のフリート契約のような損害率実績に基づく保険料調整の仕組みが組み入れられていれば、経営者・管理者は、従業員が事故を起こすことのないよう安全運転講習を受講させたり、勤務時間を適切に調整したりするなどの努力をすると期待できる。同様に、従業員を被保険者として団体傷害保険契約を結んだ場合に経験料率が採用されていれば、企業や組織は施設内で従業員が傷害を負わないよう、安全訓練を実施したり、綿密な機器整備を行ったりするなど、リスクコントロールへの投資を惜しまないであろう。

　経験料率を運営には、過去の保険金請求などに関する正確な情報を入手しなければならないことはいうまでもないが、そのための費用が過大となれば、その一部が付加保険料に反映されることにもなりかねない。しかし前述の自動車保険のノンフリート等級情報交換制度のように、自賠責保険、自動車保険、傷害保険などでは、過去の保険金請求に関する情報を保険会社間で共有する保険金請求歴情報交換制度が整備されており、経験料率の運営費用が重くなることを防いでいる。

3　控除免責金額と比例てん補方式

　モラルハザードは、損失の一部を保険契約者の負担とすることによっても緩和することができる。このような方式の一つが、前述のとおり損失に対する自己負担を定額で設ける控除免責金額である。これは、実際に発生した損失から予め定めた金額を控除したものを、保険金として支払う方式である。たとえば、火災保険契約に100万円の控除免責金額が設けられていれば、その建物に火災を原因として損失が発生しても、それが100万円に満たなければ保険金は支払われず、それを超えた場合も、損失から100万円を控除した金額が保険金として支払われる。控除免責金額はまた、前述のとおり少額の損失を保険金支払いの対象外とすることにより、それにかかる保険会社の経費を節減し、ひいては付加保険料を低廉化することにも貢献するものである。

　実損失に対する自己負担を定額で取り決める控除免責金額に対して、保険契約締結時に取り決めた割合に基づいて損失をてん補する方式が、**第2章**でも取り上げた比例てん補方式である。保険価額4,000万円の建物に対して、2,000万

円の保険金額を伴う純粋比例てん補方式の保険契約を結んでいる場合、1,000万円の損失を被ったときには、損失の50％である500万円（＝1,000万円×2,000万円／4,000万円）が保険金として支払われる。

　免責金額と比例てん補方式は、被った損失の一部を保険契約者が負担する一部保険契約であるが、これらが保険契約に組み入れられていれば、このことを認識する保険契約者は、事故が起きないようすすんで努力すると考えられる。自己負担の存在は、保険契約者にとっては歓迎できるものではないが、モラルハザードを低費用で緩和し、リスクの保険可能性を高め、保険の入手を容易にするために必要なものといえる。

　このような一部保険のモラルハザード緩和のメカニズムを、安全努力の限界費用と限界便益との関係から示すと、**図表9**のとおりとなる。すなわち、安全努力のための費用は、安全努力水準が低い場合にはそれほど高くないものの、それが高くなるに従い逓増的に増加する。それを反映して努力水準を一単位引き上げるための費用、すなわち限界費用は、安全努力水準とともに一律に増加する。

　一方で、無保険の場合に、安全努力を一単位引き上げることで得られる限界便益は、努力水準が低い段階では比較的大きいが、その水準が高くなるに従って小さくなるため、努力水準引上げに伴い一律に低下する。この当事者にとって合理的な安全努力水準は、**図表9**における限界費用線と限界便益線の交点 e_0 となる。しかし、全部保険に加入していた場合には、損失の全額が補償されるため、安全努力の限界便益は 0 となり、限界便益線は水平軸と重なることとなるため、最適な安全努力水準は e_f、すなわち努力を全く行わないことが、この当事者にとって合理的な選択となる。控除免責金額の場合の限界便益は、その金額以下の損失では無保険と変わらないが、それを超えると全部保険と同じとなる。実際には控除免責金額の水準により異なるものの、**図表9**において e_d が、最適な安全努力水準となり、全部保険の場合より引き上げられることがわかる。このように、控除免責金額が事故発生前の損失回避努力を促すと期待できるものの、**第2章**で触れたとおり、損害が控除免責金額を超えれば保険金が支払われるため、事故発生後にも損失縮小努力を促すかどうかについては、不

明瞭といえる。

　純粋な比例てん補方式が採用されていた場合には、損失の一定割合が自己負担となるため、安全努力の限界便益は、全部保険より引き上げられるため、図表9における e_p が選択されることになり、やはり全部保険に比べ、その水準が高くなることがわかる。控除免責金額の場合とは異なり、比例てん補方式では、損失が高額となればそれだけ自己負担額も増えるため、保険契約者らは事故発生の前後とも損失回避・縮小努力を行うと考えられる。

　控除免責金額と比例てん補方式は、前述の経験料率と並んで、保険契約の設計を通して契約者の行動変化を促すインセンティブ契約であるといえ、保険会社の直接的なモニタリングを必ずしも必要としない点において、適切に設計され運用される限りは、費用効果的であると期待できる（Column㉔を参照）。

図表9 控除免責金額と比例てん補方式によるモラルハザードの緩和

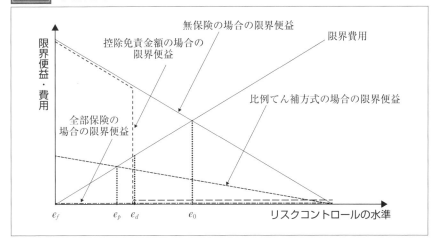

✏ *Column* ㉓ 損害保険が実損てん補ベースである合理性

　第2章で述べたとおり、財物保険や賠償責任保険など、財物損失リスクや賠償責任損失リスクを対象とした損害保険は、保険の目的物や被保険者が実際に被った損失に基づいて保険金が算定される実損てん補ベースに基づいている。火災保険では、保険の目的物の時価額または新規調達価額に基づいて保険価額を定め、全部保険ではそれに等しい保険金額を、一部保険ではそれを下回る保険金額を、それぞれ設定することになる。仮に保険価額を上回る保険金額を付したとしても、超過部分は契約無効となり、事故により全損となっても保険価額を上回る保険金が支払われることはない。このことには、極端なモラルハザードを防止するという意図が含まれている。仮に実際の損失を超えた金額の保険金が支払われると、保険契約者は保険事故の発生により利得を得ることとなるため、たとえまれにしか起きないとしても、偽装事故や意図的な事故の惹起など、社会的にも許容されない事態を引き起こしかねない。このようなことから、多くの損害保険が実損てん補ベースであることには、合理性があるといえる。

　一方で、人身損失リスクを対象とした自動車保険の搭乗者傷害保険や、傷害疾病保険は、入院・通院日数、1回の手術ごとに定額の保険金が支払われる定額給付ベースが一般的となっている。傷害や疾病については、健康維持・増進努力水準を低下させるような軽微なモラルハザードは起こりうるものの、他者に不利益を及ぼすような極端なモラルハザードが頻繁に起こるとは考えられないことから、損害調査が不要で保険金が迅速に支払われる定額給付ベースとなっていても深刻な問題は生じにくいと考えられる。生命保険についても被保険者の生存または死亡といった保険事故が発生すれば、予め定めた保険金額に基づき保険金が支払われるが、これには、人の生存または死亡により生じる損失を把握することは、必ずしも容易ではないことが理由の一つとして挙げられる。しかしながら、特に死亡保険の場合には、自死といった極めて重大なモラルハザードが引き起こされかねないため、保険契約締結時から2年から3年間は被保険者が死亡しても保険金が支払われないという免責期間が設けられている。

✏ *Column* ㉔ モニタリングとインセンティブ契約

　モラルハザードが、保険以外にもあらゆる契約関係に潜在することは、Column㉒で見たとおりであるが、取引当事者自身もモラルハザードを緩和するさまざまな対策を実行している。その一つが、情報劣位者が情報優位者を監視するモニタリングである。雇用者が企業内の各部署に監督者を置き、継続的に従業員を監督させたり、接客方法などに関して顧客アンケートを行ったりすることもモニタリングであるといえる。また、株主総会において、株主が経営者に対して経営実態の詳細な説明を求めたり、必要に応じて経営方針の是正を要求したりすることもこれに当たる。ただし、従業員の継続的監督や、顧客アンケートの実施には、相応の費用がかかる。また、株主総会を通じた直接的モニタリングは、分散投資を行う多くの株主にとって、決して容易なことではない。

　インセンティブ契約は、直接的なモニタリングによらず、情報劣位者が情報優位者の行動変化を促す方法である。雇用者が従業員に対して業績評価と、それに基づく給与調整を行うこともインセンティブ契約に含まれる。これには売上げの増加を目的として、販売担当者に対して売上高連動手当てを給与に組み入れることなどが含まれる。また、銀行による融資契約において、企業の直近の業績に基づき金利などの融資条件を定期的に調整することとすれば、企業は好業績を維持するよう努力するであろう。保険の分野においては、保険金請求の有無または損害率実績により次期保険料を調整することで、事故回避と損失縮小の努力を促す経験料率が、インセンティブ契約の一つの形態であるといえる。これらのほか、経営者が株価上昇に注力するよう促すため、自社株オプションを経営者報酬に組み入れる方法なども採用されている。単純化した例を挙げれば、現在の時価額が1万円の自社株について、1年後1万2,000円で購入する権利である株式コールオプションを報酬のなかに組み入れていれば、経営者は今後1年間に株価が1万2,000円を大きく上回るよう経営努力をすると期待できる。

4　リスクコントロールサービス

　損害保険会社は、前述のアンダーライティングに必要なリスクを測定し評価するためのさまざまな技術知識を蓄積している。これらの資源は、保険契約締結後も、保険契約者へのリスクコントロールサービス（ロスコントロールサービス）に活用される。

⑴　リスクコントロールサービスの目的と効果

　保険会社がリスクコントロールサービスを提供する目的は、エクスポージャのリスク水準を低下させ、期待保険金を抑制することにより、保険収支を改善することである。特に、企業分野の火災保険などでは、保険の目的物の規模も大きく、いったん火災などの事故が発生すれば高額の保険金を支払う可能性がある。このことからも、保険契約者に対してリスクコントロールサービスを提供することは、保険会社にとってアンダーライティングと並んで重要な業務である。

　そして一方の当事者である保険契約者にとってもリスクコントロールサービスを受ける利点も少なくない。適切なサービスを受けることにより、実際に事故を回避できたり、事故が起こっても効果的な損失拡大防止措置を取ることにより、その強度を低く抑えることができれば、個人にとっては生活復旧を、企業や組織にとっては事業再開を、早期に行うことができる。また、事故による明示的な費用は、保険によりてん補されるとしても、精神的苦痛や評判の低下による収支の悪化など、保険では必ずしも補償対象とならない非明示的損失あるいは間接損失の負担を免れることができる。

　さらに、保険契約が前述の経験料率に基づく場合には、事故を回避し保険金請求を行うことがなければ、次期保険料に割引が適用され、負担が軽減されることになる[8]。

8）保険契約者にとってはこれらの利点のほか、リスクコントロールを自ら行ったり、他の当事者から同等のサービスを調達したりするよりも、費用および効果の双方の面で有利であると考えられる（詳しい分析は、Column㉕を参照）。

✎Column ㉕ 保険契約者から見たリスクコントロールサービス

損害保険会社にとっては、リスクコントロールサービスのために費用がかかったとしても、その結果、将来の支払保険金が削減されれば、収支の改善につながるため、これを積極的に行う合理性がある。保険契約者の視点から見れば、そのための費用の少なくとも一部が付加保険料に加算される。一方で保険契約者は、自らリスクコントロールを行ったり、あるいは同等のサービスを提供する他の専門事業者に委託したりすることができる。しかし、特に企業分野の損害保険などでは、実際には多くの保険契約者が保険会社のリスクコントロールサービスを受け入れている。この事実について費用と効果の面から分析すると、どのようなことがいえるだろうか。

費用に関して見れば、保険会社や専門事業者は、蓄積したリスクコントロールの技術知識を用いて、数多くの保険契約者または顧客に対して同等のサービスを提供していることから、特化と規模の経済性により、サービス1件当たりの費用を削減できると考えられる。反対に企業などが自らリスクコントロールを行おうとすれば、個別に専門の人材を雇用し、必要な機材を入手する必要がある。そして、そのための費用は保険会社への追加的付加保険料や専門事業者への委託費用より高額となる可能性が高い。このため、リスクコントロールサービスを保険契約者自らが行うことは、費用効率的な選択肢とはいいにくい。

続いて保険会社と専門事業者とを、リスクコントロールサービスの効果の面から比較を試みる。保険会社は、保険事故が発生すれば保険金を支払う立場にあることから、事故を回避し損失を抑制しようとする強いインセンティブを持つといえる。このため保険会社は、効果的なサービスを、保険契約者にすすんで提供すると期待できる。もちろん専門事業者は、業務委託契約上の義務に基づいて最良のサービスを提供しようとするが、損失が発生してもそれを埋め合わせる立場にない限りは、意図しないサービスの質の低下が引き起こされることがないとはいいきれない。そのような事態を避けるため、リスクコントロール業務の委託者は、専門事業者をモニタリングする費用を、追加的に負担しなければならない。以上のことから、保険契約者にとっても、保険会社のリスクコントロールサービスを受けることには、費用と効果双方の面から合理性があるといえる。

⑵　個人分野のリスクコントロールサービス

　損害保険会社は、火災保険や自動車保険の個人の契約者に対して、契約締結時には、事故回避および損失縮小に向けた情報を提供しているが、契約締結後もさまざまなサービスを実施している。火災保険では、安全防災講習会を開催したり、個々の保険契約者のリスク診断結果に基づいて防火・防災のための助言を行っている。自動車保険では、保険契約者や被保険自動車の運転者に対して、自動車運転適性検査を行っている例も見られる。傷害疾病保険では、傷害保険や医療保険の保険契約者や被保険者に対して健康・医療相談対応や専門医療機関や専門医師に関する情報提供、介護関連事業者の紹介などのサービスを提供しており、また、海外旅行傷害保険の保険契約者に対しては、疾病や傷害に早期に対応することで事態の深刻化を防止するため、渡航先での医療機関の紹介や手配などを行っている。

⑶　企業分野のリスクコントロールサービス

　企業分野においては、損害保険会社がアンダーライティングの過程において特定した各種のリスクに対して、講じるべき措置を提示するなどのサービスを提供している。

　企業分野の火災保険契約引受けに際して保険会社は、前述のとおり工場などにおける火気の使用・管理の状況、防火機器・設備の配備状況、従業員の防火・防災訓練の実施状況などの実態を把握・評価し、その詳細な内容を前述のインスペクションレポートに取りまとめている。同レポートの内容に基づき、保険料や補償内容などの保険契約条件が取り決められるが、そこに記載されている潜在的な事故の発生原因や損失拡大原因となるエクスポージャに関する情報は、その後もリスクコントロールサービスに活用される。たとえば、工場における可燃物の除去、火災報知器・防火壁・スプリンクラーを含む防火機器・設備の配備、そして防火・防災訓練の内容と頻度の改善、さらに従業員の勤務体制の改善など、具体的な助言を行っている。

　複数の自動車を付保している運送事業者などの自動車保険契約者に対しては、その従業員である被保険自動車の運転者に対して安全運転指導を行った

り、経営者・管理者に対して適切な勤務体制の設計について助言を行ったりするなどのサービスを提供している。安全防災意識が高まるなか、企業や組織にとって、保険商品の保険料や補償内容と並んで、どのようなリスクコントロールサービスを受けられるのかについても、保険選択の際の重要な要素となっており、損害保険会社も情報通信技術や人工知能（AI）などの先進技術を利用して、さまざまなサービスの提供を図ろうとしている。しかし、リスクコントロールサービスに過度に注力すれば、そのためにかかる費用が、保険金削減から得られる便益を上回るおそれがある[9]。このため損害保険会社は、低費用で効果的なリスクコントロールサービスの内容を設計し、適切な水準でそれを提供することが求められる。

5 情報通信技術に基づく継続的リスク評価

情報通信技術と大量のデータの利用可能性に基づいた革新的な保険商品やサービスは、インシュアテックとして知られ、運転挙動反映型自動車保険や健康増進型医療保険がその試みの例として挙げられる（第3章Column⓬を参照）[10]。これらの保険は、被保険自動車運転者の運転挙動や、被保険者の健康関連指標などの情報を継続的に収集し、それらに基づいて定期的にリスク再評価を行い、その結果により保険料割引を適用したり、還付金を支払ったりするなどのリワードを付与するものである。

したがって、これらの新たな保険は、前述の経験料率に直接的なモニタリングの機能を付加したような仕組みを備えているといえる。この仕組みにより、運転挙動反映型自動車保険では、保険契約者や被保険自動車の運転者が、将来の保険料の節約を目指して、安全運転と走行距離削減の努力をすすんで行うと期待でき、また健康増進型医療保険では、保険契約者や被保険者が、生活習慣

9）リスクコントロールの便益と費用との関係については、第6章で分析しているので、参照されたい。

10）第3章Column⓬で述べたように、インシュアテックは、これらの保険商品開発の分野のみならず、保険のバリューチェーンのあらゆるプロセスで変化をもたらしている。

の改善や定期的な健康診断の受診に努めると期待できる[11]。その結果、実際に期待保険金が削減されれば、保険会社の収支が改善されるだけでなく、自動車事故の減少や医療費の削減、生涯における就労期間の延伸など、社会的な効果も期待できる。このように運転挙動反映型自動車保険と健康増進型医療保険の試みは、保険が従来のリスク移転の機能を超えて、より能動的に損失を回避・縮小するというリスクコントロール機能を果たしていく可能性を示している。

　今後情報通信技術と人工知能（AI）の一層の発展に伴い、多様なリスク関連情報の収集と分析が可能となっていくと考えられる[12]。ただし、運転挙動反映型自動車保険や健康増進型医療保険の期待保険金低下から得られる便益と、それらの保険契約の維持・管理にかかる費用には留意する必要がある。現在のところ、高度な技術を継続的に利用したモニタリングとリスク評価の費用、そして保険料割引などのリワード付与のための費用は、常に十分低いとはいいきれない。このため、期待保険金削減と相関の低い指標を用いてリスク評価を行ったのでは、これらの費用を償うだけの保険金削減が見込めないことになる。その結果、保険収支が悪化し、継続的モニタリング費用の一部が付加保険料に反映されれば、保険契約者の負担も重くすることになる。

　以上のことから、運転挙動反映型自動車保険や健康増進型医療保険では、期待保険金と相関の高く、かつ収集・分析費用が過度に重くないリスク評価指標を利用した商品設計を行うことが求められる。

　前述の経験料率、控除免責金額および比例てん補方式がインセンティブ契約を通じた間接的モニタリングであるのに対して、リスクコントロールサービスの提供や情報通信技術を活用した継続的リスク評価は、保険会社が保険契約者に働きかけ、安全努力を促す、直接的なモニタリングであるといえる。直接

11）モラルハザードの緩和に加え、運転挙動反映型自動車保険や健康増進型医療保険では、契約締結時には不正確なリスク評価しか行えなくとも、事後的に精緻なリスク再評価がなされるため、このことを保険契約申込者に周知すれば、逆選択を防止することも期待できる。

12）**第3章Column⓬**において述べたとおり、自動車保険においては走行地域や時間帯など、医療保険においては血圧、脈拍数、強度別運動量なども、近い将来に収集可能となると考えられる。

図表10 モラルハザードの緩和と当事者の費用負担のトレードオフ

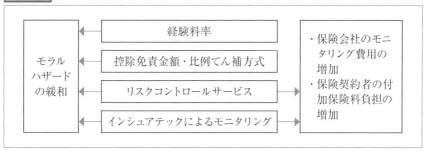

的なモニタリングでは、**図表10**のとおり、そのための保険会社の費用負担や、保険契約者の付加保険料負担が重くなるおそれがあることから、その保険金削減効果とそのための費用を勘案して、適切な内容・範囲で行うことが求められる[13]。

---

13) リスクコントロールサービスについては、同様のリスクコントロールを保険契約者が自ら行ったり、他の専門事業者から購入したりするという選択肢もある。いずれの選択肢が、費用および期待損失削減効果の双方の面で有利なのかについては、前掲Column㉕において詳細に分析しているので参照されたい。

第6章
リスクマネジメントと
損害保険

　損害保険は、何らかの事故を原因として損失が発生するおそれのある純粋リスクに対処するために、従来から最も広く利用されてきたリスクマネジメントの手段である。しかし、個人や企業・組織は、純粋リスク以外のさまざまな性質のリスクにもさらされおり、そのなかには必ずしも保険では対処できない性質のものも含まれている（第1章Column❸および❹を参照）。

　また、純粋リスクであっても、保険に加え、安全対策を徹底するなど、保険契約者自身の活動を通して、事故を回避したり、事故が発生したとしても損失の拡大を防いだりすることができるものも少なくない。このことから現在では、損害保険は、傷害疾病保険および生命保険とともに、リスクに対処するためのさまざまな方法や活動の集合体であるリスクマネジメントの一つの手段として、認識されるようになっている。

　本章では、このようなリスクマネジメンのト全体的体系とその種類と機能、そしてそのなかでの損害保険の位置付けについて、理解していく。

１ リスクマネジメントの体系化

1　保険マネジメントからリスクマネジメントへ

　第1章において見たように、個人や企業・組織は、各種公的医療保険、雇用保険、労働者災害補償保険など対象者に加入が義務付けられている公的保険に加え、損害保険、傷害疾病保険、生命保険に分類される私的保険を必要応じて選択して加入することにより、事故や自然災害、賠償責任の負担、傷害、疾病、死亡、長生き、失業などのさまざまな純粋リスクに対処することができる。しかし、これらの純粋リスクは、保険以外の方法や活動を通して回避したり縮小したりすることが可能である。

　企業について見れば、生産施設内の安全対策、製品の品質管理、従業員に対する防火・防災教育やコンプライアンス教育に投資すれば、火災や自然災害などにより財物損失を被る頻度や、商品の欠陥、環境汚染、従業員の不法行為などにより損害賠償責任を負担するような事態を回避することができ、仮にこれらの事故が発生したとしても、損失の強度を低下させることができるだろう。

　このようなリスクに対処するためのさまざまな方法や活動が、リスクマネジメントであるが、その体系は、主に20世紀後半の企業リスクマネジメントの分野において整備されたものが基礎となっている。保険に加え、企業自身の活動によってもリスクを縮小することができると広く認識されるようになったのは、わが国においては高度経済成長期を迎える1960年代から70年代にかけてであるが、この頃から企業や組織は、それまで別々に手当てしてきた保険と、安全対策や品質管理などのリスクマネジメントの方法や活動を統合的に行うようになった。

2　企業価値概念の成立

　リスクマネジメントの体系化に伴い、保険は、後に述べるように金融派生商品や貯蓄などとともにリスクに金銭的に対処する活動や方法の一つとして認識されるようになり、同時にファイナンスと共通の枠組みにおいて分析され、

ファイナンスの諸理論の発展から強く影響を受けるようになった。1950年代から60年代にかけて、ポートフォリオ理論や資本資産評価モデルが構築されたことを受けて、1970年代からは主に米国において、これら理論を保険契約の引受けや保険会社の資産管理などに応用する試みが盛んに行われた。さらに1980年代になると、企業を、経営者、従業員、原材料などの供給者、顧客、株主、債権者などを含む多様なステークホルダーとの間に結んだ契約の集合体であると見なし、リスクマネジメント活動が、ステークホルダーとの契約条件の改善や資金調達費用の削減などを通して、さまざまな取引費用の負担を軽減しうることが認識された。その結果、リスクマネジメントが、損失に備えるための受動的な活動ではなく、価値向上という、より積極的な目的を持って行われるものになった。

3　リスクの拡大

　20世紀後半は他方で、原油価格規制緩和、変動為替相場制への移行や米国の目標金利政策の廃止などにより、商品価格や、為替交換レート、そして金利の水準が大きく変動するようになった時期でもあった。これら商品価格などの変動性の拡大は、価格リスクと呼ばれるが、純粋リスクを対象とした保険では対処することが困難なものであり、新たなリスクマネジメントの方法が求められるようになった（**第1章Column❸を参照**）[1]。こうした状況を背景に、金融派生商品（デリバティブ）が導入され、その市場が急速に成長していくが、それを支えたのがオプション・プライシング理論の発展である。そして、同理論も、保険料算出や保険契約者保護制度の賦課金計算など、保険の分野にも応用されることになる。

　価格リスクの拡大と合わせ、1980年代後半からは大規模地震や極端な気象現象などの大規模自然災害が頻発するとともに、今世紀に入るとテロリズムの多発や、大規模感染症の度重なる発生などにより、純粋リスクを対象とした保険

1）為替交換レートは通貨の相対的な価格の機能、そして金利は貸付資金の価格として、それぞれ見なすことができることから、これらの変動性の拡大も価格リスクに含まれる。

の分野でも、保険会社は、巨大損失リスクに直面することになった。このような純粋リスクの拡大も、ファイナンス分野の影響を受けた新たなリスクマネジメントの方法の開発を促すことになった。すなわち、オプションや証券化の仕組みを応用することで、特に財物損失リスクを資本市場に移転する手段として、カタストロフィオプションやカタストロフィボンドなどの代替的リスク移転が開発され、保険会社や企業・組織によって利用されるようになった[2]。

　こうした大きな変化のなか、かつて純粋リスクに保険により対処することに注力してきた企業や組織のリスクマネジメントは、純粋リスクだけでなく価格リスクを含めたあらゆるリスクに、多様なリスクマネジメントの方法や活動で対処するものとなった。それに伴い保険も、後述するリスクコントロールやリスク分散、準備金などのリスク保有、そしてカタストロフィボンドなどの代替的リスク移転などと比較され選択されたり、他のリスクマネジメントと組み合わせて利用されたりするものになっていった。

2）代替的リスク移転については、**第7章**において詳細に取り上げる。

2 リスクマネジメントの全体像

　リスクマネジメンの方法や活動は、その機能の違いにより、大きく３つのグループに分類される。すなわち、**図表1**に示したとおり、リスクに物理的に対処して期待損失を低下させるリスクコントロール、損失や費用発生後の資金調達手段となるリスクファイナンス、そして個人や企業・組織が自らの活動を通してリスクに対処する内部リスク縮小に分けられる[3]。

1　リスクコントロール

　リスクコントロールは、事故の発生頻度を低下させること、そして事故が発生した際の損失の強度を軽減させることのいずれか、または両方により、期待損失を低下させる機能を持つ方法や活動をいう。事故の発生頻度を低下させるものが損失回避と、損失の強度を軽減するものが損失縮小と、それぞれ呼ばれるが、それらの２つの機能を併せ持つものも存在する[4]。

　施設内での火気の使用を禁止することは、火災の発生そのものを防ぐことか

図表1　リスクマネジメントの体系

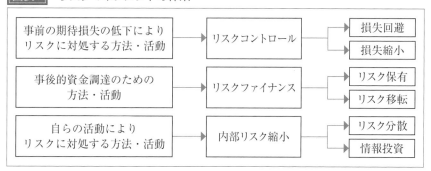

3）リスクコントロールは、主に純粋リスクに対処する方法や活動を含むことからロスコントロールとも呼ばれる。
4）損失回避（risk avoidance）は損失予防と、損失縮小（risk reduction）は損失低減とも、それぞれ呼ばれる。

ら損失回避に分類される。一方でスプリンクラーを設置することは、火気の発生自体を防ぐことはなくとも、仮にそれが発生したとしても延焼による影響を最小化することから、損失縮小といえる。また、防火訓練の実施は、火災の発生防止だけでなく、火災発生後の被害拡大行動を促すことから、損失回避と損失縮小の両方の機能を持つといえる。

2　リスクファイナンス

リスクファイナンスは、事故発生の頻度や、損失の強度を低下させる機能は通常はないものの、事故発生後に損失を埋め合わせるための資金調達の手段となるものである。リスクコントロールによって事故や損失の発生を完全に防止できない限り、個人、そして企業や組織が何らかの損失を被った場合には、それを補てんする費用を負担することになる。起こりうる損失に対して、自ら補てんする責任を保持し続けるリスクファイナンスが、リスク保有と呼ばれるものであり、準備金などの自己資金で損失を埋め合わせたり、借入れや債券発行により外部資金を調達したりすることなどが含まれる。

一方で、他の当事者と、損失を補てんする責任を移転する契約を結び、損失が発生すればリスク引受者から、それを償う金銭を受け取る方法がリスク移転である。保険は、これらのうち保険会社などの保険者に損失補てんの責任を移転するものとして、リスク移転に含まれる。リスク移転には保険のほか、後述するように先物やオプションなどの金融派生商品を利用することで投資家や金融機関に価格リスクを移転する、ヘッジなどの方法が含まれる。

3　内部リスク縮小

内部リスク縮小は、リスクマネジメントを行う当事者が、自らの活動を通して内部的にリスクを縮小する方法であり、リスク分散と情報投資が含まれる。前者には、企業がキャッシュフローの相関が低い事業同士を組み合わせた多角化を行うことや、同様に投資家がリターンの独立性が高い複数の資産を組み合わせて分散投資を行うことなどが含まれる。後者には、過去の収益・損失、事故などの発生状況に関する情報をできる限り大量に収集し分析することを通し

て、より正確に将来予測を行うことなどの活動が含まれる。

　これらのリスクマネジメントの全体的体系を踏まえ、次節以降では、リスクコントロール、リスクファイナンスおよび内部リスク縮小の、より詳細な内容を見ていく。

③ リスクコントロール

1　損失回避

　損失回避は、主に損失発生の頻度を低下させることで期待損失を引き下げる活動である。運送業を営む企業にとって、自動車事故のリスクに対処するための損失回避には、どのようなものがあるだろうか。自社の自動車が事故を起こせば、車両や積荷の損傷といった財物損失を被ることになる。事故が重大なものであれば、従業員である運転者が傷害を負うだけでなく、後遺障害や死亡につながることもありうる。さらに、事故の原因がその従業員の過失により引き起こされたのであれば、被害者となった事故の相手方に対して損害賠償責任を負い、賠償金を支払うことになるおそれがある。このような事態に備え、この企業は、厳格な車両の検査・整備や、運転者を対象とした安全運転教育の実施、勤務時間の調整などを行うことができる。これらの対策は、主に自動車事故の頻度を引き下げる損失回避に分類することができる。

　同様に、火気を扱う工場で製品生産を行う企業は、工場内において火気の使用場所や時間を限定することや、火気の取扱マニュアルを整備し、従業員にそれを徹底することなどにより、火災の発生頻度を引き下げることができるが、これらの活動も損失回避であるといえる。さらに徹底した損失回避としては、企業や組織が損失発生の可能性の高い危険な事業を縮小したり、それから撤退したりすることが挙げられる。たとえば、ガソリンやガスなど危険物の運送を営む企業は、事業内容をより安全な食料品や衣料品の運送に切り替えることで、損失発生の頻度を低下させることができる[5]。

---

5) 後述するように、危険な活動の縮小・停止により、期待損失の低下という便益が得られる反面、その活動から得られるであろう利益を失うという、少なくない費用を負担することには、留意する必要がある。

2 損失縮小

　損失縮小は、主に損失の強度を低下させる機能を有するリスクコントロールの活動である。上記の例と同じ運送業を営む企業について見れば、運転者を対象とした事故発生時の対応マニュアルの整備と、それに則った事前教育の実施などが挙げられる。これらの活動は、事故が発生した際に損失の強度を低下させる損失縮小に分類できる。

　施設内の火災発生のリスクに対処しようとする企業であれば、火気を使用する工場に防火壁を設置したり、スプリンクラーを配備したりすることもできる。防火壁やスプリンクラーは、火災の発生自体を防ぐものではないが、それがいったん発生しても、即座に対処することで、延焼による被害の拡大を防ぐものであり、損失縮小であるといえる。

3 損失回避・縮小の機能を有するリスクコントロール

　リスクコントロールのなかには、損失の頻度と強度の双方を低下させる損失回避と損失縮小の機能を同時に備えているものも少なくない。製薬会社にとって新薬の安全性を厳格に検査することは、薬害事故の発生自体を防止することと同時に、事故がいったん発生してもそれが重大なものとならないことを目的として行われるものであり、損失回避とともに損失縮小の機能を併せ持ったものである。

　また、車両に装備される自律緊急ブレーキ（AEB）などの安全装置や、運転補助機能なども、自動車事故の発生を防ぐだけでなく、事故が発生しても衝突の衝撃を緩和して損失を拡大させない機能を持つものが多く、損失回避と損失縮小の機能をともに有するリスクコントロールである。以上のリスクコントロールを整理すれば**図表2**（次頁）のようになる。

図表2　リスクコントロールの種類

損失回避	厳格な機器検査・整備、事故回避教育の実施、勤務時間の調整、火気の使用制限、危険な活動の縮小・停止　など
損失縮小	事故対応マニュアルの整備とその徹底、防火壁の設置、スプリンクラーの配備　など
損失回避・縮小	厳格な製品安全性検査、自動車への安全装置・運転補助機能の付加　など

4　リスクコントロールの適正水準

　リスクコントロールは、期待損失を低下させ、それを補てんする費用負担を軽減する便益をもたらすものである。しかしリスクコントロールは、常に十分に低費用で実施できるわけではない。家庭用電気機器を製造する企業が、製品の欠陥による事故を防ぐために、綿密な生産管理と品質検査を行うとすると、それらの活動によって事故による期待損失は低下すると期待できる反面、そのためには追加的な人件費や物件費の負担が生じる。先に挙げた製薬会社の例でも、新薬の安全性検査を厳格に行えば行うほど、そのための諸費用は高額となることに加え、新薬の販売が遅れることにより、本来であれば早期に得られたであろう利益を失ったり、同等の薬剤の販売を先に開始した競争者に顧客を奪われ、将来にわたって収益減少を経験したりすることにもなる。

　また、リスクコントロールの水準が高くない段階においては、その努力水準を1単位引き上げる費用はそれほど高くないが、それにより実現される期待損失低下の効果は比較的大きい場合が多い。しかし、リスクコントロールを十分に行っている状況で、さらにその水準を引き上げようとすれば、そのための費用は高額となり、その一方でそこから実現される期待損失の低下はそれほど目覚ましいものではないと考えられる。たとえば、自動車運転者が安全運転に一定の注意を払うことは、それほどの労力を伴うものではないが、事故回避の効果は十分期待できる。しかし、事故を完全に回避しようとすれば、最終的には自動車の運転を大幅に制限し、あるいはそれを取りやめるという、重い費用を負担することになるだろう。また、企業が不良品の生産を避けるために生産管

理を行う場合も、初期の段階では比較的低い費用で、高い効果が見込める一方で、不良品の発生を完全に防止するためには多大な費用をかけて、極めて厳格な生産管理を行うことが必要になり、その結果、生産量が減ることにもなりかねない。同様に、危険物の運送を行う企業が、事故発生のリスクを回避するためには、その事業を大幅に縮小するか、完全に撤退しなければならい。その結果、期待損失は確実に低下させることができても、その事業から本来得られたであろう利益も失うことになる。

　このように、リスクコントロールの水準を引き上げれば引き上げるほど、期待損失の低下という便益はもたらされるものの、それが増加する程度は徐々に鈍って行く一方で、そのためにかかる費用は徐々に増加していくと考えられる。この関係は、**図表3**のとおり描くことができる。すなわち、リスクコントロールの努力水準を引き上げれば引き上げるほど、それによる期待損失低下の便益は、同図表の実線が示すように逓減的に増加するが、そのための費用は破線のように逓増的に増加する。したがって、完全な事故回避と損失縮小を目指してリスクコントロールを行えば、そのための費用が便益と比較して過大となる。

　適切なリスクコントロールの水準は、どのように見出すことができるだろうか。この際の判断基準となりうる指標が、リスクコントロールの限界便益と限界費用である。限界便益は、リスクコントロールの水準を一単位引き上げるこ

図表3 リスクコントロールの便益と費用

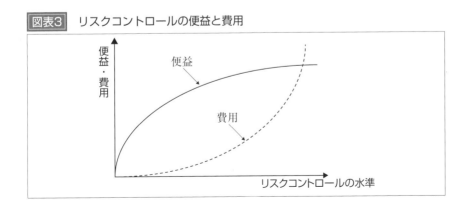

| 図表4 | リスクコントロールの限界便益と限界費用 |

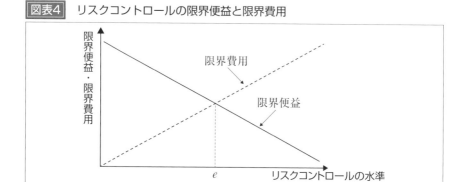

とから得られる便益を、限界費用はその水準を一単位引き上げるために必要な費用を指す。単純化のため、リスクコントロールの水準が上るに従い、限界便益と限界便益がともに直線的に減少または増加すると仮定すれば、これらは**図表4**に示したように、前者は右下がりの実線のように、後者は右上がりの破線のようになる。**図表4**からも、リスクコントロールの水準を引き上げれば、限界便益が一律に低下する一方で、限界費用は増加していくことがわかる。

　そして、両者の交点 e を超えてリスクコントロールを行えば、限界便益を限界費用が超え、その結果、リスクコントロールを行う当事者にとって、損失低下の効果を超えて費用負担が重くのしかかることになる。したがって、リスクコントロールは、e を超えない水準で実行し、残余のリスクには次に述べるリスクファイナンスなど、他のリスクマネジメントの方法で対処すべきといえる。

4 リスクファイナンス

1 リスク保有

リスクマネジメントのなかで、当事者が被った損失を補てんするための資金調達のための諸手段がリスクファイナンスであり、大きくリスク保有とリスク移転とに分類されることは前述のとおりである。それらのうちリスク保有は、発生した損失の全額または一部を補てんする責任を自らが保有することであり、内部資金によるものと、外部資金によるものとに細分される。

(1) 内部資金によるリスク保有

個人、そして企業や組織は、自ら保有する内部資金を損失補てんに充てることができる。個人が、小型家庭用電気機器など比較的少額の家財の損壊を経験しても、日々の金銭の出入りから、それを修理したり買い替えたりする費用を捻出することができる場合がある。また、自動車部品メーカーが、原材料となる鋼材の価格の軽微な上昇により費用負担が増加したとしても、それが一定範囲内であれば、事業活動からのキャッシュフローにより、それを補てんすることが可能である。

また、より計画的なリスク保有の方法として、個人が将来の費用負担に備えて資金積立てや貯蓄を行うことや、企業や組織が引当金や準備金を用意しておくことなどが挙げられる。引当金と準備金は、積立要件や会計処理上の取扱いなどが異なるものの、ともに将来の損失補てんや費用負担に充てることができるリスク保有の方法である[6]。一定以上の規模を持つ企業や組織にとっては、自家保険によるリスク保有も行われている。自家保険は、企業や組織が将来被るおそれのある損失を予測し、それに基づき自家保険料を計算したうえで、必

---

6) 引当金の場合には、将来発生する特定の費用や損失に対する準備額を当期の負担として借方に計上し、貸方に引当金を計上することになる。一方で準備金は、企業の純資産が資本を超えた場合に、利益として配当せずに内部に留保する資金である。

要な資金を内部留保するものである。さらに、グループ形態を取る企業が、専属保険子会社を設立し、これに所有関係にあるグループ内の企業ユニットのさまざまなリスクを引き受けさせる方法も、しばしば採用される自家保険の一つの形態である。このような大掛かりな自家保険の仕組みはキャプティブと呼ばれ、国際的に事業活動を行う大規模グループ企業にとって、重要なリスク保有の選択肢となっており、損害保険を補完するため、あるいはそれに代替して利用される[7]。

(2)　外部資金によるリスク保有

リスク保有には、損失補てんなどのための費用負担が生じたときに、銀行から資金を借り入れることも含まれる。工場に火災が発生し、生産が中断した場合に、生産設備の修理、修繕または買替えの費用を、銀行融資により調達することなどがその例として挙げられる。また、社債を追加的に発行することで必要な資金を調達することもできる。

しかし、これらの損失発生後の資金調達には少なからぬ費用が伴う。事故発生後に資金の借入れを行おうとすれば、企業が損失を被ったことを知る銀行は、この企業の信用リスクを高く評価し、高い貸付金利を適用すると考えられる。同様に社債を発行しようとすれば、その手続に必要な明示的な費用負担だけでなく、損失により企業の財務状況が悪化していると投資家がとらえ、社債を過小評価すれば、予定した金額を調達できないおそれがある（第5章Column⓭を参照）。

このような事後的な資金調達の追加的費用負担を回避するために、事前に計画的に損失発生時に融資を受けることを約すものがコミットメントラインである。コミットメントラインは、企業や組織と、銀行などの金融機関との間で結ぶ融資枠契約であり、一定期間にわたり融資枠が設定・維持され、企業や組織からの融資要請に基づき、予め定めた条件で融資が行われるものである。こ

7）キャプティブは、親会社に従属する子会社であることから付けられた名称である。キャプティブにおいてリスク引受者となる子会社は、キャプティブ保険者と呼ばれる。

れにより企業や組織は、事故の発生や商品価格、為替レートの大幅な変動などにより、多額のキャッシュアウトフローを経験するような事態となった場合でも、それを補てんするための資金を確実に得られることになる。しかし、コミットメントラインには、いわゆる不可抗力条項が通常設けられていることには留意が必要である。これは、大規模自然災害や重大なシステム障害などが発生し、金融機関が資金調達や送金が困難となった場合に、貸付義務を免れることを定める条項である。大規模自然災害などの事態は、企業や組織にとっても、事業再開のための資金が必要となる局面であることから、コミットメントラインのみによってこれらの事象に対処することは必ずしも適切でない。

このような限界を補完するものが、コンティンジェントデットである[8]。これは、融資が発動される条件を、トリガーイベントと呼ばれる特定の事象の発生に定めるコミットメントラインの一つの形態である。トリガーイベントには、特定の地域での一定規模以上の地震の発生や、工場での一定規模以上の火災の発生などが、選択される。これらが発生すれば、金融機関は予め定めた融資枠内で、約定の金利条件で、企業や組織に融資を行うものである。**図表5**は、これらのリスク保有の方法についてまとめたものであるが、自家保険、キャプティブ、コミットメントライン、そしてコンティンジェントデットは、企業や組織が損害保険を補完したり、それを代替したりするために利用可能なリスク保有であることから、**第7章**においてこれらの方法の詳細な仕組みを取り上げる。

図表5 リスク保有の主要な方法

リスク保有	内部資金によるリスク保有	貯蓄・キャッシュフローによる損失補てん、引当金、準備金、自家保険、キャプティブ　　など
	外部資金によるリスク保有	銀行借入れ、社債発行、コミットメントライン、コンティンジェントデット　　など

---

8) コンティンジェントデットは、コンティンジェントレクレジットとも呼ばれる。

2　リスク移転

リスクファイナンスのなかでリスク移転は、他者とリスク移転契約を取り交わすことにより、自らがさらされているリスクを契約相手に転嫁する方法や活動であり、これまで見てきた損害保険、傷害疾病保険および生命保険のほか、ヘッジ、代替的リスク移転、そして免責または補償の合意などが含まれる。

(1)　リスクマネジメントにおける保険の位置付け

損害保険を含む私的保険と、各種公的保険を含む保険は、**第1章**において述べたとおり、リスク移転者となる個人や企業・組織が、保険会社や公的機関などの保険者に、純粋リスクを移転する契約であり、リスクマネジメントのなかで、リスクファイナンスの一つの方法として位置付けられる。リスクコントロールが、損失の頻度、強度を引き下げ、期待損失を低下させるための方法や活動であるのに対して、リスク保有や、後述するヘッジなどのリスクファイナンスは、損失補てんや費用負担に充てる資金を調達する方法である。このため、リスクファイナンスの基本的機能では、期待損失を低下させることはできない。保険に関して見ても、火災保険に加入したことにより火災が発生しにくくなったり、自動車保険に加入することで事故を引き起こしにくくなったりすることは期待できない。むしろ、保険に加入した安心感から不注意が増え、かえって期待損失が引き上げられるおそれがある。

このようなモラルハザードの問題を緩和するために、実際の保険契約にさまざまな工夫が施されていることは、**第5章**で分析したとおりである。損害保険契約には、控除免責金額や比例てん補方式がしばしば採用されている。これらは、損失の一部について保険会社が責任を免れるものであるが、リスク移転契約としての保険に、前述のリスク保有の要素を組み入れたものである。リスク保有があることにより、損失が発生すればその補てんのための費用を一部負担しなければならない保険契約者や被保険者は、損失回避・縮小のための努力を一定程度行うと期待できる。このことに注目すれば、**図表6**に示したように、控除免責金額や比例てん補方式は、リスク保有の要素であると同時に、期待損

失を低下させうるリスクコントロールの要素でもあるといえる。

　より積極的なリスクコントロールの要素としては、経験料率の採用や、保険会社によるリスクコントロールサービスの提供が挙げられる。**第5章**で分析したとおり、経験料率が適用されていれば、次期保険料を節約するために、保険契約者は自らすすんで損失回避・縮小努力を行うと考えられる。特に企業分野の損害保険においては、保険会社が各種のリスクコントロールサービスを提供することが一般的となっているが、これは、保険会社が保険契約者を直接モニタリングし、期待損失を引き下げようとするリスクコントロールの要素であるといえる。

　さらに、これまでも取り上げたインシュアテックの試みである運転挙動反映型自動車保険や健康増進型医療保険は、高度な情報報通信技術と大量のデータを利用して走行距離や運動量など、自動車事故や疾病のリスクに関わる指標を継続的にモニタリングし、定期的にリスク評価を行い、保険料割引や還付金を付与するものである。この仕組みの下で、保険契約者や被保険者は、リワードを得るために安全運転や生活習慣の改善に取り組むと考えられる。

　今後、情報通信とデータ分析のための一層の技術発展により、リスク評価の

図表6　保険のリスク保有とリスクコントロールの機能

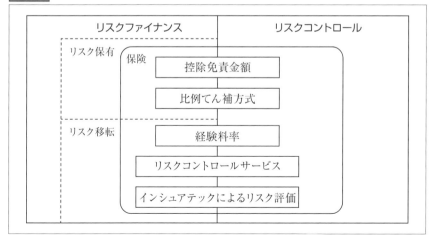

精度が向上して行けば、保険が、個人や企業・組織に対して、モラルハザード
を緩和しつつリスク移転の手段を提供するという従来の機能を超えて、より能
動的にリスクコントロールの機能を持つものになっていくと期待される。

(2)　ヘッジ

　保険が純粋リスクを対象としているのに対して、ヘッジは、商品価格の変
動、金利の変動、為替レートの変動といった価格リスクに、金融派生商品を利
用することにより対処するリスク移転である。金融派生商品は、さまざまな商
品や証券などの資産の価格や金利を取引の対象とする点から、取引の源となる
資産から派生した金融商品という意味で名付けられたものである[9]。現在は多
様な形態のものが取引されているが、多くは**図表7**のとおり先渡し、先物、オ
プション、そしてスワップの4種類を原型として、それらから発展したもので
ある。

　先渡しは、取引の対象となる資産の販売者と購入者の二者間で、予め定めた
将来の一時点に、予め定めた価格で、売買することを取り決める予約取引であ
る。先渡契約を結ぶことにより、実際に売買時点の資産の価格がいくらである
のかにかかわらず、販売者と購入者は、将来のキャッシュインフローとアウト
フローを確定させることができ、事業や投資の計画策定と実行が容易となる。
先渡しは、対象となる資産を販売者と購入者が相対で売買する現物取引である
ため、両者が合意すれば、生鮮食料品のように品質と取引量を標準化すること

図表7　ヘッジの基本形態

先 渡 し	相対の売買予約取引（現物取引）
先　　物	取引所に上場され標準化された売買予約取引（清算取引）
オプション	取引所に上場され標準化された売買権利取引（清算取引）
スワップ	一定期間のキャッシュフローを複数回交換する予約取引

9）金融派生商品は、金融デリバティブまたは単にデリバティブとも呼ばれる。

が困難なものも対象となりうる。しかし、地理的に離れた場所でそれぞれ活動する当事者同士で、このような契約を結ぶことは、必ずしも容易ではない。

　先物も、先渡しと同様に、予め定めた将来の一時点に、予め定めた価格で資産を売買することを取り決める予約取引であるが、証券取引所に上場して取引が行われる点が異なる。すなわち、当事者が相対で現物取引を行う必要はなく、売買時点の資産の価格と、先物価格との差額を支払う、または受け取る清算取引である。他方、先物は、取引所に上場するために取引内容を標準化する必要がある。このため対象となる資産は原資産と呼ばれ、その品質と取引単位量が管理、調整できるものに限定される。具体的には、金利、通貨、株式、債券などの有価証券のほか、商品先物では金や鋼材などの金属、小麦などの穀物、原油、天然ゴムなどが先物の原資産となりうるものの、生鮮食料品などは、取引の標準化が困難であるため、対象とはなりにくい。

　このような先物の価格リスク移転構造を、図表8のように単純化した例で分析してみたい。図表8において水平軸は原資産の価格線を、垂直軸はリスク移転者の損益線を示しており、価格線上における損益線との交点が、原資産の売り手と買い手の双方にとって採算価格となる。原資産の売り手は、販売時点の

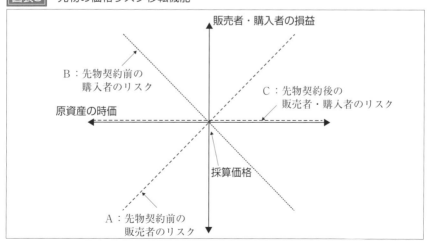

図表8 先物の価格リスク移転機能

その価格が採算価格より高ければ利益を得、それより低ければ損失を被るため、それがさらされるリスクは破線Aのように右方に向かって上昇する形状となる。

　他方で原資産の買い手は、その購入時点の価格が採算価格より高ければ損失を被り、低ければそのための費用が軽減されるため、買い手がさらされるリスクは破線Bのように右方に向かって下降する形状として描くことができる。この両者が採算価格と時価格との差額を交換すれば、互いに原資産の価格変動のリスクを免れることができる。すなわち、余剰を得た当事者がその金額を、不足となった当事者に支払う取り決めを行っておけば、図表8（前頁）の破線Cのように、両者とも原資産の価格にかかわらず、利益も損失も経験しない状態となる。

　先物契約は清算取引であることから、商品先物であっても原資産の現物の受渡しをリスク移転者が直接行うことはなく、委託した証券会社などと、原資産売買時の原資産の時価と先物価格との差額の受渡しを行う[10]。

　先渡しと先物では、当事者は資産の価格の変動による損失を免れる代わりに、取引から利益を得る機会も失うことになる。オプションは、この問題を一部解消するものである。オプションは、約定の期日に、対象となる原資産を、約定の価格で販売または購入する権利を取引対象とする金融派生商品である。取引対象が原資産を販売する権利となるものがプットプションと、それを購入する権利となるものがコールオプションと、それぞれ呼ばれる。

　オプションは、リスク移転者が権利を行使するか否かを選択することができる点が、予約取引である先渡や先物とは異なる。原資産の購入者は、その価格が一定水準より高くなったときだけコールオプションを行使することで損失を免れ、反対に、価格が下がったときにはオプションを放棄し、現物取引を行い

10）先物契約においても、限月が到来すれば、原資産の受渡しが行われるが、実際に証券取引所に参加する証券会社や先物取引専門事業者がこれを行い、リスク移転者の企業や組織、あるいは個人は、これらの事業者に取引を委託することになる。このため先物契約は、後述するオプションと同じく約定の期日の到来前であれば、他者に転売したり、途中で購入したりすることもでき、その場合はその時点での損益を決済することになる。

低い価格で資産を購入すればよい。リスク移転者は、オプション契約相手に対して、リスク引受けの報酬としてオプションプレミアムを支払わなければならないものの、資産の価格にかかわらず、それ以上の追加的な費用負担は生じない。オプションも、証券取引所に上場されて取引が行われるため、先物と同様に対象となる資産は限定される。このようなオプションの価格リスク移転機能を、コールオプション契約における原資産の価格と、その購入者の損益との関係から分析すると、図表9のとおりとなる。

図表9において、原資産購入者は、その購入時の時価が採算価格より高ければ損失を被り、それより低ければ利益を得るため、破線Aのようなリスクにさらされている。コールオプションからのペイオフ、つまり支払金額または受取金額は、破線Bのように描くことができる。すなわち、契約時のオプションプレミアムの負担分だけ下方に移動するものの、原資産の時価が採算価格より高ければオプションを行使し、その差額をペイオフとして受け取ることができるため、そこから右方では上方に向かう。そして受け取ったペイオフを購入費の増額分に充てることにより、原資産の時価にかかわらず、追加的な費用

図表9 コールオプションの価格リスク移転機能

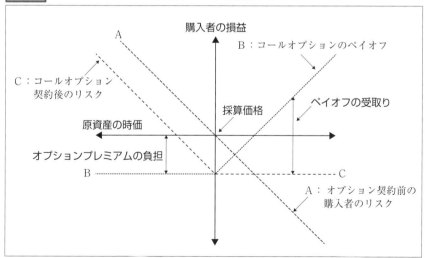

213

図表10　原資産販売者のリスクとプットオプションのペイオフ

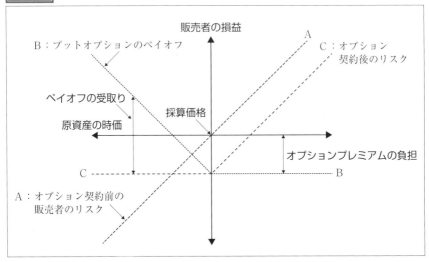

負担は生じないため、その状態は、採算価格より右方の破線Cのように水平に描くことができる。反対に原資産の時価が採算価格より低いときには、コールオプションを放棄し、現物取引で予定より低い価格で原資産を購入し利益を得ることができることから、オプション契約後の原資産購入者のリスクは、**図表9**（前頁）破線Cのように採算価格の左方では上昇していく。

　一方でプットオプションのリスク移転構造を、横軸に原資産の時価を、縦軸に原資産販売者の損益を取って示せば、**図表10**のとおりとなる。これは、原資産価格線より上方では利益を得、それより下方が損失を被ることを意味している。破線Aは、オプション契約前の原資産販売者がさらされるリスクを示しており、原資産販売時の時価が採算価格より高ければ利益を得、それより低ければ損失を被ることを示している。破線Bは、プットオプションからのペイオフを示し、原資産販売者が契約時にオプションプレミアムをリスク引受者に支払うことから、その分価格線より下方に移動するものの、原資産の時価が採算価格より低ければオプションを行使し、その差額を受け取ることができるため、採算価格から左方では上昇していく。破線Cは、オプション契約後の原資産販

売者の損益を示し、原資産の時価が採算価格より低くなればプットオプション
からのペイオフで売上げの減少分を補てんすることができるとともに、それが
採算価格より高いときには、オプションを放棄し現物取引において、予定より
高い価格で原資産を販売し利益を得ることができることを意味している。

✏Column ㉖ プットオプションと損害保険の類似性

　プットオプションの構造は、保険料を保険会社に払い込むことにより、それ以上の損失が生じないという全部保険の損害保険のリスク移転構造と類似している。**図表10**においてプットオプションからのペイオフを示す破線Bの形状は、**第1章図表3**の全部保険の保険料負担・保険金受取りを示す破線Bをちょうど左右を反転した形状を示していることがわかる。

　図表10の破線Bが、オプションプレミアムの支払いを反映して、その採算価格における起点が下方に移動しているのと同様に、**第1章図表3**では、保険料の払込みにより、やはり破線Bも無保険の状態を示す実線Aより下方が起点となっている。このように、プットプションのペイオフ構造は、全部保険の保険料負担と保険金受取りを相殺したうえでの、保険契約者の実質的な損失軽減の構造と同様であるといえる。

　以上のような先渡し、先物およびオプションは、約定の期日あるいはそれまでに現物または清算取引を1回のみ行うものであったが、スワップは、契約当事者間で将来の一定期間のキャッシュフローを複数回交換することを取り決める契約である。スワップ契約は、予めキャッシュフローの交換の期間とタイミング、そして交換する金額の計算方法を契約当事者間で取り決め、これに従ってキャッシュフローの交換を相対取引で行うものである。この点から、連続した先渡契約の集合体であるといえ、契約当事者の合意によりカスタマイズした契約内容を設計することが可能である。たとえば、異なる種類の金利を交換する金利スワップ、異なる通貨間で金利と元本を交換する通貨スワップなどが、取引されている。

✎ *Column* ㉗ リスクプレミアムとしての保険料

　プレミアム（premium）は、何らかの行為、権利、恩恵、希少性などの価値を意味し、さまざまな文脈で用いられる言葉である。保険やリスクマネジメントの関連語にはリスクプレミアムが挙げられるが、これは、リスク引受けに対する報酬を意味している。証券投資の分野におけるリスクプレミアムは、証券発行元の債務不履行のリスク（信用リスク）を投資家が引き受けることに対する報酬として、無リスク金利に上乗せされるものである。**図表11**に示したように、財務困難に陥る可能性が高い企業や組織の債券や株式を引き受けるに際して、投資家は無リスク金利に加え、信用リスクに見合った水準のリスクプレミアムを要求する。保険やオプション、天候デリバティブにおいて保険契約者などのリスク移転者が、リスク移転契約締結の際に保険会社などのリスク引受者に払い込む保険料やオプションプレミアムなどの金銭もリスクプレミアムを含んでいる。このことは、保険料の英文名称 insurance premium という用語からも読み取ることができる。厳密にいえば、期待保険金すなわち純保険料を超えて払い込む付加保険料部分は、**第2章**で分析したとおりリスク移転者がリスク回避的であるために保険会社に支払うことを了解している金銭、つまり、保険会社のリスク引受けに対する報酬である。したがって付加保険料部分が、保険契約におけるリスクプレミアムであるといえる。

　同様のことは、預金者が銀行から受け取る預金金利が、銀行が融資先から受け取る貸付金利より低く設定されていることに関してもいえる。銀行は、資金の貸付けに先立って融資先の信用リスクを評価し、必要に応じてその縮小に向けた助言などを行っている。このような信用審査により、銀行は信用リスクを遮断し、それが預金者に及ばないようにしている。貸付金利と預金金利の差額は、このような信用審査を通した信用リスク引受けに対する報酬であるといえる。

図表11 リターンとリスクから見たリスクプレミアム

（3）**代替的リスク移転**

　代替的リスク移転は、伝統的なリスク移転である保険によって対処しにくいリスクや、保険による補償範囲を超過した損失を、証券化やヘッジの仕組みを応用して移転することを目的とした、リスクファイナンスである。その代表的なものとしては、カタストロフィボンドと天候デリバティブが挙げられる[11]。

　カタストロフィボンドは、証券化の仕組みを応用して、地震などの大規模自然災害による巨大損失を投資家に移転するものである。**第5章**で分析したとおり大規模自然災害のリスクは、損失発生の相関、期待損失の不確実性がともに高いことから、損害保険によって対処することが困難なリスクである。このため、損害保険を補完するものとして開発されたリスク移転手段がカタストロフィボンドであり、1990年代半ば以降、自然災害の高リスク地域に大規模施設を保有する企業などによって利用されてきたものである。

　天候デリバティブは、前述のヘッジのなかで取り上げたオプションの仕組みを応用して、天候不順により収益が左右されるリスクを、保険会社や銀行などの金融機関に移転するものとして開発されたものであり、夏季の気温が低いと

11）代替的リスク移転は、ART（alternative risk transfer）とも呼ばれる。

収益が減少する飲料製造・販売企業や、雨天が続くと損失を被る屋外型娯楽観光施設の運営企業などが、収益の減少分や費用の増加分を移転するために利用している。天候デリバティブでは、損益分岐点となる一定期間の平均気温や降雨日数などを基準として予め定め、実際のそれらの指標が基準を超えた場合、または下回った場合に約定の方式に則って計算されたペイオフが支払われるというものである。

　カタストロフィボンドと天候デリバティブは、ともに保険可能性が低い大規模自然災害リスクや、天候による企業や組織の減収といった保険の入手可能性が必ずしも十分でないリスクを対象としたリスク移転として、しばしば損害保険と組み合わせて、あるいはそれに代替して利用されるものである。このように両者は損害保険との関わりが深いため、**第7章**においてそのリスク移転機能を詳細に分析する。

(4)　免責の合意と補償の合意

　免責の合意は、契約の当事者の一方が、ある活動から生じる損失に対して、もう一方の当事者を免責にすることに合意するものである。補償の合意は、第三者である被害者の損失に対して、契約の当事者の一方がいったん支払い、その後に他方の当事者がその費用を補償するものであり、機能的には免責の合意と大きく異ならない。これには、製品製造者と製品販売店の両者が販売委託契約を結ぶ際に、製品の欠陥によりその購入者が被る損失を負担する義務を負う当事者がいずれなのかを予め取り決めて、契約のなかに盛り込むことなどが挙げられる。この合意において、販売店がリスク移転者となっていれば、製造者が、製品購入者が被った損失を直接補てんすることになる。また、補償の合意がされていれば、販売店がいったん購入者に対して損失を補てんし、追って製造者からそのために負担した金額と同額を受け取ることになる。

　免責・補償の合意を組み入れた契約設計の際には、対象となるリスクに関して情報優位な立場にあり、それを管理可能な当事者をリスク引受者とすれば、取引対象となる製品やサービスの安全性が向上すると期待できる。家庭用電気機器の販売委託契約の当事者間を見れば、製品の安全性や耐久性は、それに使

われている素材や、構造、生産管理体制などによって左右されるが、これらの情報に関して、製品製造者は十分な情報を持ち、それをコントロールできる立場にある。

　一方で販売店にとっては、複雑な家庭用電気機器の耐久性を正確に見極め、問題を発見し、製造者に事前に改善策を提示し、それが実行されているかどうかを常にモニタリングできる立場には必ずしもない。しかし、製造者が製品の欠陥による損失を引き受ける立場にあれば、製品の素材や構造、生産管理体制の改善といったリスクコントロールに積極的に投資すると期待できる。

　このように免責または補償の合意によりリスク移転契約を設計する際には、情報に関する当事者の立場を見極め、情報優位者がリスク引受者に、情報劣位者がリスク移転者とすることが求められる。

5 内部リスク縮小

個人や企業・組織は、リスクを自らの活動を通して内部的に縮小することも可能である。このような内部リスク縮小には、リスク分散および情報投資が含まれる。

1　リスク分散

企業や組織が行う一連の事業の集合体、また、投資家が保有する一連の資産の集合体は、それぞれ事業ポートフォリオ、資産ポートフォリオと呼ばれるが、リスク分散は、これらのポートフォリオを適切に構成し、管理することを指す。ある企業が収支の相関が低い事業同士を組み合わせた多角化を行うことにより、全社的な事業損益の変動性を縮小することが挙げられる。同様に投資家が、リターンの相関の低い資産を組み合わせた投資活動を行うことで資産ポートフォリオ全体でのリターンを平準化することも、リスク分散のための活動である。

また、意思決定機能を少数の経営者に集中するのではなく、複数の事業部門に分割して委ねることや、事業拠点を特定の地域に集約せず地理的に広い範囲に置くことなども含まれる。さらに資金調達先、顧客、原材料供給者などの数を限定して大口取引を行うのではなく、多数の当事者とそれぞれ小口の取引を行うこともリスク分散を目指した活動であるといえる[12]。

リスク分散の効果を、ある製品Aの製造を行っている企業の例を挙げて分析してみたい。この企業が、生産拡大のため同じ施設で製品Aの製造を2倍にする集中戦略と、製品Aの製造規模は据え置き、新たに同じ数量の製品Bの製造を別の生産工程で行うリスク分散戦略とを、不良品製造による損失のリスク縮小の視点から比較していると仮定する。製品AとBはともに5％の確率で不良品が生じ、その場合の損失は、現在の生産量で1,000万円とする。

---

12) 取引先の分散化は、**第1章Column❹**で取り上げた債務不履行のリスク、つまり信用リスクに対処するために、有効な活動である。

| 図表12 | 2つのエクスポージャへのリスク分散戦略の効果 |

	起こりうるケース	発生確率	損失強度	期待損失
集中戦略	不良品あり	0.05	2,000万円	0.05×2,000万円 + 0.95×0円 = 100万円
	不良品なし	0.95	0円	
リスク分散戦略	A・Bともに不良品あり	0.05×0.05 = 0.0025	2,000万円	0.0025×2,000万円 + 0.095 ×1,000万円 + 0.90×0 = 100万円
	A・Bどちらか一方に不良品あり	2×0.05×0.95 = 0.095	1,000万円	
	不良品なし	0.95×0.95 = 0.9025	0円	

製品AとBの不良品発生に相関がないとすると、これらの2つの戦略において起こりうる結果、その発生頻度と損失の強度、そして全体の期待損失は**図表12**のとおりとなる。集中戦略を採用した場合、不良品が生じる確率は5％で変わらないものの、生産量が2倍になったことに伴い、損失は2,000万円となる。

　一方でリスク分散戦略を採用した場合は、製品AとBとも不良品が発生するケース、いずれか片方に不良品が発生するケース、そしていずれにも不良品が発生しないケースの3種類の結果が想定され、損失はそれぞれ2,000万円、1,000万円、0円となる。期待損失は、いずれの戦略を採用した場合でも変わりなく100万円である。また、不良品が全く発生しない確率は、集中戦略では95％であるのに対して、リスク分散戦略では約90％に低下していることがわかる。

　しかし、2,000万円の損失を被る確率は、集中戦略で5％だったものが、リスク分散戦略では0.25％と大きく低下している。1,000万円の損失を被る確率が9.5％であるものの、極端な結果に直面する確率が極めて低くなっていることがわかる。

　同様に製品Aの生産を3倍に増やす集中戦略と、製品A、Bに加え、同じ不良品発生の頻度と損失の強度を伴うものの、生産工程が異なる製品Cを同量追加して生産するリスク分散戦略を比較すると、**図表13**（次頁）のようになる。期待損失はいずれの戦略も150万円であるが、集中戦略では不良品が発生しな

図表13　3つのエクスポージャへのリスク分散戦略の効果

	起こりうるケース	発生確率	損失強度	期待損失
集中戦略	不良品あり	0.05	3,000万円	0.05×3000万円 ＋0.95×0円 ＝150万円
	不良品なし	0.95	0円	
リスク分散戦略	A・B・Cともに 不良品あり	0.05×0.05× 0.05＝0.000125	3,000万円	0.000125×3000万円 ＋0.007125×2000万円 ＋0.135375×1000万円 ＋0.857375×0円 ＝150万円
	A・B、A・C、B・C のいずれかの組合わ せで不良品あり	3×0.05×0.05× 0.95＝0.007125	2,000万円	
	A・B・Cのいずれか 1つに不良品あり	3×0.05×0.95× 0.95＝0.135375	1,000万円	
	不良品なし	0.95×0.95× 0.95＝0.857375	0円	

い確率が95％であるのに対して、リスク分散戦略では約86％に低下し、損失が1,000万円となる確率は約14％となる。しかし、損失が2,000万円、3,000万円となる確率は、順に0.7125％、0.0125％と極めて低くなり、この企業が高額の損失を被る事態は、ごくまれにしか起こらないことがわかる。

　このようにリスク分散を適切に行えば、極端に高額な損失を被る確率を大きく引き下げることができ、その結果、保険や準備金を過剰に手当てする必要がなくなり、そのための費用も削減できるといえる。

2　情報投資

　個人にとっては自らの収入、そして食料品や住宅の価格や、医療費、学費などに関する情報を収集し分析することで、将来の家計の収支をある程度正確に予測することができれば、効率よく生活設計を行うことができる。企業や組織にとっても、その事業活動に関わるさまざまな情報を収集し、分析することにより、将来の損失または利益の予測精度を高めることができる。将来キャッシュフローを正確に予測できれば、リスクコントロールやリスクファイナンス

を過度に手厚く行う必要がなくなり、効率良く事業活動を行うことができる。

　過去の事故発生状況に関する大量の情報に基づいて、将来の事故の発生頻度と損失の強度を、高い精度で予測することができれば、保険や準備金を適切な補償内容や水準で手当てすることができる。同様に、新商品の潜在的な需要調査や、その生産に投入する原材料価格の将来予測を綿密に予測することができれば、無駄のない投資計画や資金調達計画を立て、実行することができる。

　過去の情報から将来を予測する際には、しばしば回帰分析の手法が用いられる。数多くの自動車を使用して運送業を営む企業について見れば、過去の自動車事故発生に関する情報を大量に収集していれば、将来の事故発生頻度を時系列回帰により予測することができる。

　図表14は、水平軸に時間経過を、垂直軸は事故発生頻度を、それぞれ取ったものである。水平軸の t_0 が現在を、それより左方の t_{-n} が過去を、右方の t_n が将来を、それぞれ示している。過去7期分および現在の事故頻度の実績が**図表14**のとおり得られたとすると、事故発生の頻度は期ごとに上下しながらも、全体として直線的に上昇していることが読み取れる。そこでこの企業は、直線回帰分析により、過去の事故発生の頻度に最も近い一次関数を見出し、将来予測を行うことができる。

　実際には、各期の実績値からの差が最小となる直線を逆算的に求めるが、実際の差の値は、**図表14**の t_{-4} の a のように正となったり、t_{-3} の b のように負

図表14　時系列回帰による将来予測

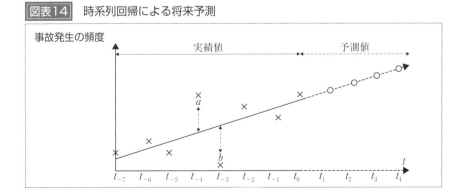

となったりするため、それらを累計すると互いに相殺され0となる。そこですべての差を二乗することで正の値に変換し、その累計値が最小となる直線、すなわち最小二乗直線を求めればよい。そして、最小二乗直線の将来方向への延長上に、今後の事故発生頻度が推移すると見込むことができ、これに基づいてリスクコントロールやリスクファイナンスを無駄なく手当てすることが可能となる。

　この例においては単純化のため、直線回帰分析を取り上げたが、過去の実績値から逓増的または逓減的に推移していた場合には、指数回帰や対数回帰などの曲線回帰分析により将来予測を行うことになる。しかしいずれも場合も、基礎となる統計情報が高い精度で収集され、十分なサンプル数が確保できていることが、正確な将来予測には必修である。

第7章
損害保険の補完・
代替的リスクファイナンス

　リスクマネジメントに含まれるリスクファイナンスには、第6章で見たとおり保険以外にもコンティンジェントデットなどのリスク保有、そしてカタストロフィボンドなどのリスク移転といったさまざまなものが含まれる。これらのリスクファイナンスのなかには、損害保険とともに組み合わせて、あるいは損害保険に代替して利用されるものがある。特に自然災害のように、保険可能性の低いエクスポージャに対しては、損害保険によるリスク移転を望んだとしても、それが入手できなかったり、そのための保険料が高額となったりすることがある。このような場合は、他のリスクファイナンスを手当てする必要に迫られることになる。

　本章では、損害保険の補完・代替的リスクファイナンスを選択するリスクマネジメント当事者の動機を分析したうえで、その際の選択肢として、第6章においても触れたリスク保有のなかで、引当金・準備金、自家保険、キャプティブ、コミットメントライン、そしてコンティンジェントデットについて、また、リスク移転のなかでカタストロフィボンドおよび天候デリバティブについて、それらの仕組みとリスクファイナンス機能を見ていく。

1 補完・代替的リスクファイナンスの選択動機 ✎

1　損害保険によるリスク移転の費用

　損害保険を手当てした場合に、保険契約者は、自らの期待損失を超えた金額の保険料を負担しなければならない。これまで繰り返し見てきたように、保険契約者が払い込む保険料には、将来の保険金の原資となる純保険料に加えて、保険会社の諸経費などに充てられる付加保険料が含まれている。個人のリスク回避性を考慮した水準の付加保険料であれば、保険契約者により受け入れられることは、**第2章Column❼**において分析したとおりである。また、**第5章Column㉕**で分析したように、保険に加入することにより保険会社から、費用および効果の両面で有利なリスクコントロールサービスを受けることができることを考えれば、多くのエクスポージャについては、損害保険の付加保険料は過大とはいえない。しかし、損害保険の手当てのための費用負担が、他の選択肢より重いと判断される場合には、リスク保有などの別のリスクファイナンスが利用されることになる。

　少額の家財や什器・備品のように、損壊・滅失しても修理・買替えにかかる費用が少額であるエクスポージャに対して、個別に損害保険契約を結ぼうとすれば、期待損失に基づく純保険料は低額であるのに対して、保険契約締結などのための保険会社の経費を反映した付加保険料は相対的に高額となる[1]。このようなエクスポージャに対しては、キャッシュフローによる損失補てんなどのリスク保有が、合理的な選択肢となる。

　また、数多くのエクスポージャを抱える事業規模の大きな企業や組織の場合には、自社内でリスクプーリングを行うことにより、低費用でリスク分散を行えることがある。このような大規模企業・組織では、リスクコントロール専門

1）このような少額の財物を数多く所有する場合には、住宅を対象とした火災保険の家財一式担保や、企業分野のマルチリスク型の火災保険のように、エクスポージャのパッケージ化により、財物1つ当たりの付加保険料を抑制する方法が、採用される。このことについては、**第5章**で取り上げているので参照されたい。

の人材を雇用したり、そのための設備や機材を購入したりするための費用を、規模の経済性により、付加保険料に含まれる保険会社のリスクコントロールサービスの費用より低く抑えることができる場合がある。このように代替的リスクファイナンスの費用が保険加入の費用より低いことも、自家保険などの方法が選択される動機となる。

2 損害保険の入手可能性

損害保険によるリスク移転が困難であるなど、やむを得ず他のリスクファイナンスの方法を選択せざるを得ない場合がある。たとえば、保険可能性が十分でないエクスポージャに対して損害保険を手当てしようとしても、保険契約の締結ができなかったり、それができたとしても限定された補償しか提供されなかったり、保険料が禁止的に高額となったりするおそれがある。

第5章で分析したように、地震や風災、水災などの自然災害や、暴動やテロリズムなどは、エクスポージャ間での損失発生の相関、そして期待損失の不確実性がともに高いため、火災保険などの財物保険において免責事由となり補償の対象とならなかったり、補償対象となったとしても保険金額に上限が設けられたりすることがある。

個人にとって見れば、第3章で述べたとおり、住宅を対象とした地震保険により、損壊した建物や家財の修繕・修繕・再取得費用を償うに足る保険金が支払われるとは限らないことから、預金などによるリスク保有を併せて手当てしなければならない場合がある。企業や組織についても、再保険市場のリスク引受能力の低下などにより、地震による損失を対象とした拡張担保特約が手当てできなかったり、補償が大幅に限定されたりすれば、コンティンジェントデットやカタストロフィボンドなどの保険以外のリスクファイナンスを選択せざるを得ない。同様に損害保険会社にとっても、再保険市場の引受能力が低下している局面では、自然災害リスクを元受保険契約で引き受けても、再保険市場においてリスク分散が十分に行えないことがあり、カタストロフィボンドを代替的に利用する必要が生じる。

偶然の事故に関わる純粋リスクとは見なしにくいエクスポージャに対して

も、損害保険が入手できないことがある。気温や降雨日数などの天候によって、収支が大きく左右されるような企業や組織にとって、冷夏や長雨などの天候不順により収益が落ち込むリスクに、保険で対処することが常に可能であるとは限らない。収支の悪化は、天候のみならず、不適切な経営によっても引き起こされるため、純粋に偶然の事故によるものとは見なしにくく、また、天候により損失を被ることもあれば利益を得ることもあるため、他の純粋リスクとも性質が異なるといえる[2]。このように損害保険の補償対象として、必ずしも一般的とはいえないリスクに対しても、天候デリバティブなどの代替的方法が選択されることがある。

2）企業の収益は天候以外にも、大規模感染症や、マクロ経済状況からも影響を受けることから、その変動は同業の企業・組織間で相関が高いといえる。このことも、収支変動のリスクを補償する保険が一般的でない理由といえる。一方で公的保険の一つである農業保険（収入保険）のように、自然災害や農産物の価格下落などによる農業事業者の収入減少のリスクを対象とした保険も存在する。

2 損害保険の補完・代替的リスク保有

1 引当金と準備金

リスク保有は、その概要を**第6章**で見てきたとおり、発生した損失を補てんするために、リスクマネジメントを行う当事者自らが内部資金または外部資金を利用する方法や活動である。個人にとっては預金を取り崩して、損失補てんに充てることなどが、リスク保有に当たる。

企業や組織にとっては、キャッシュフローから損失を補てんすることのほか、引当金や準備金もリスク保有として利用される。引当金は、現在までの事故・事象を原因として将来被ると予想される損失や、発生するおそれのある費用に充当する資金である。その利用は、発生の可能性が高く、かつその金額を合理的に見積もることができる場合に制限されている[3]。引当金は、評価性引当金と負債性引当金に分類されるが、純粋リスクに関わるものは後者に多く含まれる[4]。**図表1**（次頁）に挙げたとおり製品の返品時の返金費用に充てる返品調整引当金、回収した製品の修理や交換費用に充てられる製品保証引当金、有形固定資産の修繕費に充てられる修繕引当金や特別修繕引当金、訴訟や事故などの補償金の費用に充てられる損害補償損失引当金などが、純粋リスクに関わる負債性引当金として挙げられる[5]。

将来発生するか否かが不確実な事故・事象で、それを原因として生じる損失または費用の見積もりが困難なものに対しては、準備金を積み立てることができる。準備金のうち、債権者を保護することを目的として会社法により株式会

3）引当金の利用可能な事故・事象が拡大されれば、発生の可能性が極めて低い損失や費用に対しても不必要に準備することにもなり、ひいては会計操作にもつながりかねない。このためその利用範囲は、企業会計原則により制限されている。

4）評価性引当金は、売掛金や貸付金などの金銭債権に対して、回収不能の見積額を計上するものであり、貸倒引当金や投資損失引当金などが該当する。

5）負債性引当金にはこれらのほか、賞与引当金、売上割戻引当金、債務保証損失引当金が含まれる。

| 図表1 | 純粋リスクに関わる引当金の種類と使途 |

引当金の種類	使　　途
返品調整引当金	製品返品時の返金のための費用
製品保証引当金	製品回収時の修理や交換の費用
修繕引当金	1年以内の有形固定資産の修繕費
特別修繕引当金	1年超の有形固定資産の修繕費
損害補償損失引当金	将来の訴訟や事故などの補償のための費用

社に積立てを義務付けているものが法定準備金であるが、これは資産が資本を下回るような事態となったときに、その補てんに充てられるものである。法定準備金に加えて、利益剰余金などのなかから、定款または株主総会の決議に基づいて任意に積み立てるものが任意準備金であり、建物の建築などの特定の目的を明示したものと、目的を明示していないものとがある。

2　自家保険

⑴　自家保険の仕組み

　より自発的で組織化されたリスク保有の方法が、自家保険と呼ばれるものである。自家保険のアレンジメントに際して企業や組織は、第6章で触れた内部リスク縮小の情報投資と同様のプロセスに従い、必要となる資金を計算する。すなわち、過去に発生した事故と損失に関する情報を可能な限り大量に集積し、統計を編纂し、それに基づき、将来の事故頻度と損失強度を予測する。そして期待損失を求め、自家保険料を算出し、それを内部的にプールする。損失が発生すれば、プールされた自家保険資金を原資としてその補てんに利用するものである。

　自家保険では、エクスポージャのリスク実態に関する情報不均衡の問題は存在しないため、通常の損害保険契約引受けの際に行われるアンダーライティングやリスク細分化にかかる費用を最小化できる。さらに企業や組織はリスクを自ら保有していることに変わりないため、損失回避・縮小努力を怠ることはな

く、積極的にリスクコントロールへの投資を行うと期待できる。

(2) 自家保険の限界

　自家保険は、すべての企業や組織にとって、またすべてのエクスポージャに対して、常に利用可能なリスク保有ではないことには留意する必要がある。多数の建物や自動車、船舶などの財物を所有しているような大規模な企業や組織であれば、リスクプーリング効果が見込める数の同質なエクスポージャを自家保険の対象とすることができる。しかし、エクスポージャ数がそれほど多くなく、リスク分散が十分行えない中・小規模の企業や組織にとっては、大数の法則が機能しうるほどの事故と損失の情報を収集できないかもしれず、実際に被る損失の強度が、過去の統計情報から求められた期待損失を大きく上回るような事態に直面するおそれがある。このため、事業規模の大きくない企業や組織にとって、自家保険ではなく、通常の損害保険を手当てすることが、合理的な選択である場合が多い。

　また、比較的規模の大きな企業や組織にとっても、エクスポージャの性質により、自家保険によるリスク保有が有効なリスクマネジメントとなる場合もあれば、必ずしもそうならないこともある。運送業を営む大規模企業が自社の保有する自動車の破損や盗難などによる損失に備えるため、また、少額の製品を数多く生産している製造企業が、不良品の生産に伴う損失に備えるために、自家保険を選択することは可能である。これらのエクスポージャは、期待損失の水準とその不確実性が高くないため、自家保険により対処しやすいものといえる。

　しかし、期待損失が高額のエクスポージャや、またはその不確実性が高いエクスポージャに対しては、大規模企業や組織であっても、自家保険のみで備えることは適切でない場合が少なくない。前述と同じ運送業を営む企業が自動車事故による損害賠償責任を負担するリスクや、製品製造企業が工場の大規模火災に遭うリスクや、重大な製造物責任を負うリスクに、自家保険のみで対処することは必ずしも適切とはいえない。これらのリスクは、事故の発生頻度は高くないため期待損失が高額とならない場合もあるが、いったん事故が発生す

れば、極めて高額の損失を被るおそれがあり、自家保険での対処には限界がある[6]。以上のことを認識したうえで、期待損失が低く、かつその不確実性も高くないエクスポージャに限定して、自家保険プログラムを設計することが求められる。

3　キャプティブ

(1)　キャプティブによるリスク保有の構造

　国際的に事業活動を展開する大規模な企業グループのなかには、グループ内にリスク引受専門の専属保険子会社を設立するものが見られる。このような子会社は、**第6章**で述べたとおり、グループの親会社により支配され、それに従属する子会社であることからキャプティブまたはキャプティブ保険者と呼ばれる。キャプティブは、親会社およびグループ内の他の子会社の、主に財物損失および賠償責任損失に関わるエクスポージャを専門に引き受ける組織である。その所有・リスク移転構造を単純化して示すと、**図表2**のようになる。

　図表2の実線は所有・被所有関係を示しており、キャプティブは、グループ内の他の企業ユニットとともに親会社に所有されている子会社の一つであることがわかる。また、破線はリスク移転関係を示し、キャプティブは親会社だけでなく他のユニットのリスクも引き受ける。このように単一の親会社により所有され、グループ内でのリスク引受けのみを行うキャプティブは、純粋キャプティブまたはピュアキャプティブと呼ばれる。

　実際には、純粋キャプティブ以外の形態も多く見られ、その一つがレンタキャプティブと呼ばれるプログラムである。キャプティブの運営には、企業内に、あるいは企業グループ内に、リスクプーリングによるリスク縮小が見込めるだけの数多くのエクスポージャが存在する必要がある。しかし、多くの企業は、十分な数のエクスポージャを保有しておらず、独自にキャプティブを設立することが困難である。

---

6)　**第3章**でも触れたように、自動車事故による高額賠償判決例としては、人身事故については5億2,800万円を、物件事故については2億6,000万円を、それぞれ超える金額が認定されたものが見られる。

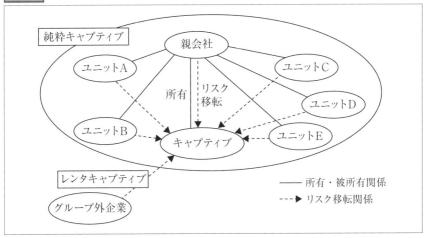

図表2 キャプティブの所有とリスク移転の関係

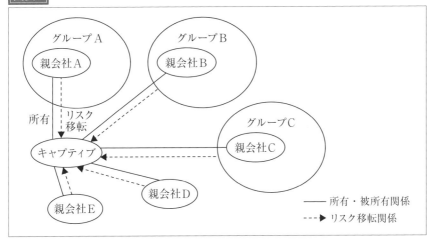

図表3 グループキャプティブの所有とリスク移転の関係

　このような場合には、図表2のように、企業が、別の企業グループのキャプティブにキャプティブ保険料を支払うことにより、自らのリスクを移転する方式が取られることがある。その際には、レンタキャプティブの利用企業から

引き受けたリスクを、グループ内の他のキャプティブから引き受けたリスクから分離し、いわゆるセルと呼ばれる独立した勘定が設けられ、個別に管理される。このことによりレンタキャプティブ利用企業は、グループ内のリスクが顕在化したとしても、その影響を受けることはない。同様に、このセルに高額の損失が発生したとしても、それがグループ全体に波及することもない。

　また、図表3（前頁）のように、同じ事業を行う複数の企業が共同でキャプティブを所有し、それぞれのリスクをこれに移転する方式も見られる。このように複数の親会社により所有され、それらのリスクを引き受けるキャプティブは、グループキャプティブと呼ばれる。

(2)　キャプティブ設立・運営費用の抑制

　企業グループの親会社がキャプティブを所有する動機として第一に挙げられることは、キャプティブ設立の初期費用と、その後の運営のための継続費用を節約できる点である。キャプティブは、親会社が拠点を置く法域に設立する必要はなく、英国領ケイマン諸島、バージン諸島といった租税回避地または低課税地域にしばしば設立される。ドミサイルと呼ばれるこれらのキャプティブ設立地は、他の法域に比べ、規制による制限が少なく、また、税制上の取扱いも企業にとって有利な場合が多く、キャプティブの設立と運営にかかる費用を抑えることができる。

　仮に、グループの親会社と各ユニットが、それぞれ事業を行う法域において個別に損害保険契約を締結すると、それらの保険会社は、各法域で求められる資本要件などを整えたうえで規制主体から事業免許を受け、その後も厳格な規制の下に置かれる。このため、事業運営にかかる費用の負担は軽いとはいえず、そうした費用の一部は、親会社と各ユニットが払い込む付加保険料に反映されることとなる。しかし、有利な税制と規制の下に置かれたキャプティブは、これらの費用負担を軽減できるため、キャプティブ保険料は、同じエクスポージャに個別に損害保険を手当てした場合に支払う保険料より低くなる可能性が高い。

(3) リスクプーリングによるキャプティブ保険料の低廉化

　キャプティブ所有の第二の動機としては、グループ内のエクスポージャを一括してプーリングすることにより、キャプティブ保険料をさらに節約できる点である。仮にグループ内の個々のユニットが、個別に外部の損害保険会社と保険契約を結ぶ場合には、そのユニットが損失を被り、事業を中断する事態となっても、早期に復旧してそれを再開できるよう全部保険かそれに近い手厚い補償を手当てすることになる。一方でグループ全体のあらゆるリスクを一括して引き受けるキャプティブでは、グループ内のいくつかのユニットが高額の損失を被ったとしても、他の無事故のユニットから収受したキャプティブ保険料でそれを早期に補てんすることができるため、グループ全体での保険収支を平準化できる可能性が高い。このため、個々のユニットは過度に手厚い保険を手当てする必要がなくなり、外部の保険会社と保険契約を結んだ場合のグループ全体での保険料の総額に比べ、キャプティブ保険料を低く抑えることができる。

(4) 特殊なリスクへの対応可能性

　寛容な保険規制を行う法域に設立されたキャプティブは、通常は損害保険による引受けが制限されるようなリスクや、損害保険会社がこれまで引受実績がない特殊なリスク、新たに顕在化したリスクなど対しても弾力的に補償を設計できる場合がある。

　第5章でも取り上げたように再保険市場のリスク引受能力の状況によっては、元来保険可能性の低い地震や台風などの自然災害に対して、企業分野の財物保険が手当てできない場合がある。このほか、通常の財物保険では、テロリズムは通常免責事由に挙げられ、それにより被った損失は補償対象とならない。また、政治的、宗教的動機による暴動や騒擾なども、補償対象外であったり、補償が限定されたりする場合がある。

　企業向けの損害賠償責任保険については、法的に義務を負う範囲を超えて、保険契約者が自発的に調査や分析を行い発見した環境汚染や、通常の事業によらない、施設の修理、改築、取壊しなどの工事により発生した土壌汚染などは、補償の対象とならない場合がある。

　さらに、サイバー攻撃の形態が急速に多様化していることから、新たな方法によりサイバー攻撃を受け損害を被っても、その時点で手当てしていたサイバーリスク保険の補償対象となっていないおそれもある[7]。キャプティブでは、グループ内の各ユニットのニーズに応じて補償内容の設計が弾力的に行えるため、保険の手当てが困難なこれらのリスクについても、対処できる可能性があるといえる。

(5)　リスクコントロールの促進

　キャプティブは、グループ内の期待損失の低下にも貢献すると考えられる。親会社および各ユニットは、キャプティブへのリスク移転にあたって、個々のエクスポージャを洗い出し、それらの期待損失とその変動性を計測し、それに基づくキャプティブ保険料を支払わなければならない。その過程で、各ユニットのリスク実態が明らかとなり、それに効率的に対処することが可能となる。親会社および各ユニットにとってはリスク移転を行っているものの、グループ全体として見れば、リスク保有を行っていることに変わりない。このため、キャプティブが支払う保険金を最小化するために、期待損失を低下させるリスクコントロールを積極的に行うインセンティブを持つと考えられる。

(6)　リスクコミュニケーションの必要性

　キャプティブには、以上のような利点がある一方で、株主や債権者、顧客や供給者といった外部のステークホルダーにとっては、グループ全体のリスク実態を把握しにくくなる。特にキャプティブが海外に設立されている場合、親会社や各ユニットが本拠を置く法域の規制の対象とはならず、どのユニットからどのようなリスクがキャプティブに移転されているのかに関して、一層不透明性が増すことになる。各ユニットの経営者は、ステークホルダーのモニタリングを受けにくくなり、その結果、投機的な意思決定を行うおそれもある。

　そして、ステークホルダーは、グループのリスク実態に関して情報劣位な立

7）サイバーリスク保険については、**第3章**で取り上げているので参照されたい。

場にあるため、それを過大評価することになり、追加的なリスクプレミアムを要求することになりかねない。たとえば、株主は、より高い配当を要求したり、株式を売却したりしかねない。同様に債権者は高い金利を、顧客は低い販売価格を、供給者はより高い原材料納入価格を要求したり、場合によっては取引を中断したりするおそれもある。このような事態を回避するためには、親会社および個々のユニットとして、またグループ全体として、ステークホルダーとの適切なリスクコミュニケーションを実施し、キャプティブによるリスク保有の実態について情報を共有したうえで、ステークホルダーの合意を得ることが求められる（第8章Column㉓を参照）。

4　コミットメントライン

⑴　コミットメントラインの契約構造

　引当金、準備金、自家保険、そしてキャプティブが内部資金を利用したリスク保有であるのに対して、**第6章**でもその概要に触れたコミットメントラインと、後述するコンティンジェントデットは、外部資金を利用するリスク保有である。リスクを保有している企業や組織が、高額の損失を被り内部資金では事業の継続が困難となれば、外部資金を調達しなければならない。このような事態に備えて、事前に計画的に損失発生時に融資を受けることを約すものがコミットメントラインである。コミットメントラインは、企業や組織と、銀行などの金融機関との間で結ぶ融資枠契約であり、一定期間にわたり融資枠が設定・維持され、融資の要請があれば、予め定めた条件で融資が行われるものである。これにより企業や組織は、高額の損失を被り、その補てんのための費用を調達しなければならない事態となっても、資金を確実に得られることになる。

　図表4（次頁）は、企業が銀行と相対取引でコミットメントライン契約を結ぶ例を示したものである。契約締結にあたって銀行は、企業の信用リスクを審査したうえで、合意に基づき融資枠、契約期間、金利などの融資条件を定め、融資枠契約を締結する。契約期間にわたって、企業は銀行に対して手数料を支払う。銀行は、融資の要請を受ければ、その都度信用リスクの審査を行うこと

図表4　コミットメントラインの契約構造

なく即時に貸付資金を提供し、その後金利を受け取る。

(2)　迅速な外部資金利用と事後的証券発行の費用の回避

　コミットメントライン契約を結んでいれば、企業や組織は、融資を受けるたびに信用リスクの審査を受け、融資条件を決定し、契約を結ぶ必要がなくなり、融資発動の手続が簡便となる。また、融資枠が設けられているため、その範囲においては、必要な資金をその都度迅速に調達することが可能となり、資本の流動性が強化される。

　さらに、企業や組織が、リスクの顕在化によりキャッシュアウトフローが増えたとしても、予め資金源を確保することにより、投資家などのステークホルダーにより信用リスクが過大評価されることを回避できる。事故発生後に資金調達のために証券を発行すれば、投資家が企業の財務状況に疑念を抱き、事業再開・継続に必要な資金を調達できない事態に陥りかねない[8]。コミットメントラインを適切に手当てしていれば、このような証券発行に伴う追加的費用の負担を免れることができる。

(3)　不可抗力条項による利用機会の制限

　コミットメントラインには通常、不可抗力条項が設けられているため、いか

8）第5章Column⓭で分析しているように、企業の経営実態に関して情報劣位にある投資家は、事故発生後に発行された証券を過小評価する傾向がある。

なる事態でも外部資金を即時に調達できるとは限らないことに留意しなければならない。不可抗力条項は、大規模自然災害や、重大なシステム障害など特定の事故・事象が発生した場合に、金融機関が貸付義務を免れることを定めたものである。これらの事故・事象が発生し、金融機関が資金調達や送金が困難となった場合などには、金融機関は契約相手である企業や組織に資金を貸し付ける義務を免れることになる。

しかし、大規模自然災害などが発生するような事態は、企業や組織にとっても、財物に生じた損失を補てんし、早期に通常の事業活動を再開するために、多額の資金が必要となる局面である。このため、コミットメントラインのみで、リスクファイナンスを行うことは、必ずしも適切ではない。

5　コンティンジェントデット

コンティンジェントデットは、コミットメントラインの仕組を応用し、自然災害などの際にも融資を可能とした融資枠契約である。コミットメントラインでは融資先の要請に基づいて融資が実行されるのに対して、コンティンジェントデットは、融資が発動される条件を、トリガーイベントと呼ばれる特定の事故・事象の発生に定めている。トリガーイベントには、特定の地域での一定規模以上の地震の発生や、工場での一定規模以上の火災の発生などが、定められる。これらの事象が発生すれば、金融機関は予め定めた融資枠内で、約定の金利条件で、企業や組織に融資を行う。

大規模自然災害などが発生した際に融資を行うことは、金融機関にとっても容易ではないため、融資枠が復旧に必要な金額より低く設定される場合がある。このため実際のコンティンジェントデットでは、企業や組織がまず融資を専業とする特定目的会社を設立し、それを通して複数の金融機関や投資家と融資契約を結ぶ、いわゆるシンジケート方式が採用されている場合が多い。この方式では、図表5（次頁）のとおり企業や組織は、特定目的会社とトリガーイベントの発生を条件とした融資枠契約を結び、手数料を支払う。特定目的会社は、複数の金融機関や投資家と融資契約を結び、即時に融資を受け、それを信託基金として運用し、そこから得られる投資収益を原資として金融機関や投資

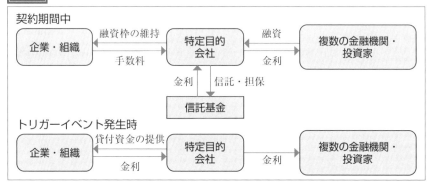

図表5 コンティンジェントデットの契約構造

家に金利を支払う。トリガーイベントが発生すれば、特定目的会社は運用資金を取り崩し、融資を実行する。

　コンティンジェントデットにおいて、金融機関や投資家に支払われる金利は、トリガーイベントとなる自然災害などのリスクプレミアムが上乗せされ、一般の債券より高く設定される。同時に、トリガーイベントの発生は、債券・株式市場からのリターンとは独立している。これらのことから、高リターンを望み、かつリスク分散を目指す投資家にとって、コンティンジェントデットは受け入れやすいといえる。

6　損害保険に補完・代替的なリスク保有の特徴

　以上のような損害保険に補完・代替的なリスク保有の方法の利点と留意点をまとめると、図表6のとおりとなる。すなわち内部資金を利用する方法として引当金や準備金は、資金が必要となったときに迅速に取り崩し、利用することができるものの、企業会計原則または会社法により計上目的と方法、そして使途が制限される場合があり、柔軟性の面では十分とはいえない。自家保険は、エクスポージャのリスク評価の費用を最小化できるとともに、リスクコントロールが促進されるという利点が認められる。しかし、中・小規模の企業や組織にとっては利用可能性が低く、さらに保険可能性が低いエクスポージャに対しては十分機能しないおそれがある。キャプティブは、規制・税制が有利な法

図表6 損害保険に補完・代替的リスク保有の特徴

リスク保有の方法	利　点	留意点
引当金・準備金	即時の資金利用可能性	計上目的・使途の限定
自家保険	・リスク評価費用の最小化 ・リスクコントロールの促進	利用主体および対象リスクの限定
キャプティブ	・設立・運営費用の節約 ・キャプティブ保険料の低廉化 ・特殊なリスクへの対応可能性 ・リスクコントロールの促進	ステークホルダーとのリスクコミュニケーションの必要性
コミットメントライン	即時の資金利用可能性	・大規模事故時の利用制限 ・事前の手数料負担 ・事後の金利支払い
コンティンジェントクレジット	即時の資金利用可能性	・融資実行対象事故の限定 ・事前の手数料負担 ・事後の金利支払い

域に設立すれば、設立と運営の費用が節約できるとともに、リスクプーリングによるキャプティブ保険料も低く抑えることができる。また、特殊なリスクを対象とするなど、グループ内の個別の事情に合わせて補償の設計が可能であると同時に、リスクコントロールも促されると期待できる。反面、企業グループ内のリスク実態に関する透明性が損なわれかねないため、ステークホルダーとのリスクコミュニケーションを適切に行うことが求められる。

　外部資金を利用するリスク保有として、融資枠契約であるコミットメントラインは、必要時に外部資金を迅速に入手できるものの、大規模自然災害やシステム障害の際には、融資が行われないおそれがある。また、融資借入予約枠の維持には手数料がかかるとともに、融資実行後は約定の金利を支払うといった事前・事後の費用負担が求められる。一方でコンティンジェントデットは、トリガーイベントを適切に設定することで、それが発生した際には即時に融資が実行されるものの、他の事故・事象発生時には利用できない。また、コミットメントラインと同様に、事故発生前には手数料を、事故発生後には金利を、それぞれ負担する点を忘れてはならない。

③ 損害保険の補完・代替的リスク移転

1　カタストロフィボンド

　第5章で分析したとおり、地震や風災、水災などの自然災害は、エクスポージャ間の損失発生の相関が高く、かつ損失の不確実性も高い。損害保険会社は、このような保険可能性が低いリスクを、国際的な再保険取引などを通してリスク分散を行うことで引き受けてきた。

　しかし、すでに述べたように再保険市場の引受能力は、常に十分な水準にあるとはいえない。これまでも、大規模自然災害が発生し、元受契約での支払保険金が増加し、それに連動して再保険金も増加するような局面には、再保険市場の引受能力が低下する傾向が見られた。多くの財物を特定の地域に集中して所有する企業などは、そのたびに自然災害を対象とした財物保険の入手可能性の低下に直面してきた。こうした状況を背景に、損害保険および再保険に代替して、自然災害リスクを移転するリスクファイナンスへの需要が高まるなかで、カタストロフィボンドが試みられるようになった[9]。

⑴　証券化による金融市場へのリスク移転

　自然災害による損失補てんのための資金調達を、証券化の仕組みを応用して行うリスクファイナンスが、カタストロフィボンドである。大規模な施設を数多く所有する電力会社などのエネルギー関連企業が子会社を通して発行主体となる事例も見られるが、損害保険会社が元受契約で引き受けた自然災害による財物損失リスクを、小口に分割し、他の保険会社や再保険会社ではなく、多数の投資家に移転することにも利用される。

　リスク移転の対象となる自然災害、すなわちトリガーイベントは、特定の地理的範囲内における、一定の強度を超える地震や台風・ハリケーン、暴風などの発生であり、首都圏におけるマグニチュード8.0以上の地震の発生など、自然

9）カタストロフィボンドはCATボンドとも呼ばれ、1990年代半ばに登場した。

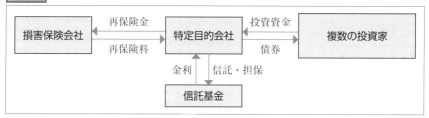

図表7　損害保険会社によるカタストロフィボンド取引

災害の発生地域と強度を取り決めて設定される。

　図表7は、損害保険会社によるカタストロフィボンドを用いたリスク移転の例を示したものである。図表7において損害保険会社は、専業の特定目的会社を設立し、そこに再保険料を支払い、大規模自然災害リスクを移転する。特定目的会社は、引き受けたリスクを分割し、債券としてのカタストロフィボンドを発行し、多数の投資家から資金を調達し、これを信託基金において運用する。

　債券が満期となり、それまでに約定のトリガーイベントが発生しなければ、特定目的会社は、信託基金の投資収益を原資として、投資家に対して約定の金利とともに元本を償還する。しかし、約定の自然災害が発生すれば、その強度に基づいてリスク移転者である損害保険会社に再保険金が支払われる。そして、支払金額が一定の水準に達すると、投資家に対する金利の引下げが行われ、それでも損失を補てんしきれない場合は元本の一部または全部が償還されず、再保険金の支払いに充てられる。

⑵　債権放棄・債務免除による信用リスクの縮小

　損害保険や再保険によりリスク移転を行う場合には、リスク移転者は保険会社または再保険会社が支払不能に陥るリスク、すなわち信用リスクにさらされることになる（**第1章Column❹**を参照）[10]。地震などの自然災害リスクはすでに

---

10)　実際には、このような支払不能のリスクを縮小するために、損害保険会社自身が再保険取引などを行うことに加え、**第4章**で取り上げた保険料規制やソルベンシー規制が行われている。

分析したとおり保険可能性が低いため、このようなリスクの引受けは、損害保険会社や再保険会社の信用リスクを高める要因となり得る。

　一方でカタストロフィボンドでは、前述のとおり投資家にとっては債権放棄が、特定目的会社にとっては債務免除が組み入れられているため、リスク移転者にとって信用リスクは小さいといえ、確実に支払いが行われると期待できる[11]。投資家にとっては金利引下げや元本割れのおそれがあるものの、後述するようにトリガーイベントが発生しなければ、リスクプレミアムが上乗せされた金利を受け取ることができる。

(3)　パラメトリック方式によるリスクコントロールの促進

　火災保険を含む通常の財物保険の保険金支払いは実損てん補ベースに基づくが、この方式の下では、リスク移転者である保険契約者は、損失を被っても保険金によりそれが補てんされるため、事故回避・縮小努力を意識的、無意識的に怠るおそれがある。このようなモラルハザードの問題を緩和するために、**第5章**で取り上げた経験料率の採用や、損害保険会社によるリスクコントロールサービスの提供が行われるが、これらの措置にはいうまでもなく費用がかかる。

　一方でカタストロフィボンドからの保険金または再保険金は、実際の損失とは必ずしも連動しない。トリガーイベントが発生した場合には、その規模や特定の対象地域などに応じて、リスク移転者に保険金または再保険金が支払われる。すなわち地震のマグニチュードや、台風・ハリケーンの強度カテゴリーなどの指標値が予め定めた水準を超えたときに、約定の計算方法に基づき支払金額が算定される。また、1回の事象による損失の合計金額の推計値が、約定の水準を超えたときに、超過額に係数を乗じて支払額が決定される方式のものも見られる。

　このようなパラメトリック方式の下では、リスク移転者は、実際に被る損失が少額であればあるほど、カタストロフィボンドからの支払金額から余剰を得

11）厳密には特定目的会社の残余の信用リスクはあるものの、損害保険や再保険と比較すれば十分に小さいといえる。

る可能性が高まる。このため、リスク移転者は、自然災害発生前には、リスクコントロールに投資し、期待損失を引き下げようと努力すると期待できる。同様に自然災害発生後も、損失拡大防止に懸命に取り組むと考えられる。このことから、実損てん補ベースの損害保険で懸念されるような、リスク移転者のモラルハザードの問題は生じにくいといえる。

さらにパラメトリック方式の採用により、実際に発生した損失の確定を待つことなく支払金額を確定することが可能となる。このためリスク移転者は、迅速に事業復旧・再開のための資金を得ることができる点も、カタストロフィボンドの利点である。

⑷ プロテクションギャップの拡大可能性

パラメトリック方式のカタストロフィボンドは反面、リスク移転者をベーシスリスクにさらすことになる。再保険に替わってカタストロフィボンドを手当てしている損害保険会社にとっては、元受保険契約のエクスポージャに、特異的に高額の損失が集中したような場合には、カタストロフィボンドからの再保険金では、元受保険金を償いきれない事態にもなりうる。リスク移転者は、カタストロフィボンドのみではこのようなプロテクションギャップに直面するおそれがある点に、留意する必要がある。

⑸ 金利へのリスクプレミアムの加算とリスク分散

カタストロフィボンドにおいて投資家に支払われる金利は、自然災害リスク引受けに対するリスクプレミアムが上乗せされるため、特定目的会社は信託基金を通じて十分な投資収益を得る必要があるものの、このことは投資家から見れば歓迎すべきことである[12]。

また、自然災害の発生は、株価や金利の変動などとは独立であるため、投資資産ポートフォリオのリスク分散を目指す機関投資家などからの需要は低くないといえる。

---

12) カタストロフィボンドの利率は、LIBORに 2 ～ 4 ％、あるいはそれ以上が上乗せされる。

2　天候デリバティブ

　天候デリバティブは、冷夏や暖冬、長雨、渇水などの極端な天候からキャッシュフローが影響を受けやすい企業や組織が、天候不順による減収に備えて利用されるリスクファイナンスの方法である。

　収支の悪化は、前述のとおり天候のみならず、不適切な経営行動によっても引き起こされるものであり、純粋に偶然の事故によるものかどうかを見極めることが難しいことから、こうしたリスクを対象とした損害保険の入手は容易とはいえない。損害保険に替わって、天候不順による減収に対して補償を提供するものが天候デリバティブである[13]。

　天候デリバティブのリスク移転者には、夏季の気温や日照時間から売上げが影響を受ける飲料製造・販売企業や、降雨日数により利用者が左右される屋外型娯楽観光施設などの運営企業、そして作物の生育期間の天候不順によって、予定した生産高を確保できないおそれがある農業者などが含まれる。

(1)　気温を指標値とした天候デリバティブの仕組み

　天候デリバティブは、第6章で取り上げたオプションの仕組みを応用したリスク移転の方法である。その仕組みを理解するために、夏季の気温が高ければ増収となり、それが低ければ減収となる飲料製造企業がリスク移転者となる例を考えてみたい。

　図表8は、夏季の平均気温を水平軸に、この企業の損益を垂直軸に取り、両者の関係を単純化して示したものである。平均気温摂氏25度が損益分岐点であるとすると、この企業は、水平軸上の25度より右方では利益を得、それより左方では損失を被るため、図表8の破線Aで示した収支変動のリスクにさらされているといえる。

　そこでこの企業は、7月から9月を対象期間として、その間の平均気温が摂氏25度を下回れば、決済金が支払われる天候デリバティブ契約を、保険会社な

13）天候デリバティブは、1990年代に開発され、利用されるようになった。

どの金融機関と結ぶことができる。このときの平均気温25度のような、支払基準となる指標値はストライク値と呼ばれる。契約締結の際には、リスク移転の対価として、プレミアムまたはオプション料などと呼ばれるリスクプレミアムを金融機関に払い込む。

このプレミアムの負担は、**図表8**の損益分岐点より右方の破線Bのとおり、水平軸より下方に移動した形状で示すことができる。そして、平均気温がストライク値を下回ったときに支払われる決済金は、ストライク値である摂氏25度と実際の平均気温との差に、予め定めた単位価額を乗じて算定されるため、その受取りと損益との関係は、**図表8**の損益分岐点より左方に向かって上昇する破線Bのとおり示すことができる。

この企業は、冷夏により減収となったとしても、天候デリバティブからの決済金でそれを埋め合わせることができ、プレミアムを超えた負担は生じない。反対に平均気温がストライク値より高ければ、売上げの増加に伴う利益を受け取ることができる。このため、天候デリバティブ契約後にこの企業がさらされる収支変動のリスクは、**図表8**の破線Cのように、ストライク値より左方では水平となり、それより右方では気温に従い上昇する形状で描かれる。

図表8 気温を指標値とした天候デリバティブによるリスク移転

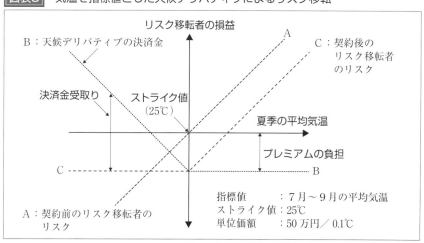

リスク移転者の損益

B：天候デリバティブの決済金　　　　　　　　　A　　　C：契約後の
　　　　　　　　　　　　　　　　　　　　　　　　　　　リスク移転者
　　　　　　　　　　　　　　　　　　　　　　　　　　　のリスク

決済金受取り　　　ストライク値
　　　　　　　　　（25℃）

夏季の平均気温

プレミアムの負担

C　　　　　　　　　　　　　　　　　　　　　B

指標値　　　：7月〜9月の平均気温
ストライク値：25℃
単位価額　　：50万円／0.1℃

A：契約前のリスク移転者の
　　リスク

　このような天候デリバティブによるリスク移転構造は、オプションプレミアムを払い込むことでそれ以上の費用負担は生じないというプットオプションの構造と、保険料を払い込めば損失から免れるという全部保険の損害保険のそれと、非常に類似しているといえる[14]。

　単位価額の設定の際には、平均気温とリスク移転者の減収との関係を分析し把握しておかなければ、後述するように決済金で減収分を補てんできないというベーシスリスクにさらされることになる。この企業が、平均気温が摂氏25度を0.1度下回るごとに、50万円の減収を経験すると見積もることができたとすると、0.1度当たり50万円を単位価額として決済金が算定される契約設計を行えばよい。この場合、仮に実際の平均気温が24度となれば、決済金は以下のとおり500万円となる。

> 決済金 ＝ 単位価額50万円 ×（ストライク値25℃ − 平均気温24℃）／（0.1℃）
> 　　　 ＝ 500万円

　また、天候デリバティブには、最高1,000万円までといった決済金の支払限度額が通常設けられている。このため、支払限度額の設定に際しても、過去の平均気温の確率分布を分析し、どの範囲にどの程度の確率で実際の平均気温が収まるのかを把握しておくことも求められる。

⑵　降雨日数を指標値とした天候デリバティブ

　降雨量の多寡によって収益が左右される企業や組織を対象とした天候デリバティブには、対象期間の降雨日数を指標値としたものが見られ、屋外型娯楽観光施設などを運営する企業により利用される。

　図表9は、このような企業がリスク移転者となる天候デリバティブの例を、水平軸に降雨日数を、垂直軸に企業の損益をそれぞれ取り、単純化して示したものである。この企業は、10月から11月の秋期61日間に1日当たり10mm以上の降水量がある日数が10日より少なければ利益を得、それが10日を超えれば、利用客数が減ることにより1日当たり100万円の減収を見込んでいるとする。

14）さらに詳しい分析については、第6章Column㉖を参照されたい。

このためこの企業がさらされる収支変動のリスクは、損益分岐点の10日より左方では上方に、それより右方では下方に、それぞれ向かう破線Aで描くことができる。

　この企業は、10月から11月おける降雨日数を指標値とした天候デリバティブ契約を金融機関と結び、その際に、ストライク値を10日、単位価額を降雨1日当たり100万円と、それぞれ設定すればよい。契約締結時にプレミアムを金融機関に払い込むため、その負担分は、**図表9**における損益分岐点より左方の破線Bのとおり、下方に移動した水平の形状で示すことができる。一方で対象期間の降雨日数がストライク値を超えれば1日当たり100万円が決済金として支払われるため、その受取りを反映して損益分岐点より右方の破線Bは、降雨日数が増えるに従い上昇する。この例において降雨日数が20日となった場合の決済金は、以下のとおり1,000万円となると計算される。

図表9　降雨日数を指標値とした天候デリバティブによるリスク移転

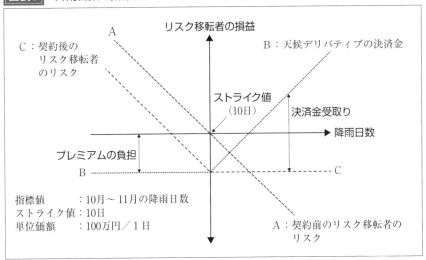

> 決済金 ＝ 単位価額100万円 ×（降雨日数20日 − ストライク値10日）＝ 1,000万円

　その結果、天候デリバティブ契約後にこの企業がさらされる収支変動のリスクは、図表9の破線Cのようになる。すなわち、プレミアムの負担分はキャッシュフローを減少させるものの、降雨日が少ないときの売上増加からの利益は享受できるとともに、降雨日が多い時であってもプレミアム以上の費用負担は生じないこととなる。

(3)　迅速な決済金支払いと収益維持努力の促進

　以上のように、天候デリバティブは、天候不順に関連して企業や組織が減収を経験した際に、対象期間の平均気温や降雨日数などの指標値に基づき予め取り決めた計算基準に則って算定した決済金を、迅速に受け取ることができるものである。

　また、収支の変動が、天候に関わる指標値と完全に相関しているわけではないことから、実際の減収幅が当初の予測より小さければ決済金は余剰となるため、リスク移転者は天候不順であっても、販売量や利用客数の落込みを防ぎ、収益を維持する努力を怠ることはないと考えられる。

(4)　プロテクションギャップの拡大可能性

　天候デリバティブの決済金の基準となる指標値が、実際の収支変動と必ずしも連動しないことにより、収益を維持する努力が促進される反面、リスク移転者は十分な補償を得られないというベーシスリスクにさらされることになる。また、天候不順による減収を、リスク移転者の努力のみで十分防ぐことはできない。上記(2)の例で見れば、夏季の平均気温が24度となったからといって、減収が1,000万円以内にとどまるとは限らず、減収幅が予想を超えて大きければ、決済金でそれを補てんしきれないおそれがある。

　さらに、天候デリバティブには支払限度額が設けられ、それを超えた減収分は、消極的なリスク保有となる。リスク移転者となる企業や組織には、このようなプロテクションギャップを理解したうえで、天候デリバティブを手当てす

ることが求められる。

3　損害保険に補完・代替的なリスク移転の特徴

　以上のような損害保険に補完・代替的なリスク移転の特徴を、それらの利点と留意点に注目して整理をすると、**図表10**のとおりとなる。

　カタストロフィボンドは、保険可能性が低い自然災害リスクにリスク移転の方法を提供するとともに、パラメトリック方式によるため、自然災害からの復旧と事業再開のための資金を迅速に提供することができる。また、債権放棄・債務免除により信用リスクを最小化しているため、従来の損害保険や再保険に比べ、支払不能となる可能性が低いといえる。

　さらにリスク移転者が実際に被った損失ではなく、地震のマグニチュードなどの指標値に基づいて支払金額が算定されるパラメトリック方式が通常採用されるため、リスク移転者は自然災害発生の前後とも、損失回避・縮小努力を行うと期待できる。リスク引受者となる投資家の立場から見れば、他の債券より高い利率を享受できるとともに、自然災害の発生が、他の投資機会とは独立であるため、リスク分散に有利であるといえる。

　反面、リスク移転者にとっては損失補てんのための十分な資金を得られないという、プロテクションギャップを経験するかもしれず、また、特定目的会社

図表10　補完・代替的リスク移転の特徴

	カタストロフィボンド	天候デリバティブ
利点	・自然災害に対するリスク移転手段の提供 ・即時の資金利用可能性 ・信用リスクの縮小 ・リスクコントロールの促進 ・投資のリスク分散の促進	・天候不順による減収に対するリスク移転手段の提供 ・即時の資金利用可能性 ・収益維持努力の促進
留意点	・プロテクションギャップの拡大可能性 ・リスクプレミアムを反映した金利負担	・プロテクションギャップの拡大可能性

が、投資家に対してリスクプレミアムを上乗せした金利を支払わなければならないことには、留意が求められる。

　天候デリバティブは、天候不順による減収という、損害保険の補償対象としては一般的でないリスクに対して、企業や組織にリスク移転の方法を提供するものである。また、気温や降雨日数などを指標値として決済金が支払われるため、リスク移転者は減収を経験したのち、その補てんのための資金を迅速に入手することができる。

　そして減収幅を抑えることができれば、決済金に余剰が生じるため、リスク移転者は通常の水準の収益を維持しようと努力すると期待できる。反面、収支の変動が、指標値となる気温や降雨日数などと完全に相関しているわけではないことに加え、支払限度額が設けられているため、リスク移転者は、減収を償うに足る決済金を得られないという、プロテクションギャップに直面するおそれがある。

4　損害保険とレジリエンスファイナンス

(1)　自然災害レジリエンスファイナンスの展開

　火災保険や利益保険、地震保険などの各種損害保険とともに、カタストロフィボンドやコンティンジェントデットも自然災害リスクファイナンスとして機能してきた。しかしこれらは、自然災害による損失を事後的に補償することを前提としており、リスクコントロールを促す機能は限定的にしか持たないものであった。しかし近年、洪水、台風、豪雨などの極端な気象現象が頻発したり、大規模な地震を経験したりするなか、自然災害発生後に従前の状態への迅速な復旧に加え、自然災害リスクに対して、より強靭な社会を構築することの重要性が認識されるようになり、レジリエンスファイナンスの可能性が注目されるようになっている。

　レジリエンスファイナンスは、自然災害発生後の復旧のみならず、その発生前の段階も含めた自然災害適応能力の強化を目指すものである。すなわち損失補てんのみならず社会全体の自然災害への強靭化を目的とし、リスク縮小とともにその受容にも力点を置いている。具体的には、保険リンク融資、レジリエ

ンスボンド、レジリエンスインパクトボンドなどがその例として挙げられるが、いずれも契約前および契約後に当事者の自然災害レジリエンス向上への投資を促すインセンティブ要素が組み入れられている。

　これらのレジリエンスファイナンスのなかで、保険リンク融資は、融資実行に先立ってレジリエンス計画による期待損失削減効果を保険料割引に反映させ、その節減分を計画実行に投入するとともに、融資後には、計画の実施状況に応じ、より有利な融資条件が再適用されるものである。

　レジリエンスボンドでは、レジリエンス計画の実行を前提に、予め割り引かれたプレミアムを適用するとともに、金利も低く設定され、リスク移転者はそれらの負担軽減分を計画実行の財源に充てるというものである。このように保険リンク融資と同様に、自然災害レジリエンス向上へのインセンティブを継続的に付与することが期待できる。

　また、レジリンスインパクトボンドでは、図表11のように資金提供者とインパクト投資家（ともに公的機関や非営利組織など）が、レジリエンス計画やその成果に基づくリワードの計算方法などについて合意し、前者は後者に資金を提供する。その資金を原資として、インパクト投資家は、必要な財物と資産に保険を付したうえで、レジリエンス計画実行者を通して計画を実行する。資金提供者は、計画の成果を予め定めた指標に基づき定期的に評価し、その結果に応じてインパクト投資家に金利などのリワードを支払うというものである。計

図表11 レジリエンスインパクトボンドの仕組み

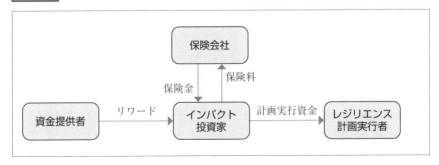

画が不成功であれば、リワードが減額されたり、支払われなかったりすることから、インパクト投資家はレジリエンス計画実行者をモニタリングする強いインセンティブを持つと期待できる。

　以上のように、保険リンク融資、レジリエンスボンド、レジリエンスインパクトボンドといったレジリエンスファイナンスのいずれの方法も、収益性確保の方法など解決すべき技術的課題も少なくないが、今後これらが普及していけば、損害保険会社が、より深く関与したり、損害保険商品の内容に影響が及んだりすることも考えられるため、今後も注視する必要がある。

⑵　レジリエンスファイナンスとしての損害保険の役割

　レジリエンスファイナンスとして期待できる損害保険商品としては、パラメトリック保険が挙げられる。自然災害を対象としたパラメトリック保険は、従来は開発途上国の自然災害脆弱地域において公的セクターにより試みられているプログラムや、同様に小規模事業者や農業者を対象としたマイクロ保険が中心であった。しかし近年は、先進国においても個人や企業・組織向けの自然災害を対象としたパラメトリック保険が登場している。

　米国カリフォルニア州では、個人、中・小規模事業者およびNPOなどを対象として、米国地質調査所によって測定された保険の目的物の所在地の地震の強度が、一定の閾値を超えたときに、予め取り決めた保険金額に基づき保険金を支払うという、パラメトリック方式の地震保険が登場している。また、オーストラリアでは、個人、中・小規模事業者、そして農業者に向けたパラメトリック保険が見られるが、これは、同国気象局から提供を受けた情報から、熱帯低気圧の風速と進路を予測し、予想被害額を代理する独自の指標に基づき即時に保険金を支払うものである。わが国においても、2021年より個人向けの地震費用保険の提供が始まったが、これは地震発生後、気象庁が公表する震度情報に基づいて、保険金支払対象となる保険契約を特定し、震度に応じて定額の保険金を即時に支払うものである。

　これらの自然災害パラメトリック保険は、図表12に示したとおり、地震の震度などのパラメータに基づき保険金額を予め取り決めるため、保険会社が予

想を超えて高額の保険金を支払う事態にはなりにくく、支払不能のリスクは低いといえる。また、保険金が実際の損失に基づかず支払われるため、保険契約者が自主的に損失回避・縮小努力を行うと期待できるとともに、パラメータが確定次第、即時に保険金が支払われるため、保険契約者は、被災後の事業再開や生活再建のための資金を早期に入手できることから、自然災害レジリエンス向上に貢献することが期待できる。さらに、損害調査費用が不要のため、付加保険料が抑えられ、保険の入手可能性も確保できると考えられる。

しかし、保険契約者が被った損失と、パラメータに基づいて決定された保険金が必ずしも一致しないため、自然災害パラメトリック保険のみでは、深刻なプロテクションギャップに直面することにもなりかねない。この問題を緩和するために、損失推計モデルを精緻化すれば、そのための費用がかかり、損害調査費用の削減分を相殺しかねない。このことに加え、保険金決定プロセスの透明性・客観性も損なわれるおそれもある。

以上のことを考慮すれば、自然災害パラメトリック保険は、レジリエンス

図表12 自然災害パラメトリック保険の特徴

信用リスク	パラメータに基づき保険金額を予め取り決めるため、支払不能の可能性は低い。
損失回避・縮小努力促進	パラメータに基づいて支払いがなされるため、損失回避・縮小努力が促進される。
保険金支払いの迅速性	損害調査が不要であるため、迅速に保険金が支払われる。
入手可能性	損害調査費用が不要であるため付加保険料を低く抑えることができる。ただし、損害推計モデル構築・運用費用が反映されるおそれがある。
プロテクションギャップ	客観的なパラメータに基づく場合は、深刻となりうる。損失推計モデルに基づく場合は、その精度に依存する。
保険金決定プロセスの透明性・客観性	客観的なパラメータに基づく場合は、透明性・客観性は確保される。損失推計モデルに基づく場合は、透明性・客観性が損なわれるおそれがある。

ファイナンスとしての可能性を十分持つものであるが、現時点において、同保険単独で自然災害リスクに対処することは必ずしも適切ではないといえ、従来の実損てん補ベースの火災保険や地震保険に付加して利用することが望まれる。

第 8 章
リスクマネジメントの
プロセス

　個人、そして企業や組織がさまざまな純粋リスクに対処するために、損害保険を含む保険を軸としながら、これまで見てきたリスクコントロールや内部リスク縮小といった活動や方法、そしてリスク保有や代替的リスク移転などのリスクファイナンスの方法を、保険に組み合わせたり、保険に替わって利用したりしている。これらの活動や方法を適切に選択し実行するためには、純粋リスクマネジメントの手順と方法を理解することが求められる。

　本章では、主に企業・組織の視点から純粋リスクマネジメントのプロセスの全体像を見たうえで、純粋リスクの種類別に潜在的なリスクの特定と測定の方法、そしてリスクマネジメントの選択基準とその実行方法、さらにその成果の評価基準について理解していく。

1 純粋リスクマネジメントのプロセス

　保険を含むリスクマネジメントは、**第6章**で述べたとおり20世紀後半から現在まで体系化が進んできたが、それと同時に、特に企業や組織が行うべき純粋リスクマネジメントのプロセスについても繰り返し再整備されてきた。純粋リスクマネジメントの詳細なプロセスは、企業や組織の事業内容、事業規模、活動する地域などによりさまざまであるが、共通して**図表1**に示したとおりのプロセスで概ね行われる。

　それは、財物損失や賠償責任損失、人身損失、そしてそれらの損失に伴う費用負担が生じる可能性のある資源、つまりエクスポージャを特定するという、リスク特定のプロセスから始まる。続いてリスク測定のプロセスでは、特定されたエクスポージャが将来キャッシュフローにどのような影響を及ぼすのかを、期待損失とその変動性を量的に測定することなどを通して把握する。そし

図表1　純粋リスクマネジメントのプロセス

て、リスクの測定結果に基づき、各エクスポージャに対して利用すべきリスクマネジメントの方法や活動を選択し、必要に応じて複数を組み合わせてリスクマネジメントプログラムを設計する。そのうえで選択・設計したプログラムを実行するが、それと同時にその成果を継続的にモニタリングする。すなわち、リスクマネジメントの実行により見込まれる期待損失の低下および変動性の縮小という便益、またそのために負担する費用を、常に評価し、前者に比べて後者が過大となるようであれば、前のプロセスに遡り、必要に応じて対応を変更する。

２ リスクの特定

1　純粋リスクの特定と損害保険の役割

　純粋リスクマネジメントの最初のプロセスでは、何らかの損失や費用負担が生じるおそれのある資源を特定する。重大な純粋リスクの認識漏れは、必要なリスクマネジメントの手当ての欠落につながり、重大な事故が発生すれば高額の損失を被ることになりかねない。その結果、その補てんのために、個人の場合は他の目的のために貯蓄を行ってきた資金を取り崩したり、企業や組織の場合には銀行融資を申し込んだり、証券を発行したりして、資金調達を行う必要に迫られるおそれがある。

　特に企業が損失発生後に資金調達を行うことには、信用リスクの過大評価による証券の過小評価といった、少なからぬ費用が伴う（**第5章Column⓮**を参照）。こうした事態を避けるため個人は、住宅や家財などの財物の管理状況、それらが所在する地域の風水災、土砂災害などのリスク実態、自動車の使用状況などを把握しなければならず、また、企業や組織は、経営者・管理者の意思決定状況、建物やその収容物を含む財物の使用・管理状況、従業員の業務内容とその遂行状況など多くの事項を調査することが求められる。

　第5章において述べたとおり、個人や企業・組織が損害保険契約を申し込む場合には、損害保険会社のアンダーライティングを通して補償対象となるエクスポージャのリスク実態が明らかにされる。個人の契約申込者に対しては、保険会社が保険契約申込書への記載を求め、そこから得られた情報に基づき、リスクを特定する[1]。火災保険では、保険の目的物の所在地、構造および用法など、また自動車保険では、自動車の用途・車種、型式、無事故・事故歴などが記載事項に含まれるため、申込書記載の過程で、契約申込者も自らのリスクを認識することができる。

1）**第5章**で述べたとおり、保険契約申込書記載事項に対して、申込者は告知義務を負い、これに違反すれば、保険契約が解除されることもある。

　企業や組織が保険契約申込者である場合には、保険会社が工場や事務所、店舗など保険の目的物となる財物が所在する現地に、専門の従業員を派遣し、個々の純粋リスクエクスポージャを特定していく。工場を対象とした火災保険を引き受けようとする場合には、その建築構造、消火設備の配備状況、業種、周辺環境、機械設備や電気・ガスなどの使用状況などを、現地調査を通して詳細に把握する。その内容は、インスペクションレポートに取りまとめるとともに、企業や組織が取るべき具体的な対策を提示する。このように、個人や企業・組織が損害保険契約を結ぼうとすれば、リスクの特定に必要な専門的な技術知識を、保険会社から借用して、効率的にそれを行うことが可能となる。

2　財物損失リスクの特定

(1)　直接損失の推計

　純粋リスクを特定するには、企業は**第1章**において見た財物損失リスク、賠償責任損失リスク、そして人身損失リスクの別に、それぞれの直接損失と間接損失を推計する必要がある。

　財物損失リスクの特定の際に助けとなるものが、**図表2**に示したような企業向けのリスク特定のための包括的な確認リストである。こうしたリストは、保

図表2　財物損失リスク特定のための企業向け確認リスト

直接損失	間接損失
・所有・使用・管理する事務所・工場・倉庫・店舗・什器・備品・製品・商品などの財物の特定 ・財物の価値評価 ・火災・洪水・地震・盗難など財物に生じる損失の原因 ・損失の発生頻度と強度 ・損失発生後の財物の修理・修繕・再調達可能性	・代替施設・設備が必要となる期間・費用 ・事業中断または縮小の可能性 ・事業中断または縮小の期間と休業損失 ・事業再開後の減収見込み ・外部資金調達の可能性とそのための費用

険会社が保険契約引受けに際して、保険契約者にしばしば提供するものである。図表2のとおり、直接損失を推計するためには、個人や企業、組織が所有または使用する住宅や、事務所、工場などの建物と、それらに収容されている家財や生産設備などのすべての財物を特定し、それらの価値を評価することが求められる。そのうえで、火災や自然災害、盗難など財物に生じる損失の原因、損失の発生頻度と強度の測定、損失発生後の財物の修理、修繕または再調達の可能性を把握することが求められる。

(2)　財物評価指標の選択

　直接損失を推計する際には、財物の評価方法を慎重に選択する必要がある。火災保険などの契約締結の際に、保険価額の基準を選択し、それに基づき保険金額を決定するときにも、財物の評価額は重要な指標となる。

　そのために財務管理上用いられるものが、時価額である。これは第3章で述べたとおり、財物の新規調達価額から経年減価額を差し引いたものである。このため時価額は、財物が損失を被ったときに修理、修繕または再調達するために必要な金額を示しているとは必ずしもいえず、純粋リスクの認識の際に用いるには、適切でない場合がある。

　別の評価指標として、財物の所有者以外の当事者が、それに対して支払ってもよいと認める価値である市場価値を用いることもできる。これに対して、企業や組織に利益をもたらす財物の評価基礎として依拠する指標が固有価値である。これは、現在の所有・使用・管理主体である企業や組織自身が認める財物の価値である。すなわち、その財物が企業や組織にとって固有の利益を生み出すものであれば、固有価値は市場価値を超え、そうでなければ、固有価値は市場価値と同値となる。

　また、再調達価額とも呼ばれる新規調達価額は、全損となった財物を再調達するために必要な金額であり、もとの財物の経年減価額分や、再調達する新たな財物の品質の改善による価格上昇などにより、時価額を超える場合が多い。純粋リスクマネジメントにおいては、財物の使用実態および重要度に応じて、これらの財物評価指標を選択することとなるが、損失発生後の迅速な復旧を前

提とすれば、新規調達価額または固有価値に基づいて財物の価値を評価することが適切であり、火災保険などの財物保険契約締結に際しても、時価額ではなく新規調達価額で保険価額を設定したほうが安全である。

(3) 間接損失の推計

　財物損失リスクの特定は、直接損失に加え、その発生に起因して二次的に被る間接損失を推計することも必要である。住宅や家財、工場、什器、備品が損壊し使用できなくなれば、代替の住宅や施設、設備を確保しなければならず、復旧までの期間とその間の賃借料を予め推計することが求められる。企業や組織にとっては、工場や店舗などの建物、そして生産設備や什器・備品の全部または一部が使用できなくなった場合の事業中断または縮小の可能性と、事業再開・復旧までに見込まれる期間、そしてその間の休業損失、すなわち失われた収益や、従業員への給与の支払いなどの費用を推計する必要がある。

　また、事業を中断している間に顧客を失った場合に生じる事業再開後の減収についても、予め推計することが望まれる。さらに、直接・間接損失の補てんのために外部資金を調達することになった場合の、証券発行の手数料や証券の過小評価といった費用を予め把握することも求められる[2]。これらの間接損失の総額は、しばしば直接損失を超えて高額となり、キャッシュフローに大きな影響を及ぼしうるものである。

3　賠償責任損失リスクの特定

(1) 不法行為による損害賠償責任の負担

　個人は、生活するなかで、自らの過失により他者の身体や財物に損害を与えた場合には、被害者に対して損害賠償責任を負うことになる。自動車事故などを引き起こし、被害者が傷害を負った場合には、治療費や休業損失、精神的苦痛に対する慰謝料などに相当する損害賠償金を支払う必要がある。

2）証券の過小評価などの損失発生後の資金調達費用については、第5章Column⓲の分析を
　参照されたい。

　また、裁判や調停にかかる弁護士費用などの争訟費用を負担する場合もある。企業や組織の場合は、株主、債権者、顧客および原材料供給者など、多様な当事者と直接取引を行うとともに、事業活動の拠点を置く地域の住民や事業者も、直接取引を行っていないとしても、何らかの利害関係にあるステークホルダーであるといえる。企業や組織が、故意または過失といった不法行為により、ステークホルダーの権利や利益を侵害した場合には、損害賠償金を支払わなければならない。

　このような賠償責任損失リスクの特定の際にも、リスクマネジメント主体が企業や組織の場合には、図表3に例を示したような、直接損失と間接損失に区分された確認リストを用いることができる。従業員の業務上の過失により、顧客や原材料供給者の財物を損壊した場合や、所有、使用または管理する店舗や事務所、工場内においてこれらのステークホルダーが傷害を負った場合には、企業や組織は、修理・再調達費用や医療費などに相当する損害賠償金を支払わなければならない。こうした直接損失に加え、そのことによりステークホル

図表3　賠償責任損失リスク特定のための企業向け確認リスト

直接損失	間接損失
・不法行為により他者に対して損害賠償責任を負う頻度とその場合の賠償金の金額 ・製造者が顧客に対して製造物責任を負う頻度と賠償金の金額 ・会社役員が会社役員賠償責任を負う頻度と賠償金の金額 ・専門職業人が専門職業人賠償責任を負う頻度と賠償金の金額 ・裁判費用などの争訟費用負担の頻度とその金額	・製造者が欠陥のある製造物回収および被害拡大防止のために負担する費用 ・企業・組織が賠償責任負担後の評判の低下による利益の減少分 ・企業・組織が賠償責任負担後の信頼回復のための業務改善や広報活動などのために負担する費用 ・企業・組織が賠償責任負担後の債権者、顧客、原材料供給者などとの契約条件の改悪により負担する費用 ・企業・組織が賠償責任負担による財務困難となる可能性とその際の外部資金調達費用

ダーの信頼が損なわれれば、銀行による貸付金利の引上げ、顧客からの値引きの要請、原材料供給者との取引縮小など、契約条件の改悪に伴う間接損失を被ることになる。

(2)　製造物責任の負担

　企業や組織にとって、より重大な賠償責任損失リスクとして、製造物責任の負担が挙げられる。電気機器や自動車を製造している企業は、製品の安全上の欠陥によって傷害を負った顧客に対して、損害賠償責任を負うおそれがある。製造物責任は、**第2章**で取り上げた製造物責任法に基づく損害賠償責任であり、同法の下で、被害者は製造物の欠陥を立証すれば、損害賠償請求を行えることとなっている。

　通常の損害賠償責任では、損害を被った被害者が、加害者に過失があったことを立証しなければならないが、多くの消費者にとって電気機器や自動車などの製造物の安全性を、それらの構造、原材料、製造過程などを熟知したうえで見極めることは困難である。他方で製品の製造者は、その安全性に関して情報優位にあり、リスクコントロールを行える立場にあることから、製造物に安全上の欠陥がなかったことを立証できない限りは、損害賠償責任を負うことになる[3]。

　その結果、被害者に対して損害賠償金を支払うとともに、場合によっては裁判にかかる諸費用を含む争訟費用を負担することになる。これらの直接損失に加え、欠陥のある製品回収のための費用、さらに評判の低下による売上げの減少、信頼の回復に向けた生産管理の改善や広報活動のための費用の負担など、多額の間接損失を被ることがありうる。

(3)　会社役員賠償責任の負担

　企業の経営主体である会社役員が、その業務を適切に遂行しなかったことに

3）製造物責任法は、このような重い製造物責任を製造者側に負わせることにより、製造物の安全性向上への投資を促している。

起因してステークホルダーが不利益を被れば、会社役員賠償責任を負うことがある[4]。株式会社形態の企業の場合には、会社役員が適切な意思決定に基づいて経営行動を取らなかったり、株主の利益に反した行動を取ったりしたことにより株価が下落した場合に、株主から役員に損害賠償を求める株主代表訴訟を受けるおそれがある。特に公開株式会社の場合には、資本規模も大きく、損害賠償責任の負担による企業のキャッシュフローへの影響は甚大となりうる。

　また、適切な内部統制システムを構築しなかったために、求職者や従業員が雇用差別やハラスメントなどの権利侵害を受けたときにも、損害賠償金や弁護士費用などを含む争訟費用を負担することになる。

(4)　専門職業人賠償責任の負担

　病院や診療所、薬局、弁護士事務所、司法書士事務所など、専門職業人の専門的知識や技能に大きく依存する企業や組織の場合には、業務上の過誤により顧客に損失を与える事態にもなりうる。この場合も専門職業人は、自らの業務内容に関して、顧客より情報優位にあることはいうまでもなく、やはり重い損害賠償責任である専門職業人賠償責任を負うことになる。

4　人身損失リスクの特定

　個人にとって、自らあるいは家族の傷害、疾病、後遺障害、死亡は、重大な人身損失リスクであることは、**第1章**において述べたとおりである。個人は、日常生活のなかで細心の注意を払っていたとしても、疾病となったり、火災や自然災害、自動車事故などにより傷害を負ったりするおそれがあり、その結果、医療費や介護費用を負担することになる。わが国には各種の公的医療保険制度などの公的生活保障制度が存在するが、それには自己負担割合が設けられており、先進医療など補償対象外のものもあるため、傷害や疾病が重篤な場合や、治療期間が長期にわたる場合には、費用負担が極めて重くなるおそれがある。また、死亡した場合には、葬儀費用が必要となる。このような直接損失に

4）　会社役員賠償責任は、経営者賠償責任とも呼ばれる。

加え、就業不能期間の休業損失、再就業後の収入の減少、恒久的に就業不能となった場合の逸失利益などの間接損失を負担することになる。

　企業や組織にとっても、従業員や管理者、経営者は、いずれも価値を生むために不可欠な人的資源である。傷害や疾病、後遺障害、死亡、退職によりこれらの人的資源が損なわれれば、雇用契約上の合意に基づく福利厚生の一環としても、また、公的医療保険や労働者災害補償保険、企業年金などの公的諸制度によっても、各種手当てや給付金、退職金などの一定の保障または補償を提供しなければならない。これらの直接損失に加え、二次的に生じる間接損失の負担も忘れてはならない。従業員が予期せず休業または退職することで、事業中断または縮小せざるを得なくなった場合には、従前の事業を継続していれば得られたであろう利益を失うことになる。

　こうした休業損失に加え、損失を被った人材が死亡や退職などにより恒久的に業務に復帰できなくなった場合には、同等の能力を持つ代替の人材を確保しなければならない。このためには、人材募集や選考のための新規採用費用、そして採用後も教育・研修のための費用負担が求められ、これらも人的損失リス

<u>図表4</u>　　人身損失リスク特定のための確認リスト

直接損失	間接損失
・個人の傷害・疾病・後遺障害・死亡による医療費・介護費用・葬儀費用などの負担 ・企業・組織の経営者・従業員の従事する業務に起因した傷害・疾病・後遺障害・死亡の発生頻度とそれに伴う保障・補償の種類と金額 ・企業・組織の経営者・従業員の退職の頻度とタイミング、それに伴う退職金などの金額	・就業不能期間の休業損失、再就業後の収入の減少、恒久的な就業不能による逸失利益 ・企業・組織の経営者・従業員などの傷害・疾病・後遺障害・死亡による事業中断または縮小の可能性 ・企業・組織が事業中断・縮小する場合の見込まれる期間と休業損失 ・企業・組織が事業復旧後の利益縮小の規模 ・企業・組織の経営者・従業員の退職・死亡に伴う新規採用・教育・研修のための費用

クに伴う間接損失として認識しておく必要がある。

　図表4（前頁）は、以上のような個人、企業にとって特定すべき人身損失リスクをまとめたものである。

3 リスクの測定 ✏

1 期待損失の測定

⑴ 加重平均

　リスクマネジメントの主体は、適切なリスクマネジメントの選択の前提として、純粋リスクの特定と同時に、それらから生じる費用負担の影響度を測定することが求められる。その際には、期待損失とその変動性を測定する方法が簡便である。期待損失の測定方法にはさまざまなものがあるが、最も汎用的なものが、加重平均である。そこで、2つのエクスポージャの例を見ながら、加重平均により期待損失を測定してみたい。エクスポージャAとBのそれぞれに生じる損失強度と、それぞれの強度が発生する事故頻度の組合わせが、**図表5**（次頁）のとおりであったとする。このよう損失の強度すなわち起こりうる結果と、事故の頻度すなわち発生確率を結び付けたものは、確率変数と呼ばれる。加重平均は、以下の計算式で示したとおり、結果として起こりうるすべての損失強度の水準別に、それらが発生する頻度すなわち確率により重み付けを行い、その結果を総和したものである。すなわち、各結果が起きる確率を p_1, p_2, p_3, $\cdots$, p_n と、結果として起こりうる損失強度を L_1, L_2, L_3, $\cdots$, L_n とすれば、期待損失 $E(L)$ は、以下のとおり求められる。

$$E(L)=\sum_{i=1}^{n}p_i L_i$$

　これに従い**図表5**の2つのエクスポージャの期待損失 $E(L_A)$、$E(L_B)$ は加重平均により以下のとおり、ともに230,000円と求められる。

$$
\begin{aligned}
E(L_A)=\ & 0.10\times100,000+0.20\times150,000+0.40\times200,000 \\
& +0.20\times350,000+0.10\times400,000=230,000 \\
E(L_B)=\ & 0.20\times25,000+0.40\times50,000+0.25\times100,000 \\
& +0.10\times800,000+0.05\times2,000,000=230,000
\end{aligned}
$$

図表5　損失の確率分布

エクスポージャ A		エクスポージャ B	
事故頻度（%）	損失強度（円）	事故頻度（%）	損失強度（円）
10	100,000	20	25,000
20	150,000	40	50,000
40	200,000	25	100,000
20	350,000	10	800,000
10	400,000	5	2,000,000

(2)　最頻値

　図表5の2つのエクスポージャの確率分布を比べると、加重平均による期待損失は同じであるにもかかわらず、エクスポージャAは分布の中央付近に多くの結果が集中しているのに対して、エクスポージャBは損失強度が低い結果が多く発生する傾向があることがわかる。このような確率分布の歪みを示す指標が歪度であり、エクスポージャBは正の歪度を持っているといえる[5]。後述するように純粋リスクにさらされるエクスポージャの期待損失は、このような正の歪度を伴う分布を示す場合が多い。

　軽微な自動車事故による少額の車両損失を伴う事故は少なくない一方で、車両が全損となるような重大な事故の発生頻度はそれほど高いとはいえない。同様に、火災についても建物の一部が焼損を受ける部分焼の発生頻度に比べ、広域に類焼し数多くの建物と収容物が全焼となるような甚大は火災のそれは、高いとはいえない。これらの歪度を伴う確率分布では、加重平均のみによるリスク測定では十分でない場合がある。

　このために用いられる指標が、起こりうる結果のなかで最も度数が多い値を求める最頻値である。エクスポージャBの最頻値は、事故の発生頻度が最も高

5）負の歪度を伴う確率分布では、損失強度が高い結果が多く発生する。また、**第2章**の中心極限定理に関連して触れた正規分布は、加重平均を中心にそれに近い結果が多く、遠い結果が少ない度数で対称に現れる確率分布である。株式などの証券価格といった価格リスクにさらされるエクスポージャは、正規分布に従うものが少なくない。

い50,000円となる。最頻値を把握することにより、最も頻繁に起こりうる事象に、より効率良く備えることができる。

2 期待損失の変動性の測定

(1) 分 散

リスクの測定に際しては、期待損失とともにその変動性についても知る必要がある。そのために広く用いられる指標としては、分散と標準偏差が挙げられる。これらにより、実際に生じる結果が、期待損失付近にどの程度集中するのか、あるいは期待損失から乖離した極端な結果がどの程度起きるのかを把握することができる。期待損失を $E(L)$、各結果が起きる確率を p_n、結果として起こりうる損失の強度を L_n とすれば、エクスポージャの分散 V は、以下の計算式により求められる。

$$V = \sum_{i=1}^{n} p_i \{L_i - E(L)\}^2$$

計算式右辺の構成要素 $L_i - E(L)$ は、偏差と呼ばれ、実際の損失強度が期待損失からどの程度乖離しているかを示す指標である。偏差は正と負の両方の符号を取るため、これを二乗することですべてを正の値とし、それぞれの結果が起こる確率で加重したうえで総和したものが分散である[6]。しかしこのため分散の値は、偏差＞1または＜−1であれば極端に高い、または低い値となったり、偏差が0±1の範囲であれば極めて0に近い値となったりするため、しばしば利便性に欠けることには留意する必要がある。

(2) 標準偏差

分散の不都合を解消するために用いられる指標が、標準偏差である。標準偏差 σ は、以下の計算式のとおり、分散の平方根として求められる。

---

6) 結果としての損失は、期待損失を中心として上回る、あるいは下回るため、偏差を直接総和すると、その値は0となる。

$$\sigma=\sqrt{\sum_{i=1}^{n} p_i \, |L_i - E(L)|^2}$$

前掲図表5のエクスポージャAおよびBの標準偏差 σ_A と σ_B は、それぞれ以下のとおり計算される。

$$\sigma_A=\sqrt{\begin{array}{l}0.10\times(100,000-23,0000)^2+0.20\times(150,000-23,0000)^2\\+0.40\times(200,000-23,0000)^2+\cdots+0.10\times(400,000-23,0000)^2\end{array}}$$
$$\fallingdotseq 95,394$$

$$\sigma_B=\sqrt{\begin{array}{l}0.20\times(25,000-23,0000)^2+0.40\times(50,000-23,0000)^2\\+0.25\times(100,000-23,0000)^2+\cdots+0.05\times(2,000,000-23,0000)^2\end{array}}$$
$$\fallingdotseq 463,384$$

以上の結果からは、エクスポージャAおよびBの期待損失は、前述どおりともに23万円と同一水準であっても、標準偏差は順に9万5,394円、46万3,384円となり、実際の結果としての損失が期待損失から大きく乖離する確率は、エクスポージャBのほうが高く、よりリスクが大きいことがわかる。

3　ヒストグラムによる確率分布分析

　個々のエクスポージャの確率分布を視覚的に把握するためにしばしば用いられるのが、図表6のようなヒストグラムである。これは、結果の値が、どの水準にどの程度分布しているのかを示す確率密度関数を、結果の値を横軸に、その頻度すなわち確率密度を縦軸に取り、平面上に展開したものである。ヒストグラムと横軸に挟まれたベル型の領域の面積は、あらゆる結果が起きる確率の総和、すなわち1.00（100％）であるととらえることができる。**図表6**（274頁）の確率分布Eのように左右対称に起こりうる結果が分布しているものは**第2章**でも触れた正規分布と呼ばれる。正規分布に従う純粋リスクエクスポージャの加重平均と最頻値は、ともに確率分布 E における $E(L_E)$ のように分布の中央の値となる。

　一方で正規分布に従わず、分布が右方または左方に歪曲している確率分布も存在する。このような分布の歪みを測る指標が前述の歪度であり、正規分布の場合にその値は0となる。起こりうる結果が左方に多く分布しているものは正の、右方に多く分布しているものは負の歪度を伴っている。すでに述べたように、財物損失を含む純粋リスクのエクスポージャは正の歪度を伴うものが多く、その確率分布は**図表6**の確率分布Fのような形状となる。この場合の加重平均と最頻値は一致せず、前者はヒストグラムの面積を左右に二等分するE (L_{F1}) であり、後者は最も確率密度の高いE (L_{F2}) となる。期待損失の変動性を把握する際にもヒストグラムは有用である。たとえば**図表7**（次頁）に示した確率分布G、HおよびIは、ともに期待損失を中心に起こりうる結果が対称に分布している正規分布である。確率分布GとHを比較すれば、前者は後者より左方に位置しているため、前者の期待損失は、後者のそれより低いことがわかる。次に確率分布GとIを比べると、ともに分布の中心となる期待損失は等しいことがわかる。しかし、Gでは結果が期待損失を中心に広い範囲に現れるのに対して、Iでは期待損失に近い範囲に多くの結果が集中していることが読み取れる。このことから両者は、期待損失が同じであってもその変動性については、確率分布GのほうがIより大きいといえる。

　期待損失の標準偏差は、起こりうる結果がどの程度の確率でどの範囲に収まりうるのかを把握することにも利用可能である。確率分布が正規分布であれば、**図表8**（次頁）のように $E(L) \pm \sigma$ の区間に約68％、$E(L) \pm 2\sigma$ の区間に約95％、そして $E(L) \pm 3\sigma$ の区間に99％以上の結果がそれぞれ含まれることが知られている。したがって、起こりうる結果のおおよそ68％に効率的に対処しようとすれば、$E(L) \pm \sigma$の範囲の損失に対応可能なリスクマネジメントを行っていればよいといえる。前掲**図表5**のエクスポージャ Aの場合には、$E(L_A)$ 230,000円 $+ \sigma_A$ 95,394円 $= 325,394$円を超える確率は約16％と見込め、概ねこの金額の損失補てんを行いうる保険や準備金を手当てしておけば、起こりうる事態の約84％に対処可能と判断することができる。

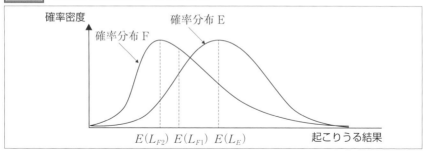

図表6　正規分布と歪度を伴う確率分布

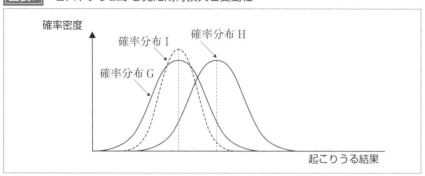

図表7　ヒストグラムから見た期待損失と変動性

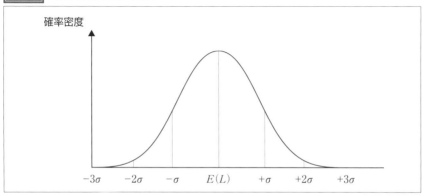

図表8　確率分布と標準偏差

4 予想最大損失とバリューアットリスク

(1) 予想最大損失

　企業や組織のリスクマネジメントでは、期待損失や標準偏差などとともに、予想最大損失（PML：Probable Maximum Loss）も、リスク測定の指標として用いられる。これは、特定のエクスポージャに発生しうる損失の確率分布から、特定の信頼水準において、一定の期間に起こりうる損失の最大値を求めるものであり、**図表9**のように対象期間および信頼水準により定義された潜在的損失の金額によって示される。

　ある企業の保有財産について、1年間の予想最大損失が、95％の信頼水準において15億円であると定義された場合、1年間に損失が15億円を超える確率が5％であることを意味している。同様に予想最大損失が、99％の信頼水準において20億円であった場合には、損失が20億円を超える確率が1％であることを示している。このような予想最大損失は、**図表9**に示した確率密度関数のヒストグラム上で、一定の損失水準で区切られた分布の右方の面積としてとらえることができる。すなわち、確率密度全体の面積は1.00（100％）であるから、損失が15億円以上の面積が0.05（5％）と、それが20億円以上の面積が0.01（1％）となる。

図表9 予想最大損失の例

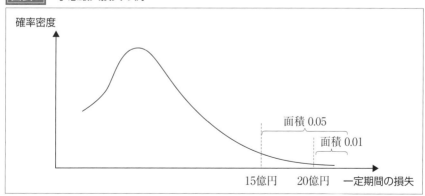

(2)　バリューアットリスク

　バリューアットリスク（VaR：Value-at-Risk）も、企業・組織リスクマネジメントにおけるリスク測定の指標としてしばしば用いられる。予想最大損失が、純粋リスクエクスポージャに生じうる損失の分布に基づくものであるのに対して、バリューアットリスクは、企業や組織が保有する一連の投資資産や実行する一連の事業などのポートフォリオに起こりうる価値の低下を示すものである。

　このことから、バリューアットリスクは、複数の投資機会のリスク評価や資本配分計画策定などにも利用されるものである。**図表10**のように、ある投資資産ポートフォリオの1四半期のバリューアットリスクが、5％の信頼水準において2億円であるならば、このポートフォリオの価値が3か月間に2億円を超えて低下する確率が5％であることを意味する。バリューアットリスクは、確率密度関数の一定の価値水準で区切られた左方の面積として表される。

　予想最大損失やバリューアットリスクの導出には、ヒストリカルシミュレーション法やモンテカルロシミュレーション法などが用いられる。ヒストリカルシミュレーションは、過去の観測期間中の変動パターンが、将来も同じ確率で起きると仮定して、結果の分布を求める方法である。一方でモンテカルロシミュレーションでは、規則性がなく予測不可能な乱数を不規則に生じさせ、将

図表10　バリューアットリスクの例

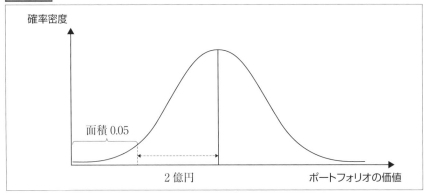

来の不確定要素を擬似的に創出し、それを繰り返すことで予測値を生成する。

これらの方法は、特定の確率分布を仮定していないため汎用的であるものの、基礎として用いるデータ特有の傾向から影響を受けたり、データ量が少ないと信頼性が低下したりするおそれがあることには留意する必要がある。

また、これら2つの方法のほか、確率分布が正規分布であると仮定して標準偏差を求める分散共分散法も用いられるが、簡便である反面、歪度を伴う確率分布には適用しにくいといえる。

5 相関とポートフォリオ管理

個人が資産投資を行う際には、預貯金、株式、債券など多様なものを組み合わせて保有することが多い。企業や組織も、保有資産の多様化はもちろん、複数の分野で事業活動を行う多角的な経営を行うことも少なくない。これらの資産・事業ポートフォリオを構成する個々のエクスポージャの損失が独立して発生するのであれば、ポートフォリオ内でのリスクプーリング効果により、一度に多額の費用負担が生じる可能性は高くないといえる。

しかし多くのエクスポージャが同時に損失を被る傾向が見られる場合には、ポートフォリオ全体でも吸収できない衝撃をもたらしかねない。このような事態を回避するためには、ポートフォリオを構成する際に、個々のエクスポージャ間の相関関係を把握する必要がある。そのために用いられる指標が、共分散と相関係数である。

(1) 共 分 散

エクスポージャに生じる損失の相関関係は、過去に経験した損失に関するデータを用いて共分散を求めることにより量的に把握可能である。2つのエクスポージャCとDの期待損失を $E(L_C)$ と $E(L_D)$ とし、実際の結果としての損失の強度を、それぞれ L_{C1}, L_{C2}, L_{C3}, $\cdots$, L_{Cn}, L_{D1}, L_{D2}, L_{D3}, $\cdots$, L_{Dn} と、それらが発生する確率を p_1, p_2, p_3, $\cdots$, p_n とし、両者の確率変数の各組の確率分布、すなわち同時確率分布を p_{ij} とすれば、2つのエクスポージャの共分散 $Cov(C, D)$ は、以下の計算式により求められる。

$$Cov(C, D) = \sum_{i=1}^{n} \sum_{j=1}^{m} \{L_{Ci} - E(L_C)\} \cdot \{L_{Dj} - E(L_D)\} \cdot p_{ij}$$

$L_{Ci} - E(L_C)$ と $L_{Dj} - E(L_D)$ は、それぞれのエクスポージャに発生した損失から期待損失を差し引いた値、すなわち偏差を計測したものであり、両者の符号が同じであれば、その積は正の値となり、両者の符号が異なれば負の値となる。この積の値を、各結果が起きる確率で加重し総和した値は、２つのエクスポージャの損失発生の変動パターンが類似していれば大きく、それが反対の傾向を示せば小さくなる。

単純な例としてエクスポージャＣとＤについて、**図表11**のような損失の同時確率分布が与えられたとすると、これらの期待損失 $E(L_C)$ および $E(L_D)$ は、以下のとおり順に309,000、224,000 となる。そして、両者の共分散 $Cov(C, D)$ は、209,000,000 と計算される。

$$
\begin{aligned}
E(L_C) ={}& 50,000 \times (0.09 + 0.13 + 0.08) + 100,000 \times (0.13 + 015 + 0.10) \\
& + 800,000 \times (0.11 + 0.12 + 0.09) = 309,000 \\
E(L_D) ={}& 150,000 \times (0.09 + 0.13 + 0.11) + 200,000 \times (0.13 + 0.15 + 0.12) \\
& + 350,000 \times (0.08 + 0.10 + 0.09) = 224,000 \\
Cov(C, D) ={}& (50,000 - 309,000) \times (150,000 - 224,000) \times 0.09 \\
& + (50,000 - 309,000) \times (200,000 - 224,000) \times 0.13 \\
& + (50,000 - 309,000) \times (350,000 - 224,000) \times 0.08 \\
& + (100,000 - 309,000) \times (150,000 - 224,000) \times 0.13 \\
& + (100,000 - 309,000) \times (200,000 - 224,000) \times 0.15 \\
& + (100,000 - 309,000) \times (350,000 - 224,000) \times 0.10 \\
& + (800,000 - 309,000) \times (150,000 - 224,000) \times 0.11 \\
& + (800,000 - 309,000) \times (200,000 - 224,000) \times 0.12 \\
& + (800,000 - 309,000) \times (350,000 - 224,000) \times 0.09 \\
={}& 209,000,000
\end{aligned}
$$

| 図表11 | 2つのエクスポージャの損失の同時確率分布 | | |

損失強度		エクスポージャ D		
		150,000	200,000	350,000
エクスポージャ C	50,000	0.09	0.13	0.08
	100,000	0.13	0.15	0.10
	800,000	0.11	0.12	0.09

(2) 相関係数とポートフォリオ構成

　分散の値は、確率変数とその期待値に依存して、多様な水準となるため、複数の変数間の相関を相対比較する場合には不便な場合がある。この問題を解消するために、共分散を標準化した値に変換したものが相関係数である。相関係数は、共分散を、対象となる2つの確率変数の標準偏差の積で除した値である。上記と同じエクスポージャCとDの標準偏差を順に σ_C, σ_D とすれば、両者の相関係数 $\rho_{C,D}$ は、以下の計算式で求められる。

$$\sigma_C = \sqrt{\begin{array}{l}(50000-309{,}000)^2 \times (0.09+0.13+0.08) \\ + (100{,}000-309{,}000)^2 \times (0.13+0.15+0.10) \\ + (800{,}000-309{,}000)^2 \times (0.11+0.12+0.09)\end{array}} \fallingdotseq 337{,}445$$

$$\sigma_D = \sqrt{\begin{array}{l}(150{,}000-224{,}000)^2 \times (0.09+0.13+0.11) \\ + (200{,}000-224{,}000)^2 \times (0.13+0.15+0.12) \\ + (350{,}000-224{,}000)^2 \times (0.08+0.10+0.09)\end{array}} \fallingdotseq 79{,}524$$

$$\rho_{C,D} = \frac{Cov(C,D)}{\sigma_C \cdot \sigma_D} = \frac{209{,}000{,}000}{337{,}445 \times 79{,}524} \fallingdotseq 0.0078$$

　相関係数は、どのような確率変数の組合わせであっても−1から+1の間の値となり、それが0であれば2つの確率変数は無相関、すなわち互いにランダムに変動することを意味する。これが0 〜 1の値であれば正の相関があり、同時に同じ方向に動きやすい傾向があり、反対に−1〜 0の値であれば負の相関があり、互いに反対の方向に動く傾向があることを意味する。

　前掲図表11の例について相関係数を計算すると、上記のとおり0.0078と極めて0に近い値が得られ、これら2つのエクスポージャの損失発生はほぼ無相関であることがわかる。以上のように、相関係数を把握したうえで、ポートフォリオに組み入れる資産や事業計画を選択することにより、**第6章**で取り上げた内部リスク縮小のリスク分散を有効に行うことができる。すなわち互いに投資収益の相関係数が低い資産を組み合わせたり、互いに収支の変動傾向が異なる事業計画を実行することにより、資産・事業ポートフォリオを構成すれば、全体としてキャッシュフローの変動性のリスクを縮小することが可能となる。

4 リスクマネジメントの選択

1 リスクマップ

　リスクマップは、純粋リスクに対処するためのリスクマネジメントの方法や活動を選択する際に、しばしば利用される。期待損失は、事故の発生頻度と損失の強度との積で求められることはこれまでも見てきたが、リスクマップは、個々のエクスポージャを事故頻度と損失強度を2軸に展開した平面上にプロットしたダイアグラムであり、**図表12**は、その例を単純化して示したものである。

2 リスクマネジメントの選択

(1) 低頻度・低強度のエクスポージャ

　リスクマップの左下方に位置するエクスポージャは、事故頻度、損失強度がともに低いものである。比較的少額の家財、什器・備品の盗難などは、頻繁に起こるものではなく、再調達のための費用も高額とはならないため、**図表12**のとおり、貯蓄を充てたり、キャッシュフローから再調達費用を捻出するなど

図表12　リスクマップによるリスクマネジメントの選択

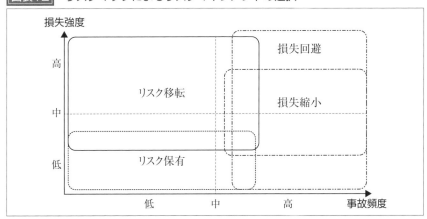

のリスク保有が可能な場合は多く、費用をかけてリスク移転やリスクコントロールを行う必要はないと判断できる。

(2)　低頻度・高強度のエクスポージャ

　リスクマップの左上方のエクスポージャには、火災や、風災、水災、地震などの自然災害により損壊するおそれのある住宅、工場、事務所、店舗などの建物や、それらに収容されている高額の家財や生産設備などが含まれる。また、個人にとっては自動車事故を引き起こしたことによる損害賠償責任の負担のリスクが、製造業を営む企業にとっては製造物の安全上の欠陥による製造物責任の負担のリスクが、これに含まれる。

　これらの事故は、必ずしも繰り返し頻繁に起きるものではないが、いったん発生すれば損失は高額となり、キャッシュフローへの影響も小さくないため、仮にリスク保有を行っていれば、発生した損失を貯蓄や準備金などの内部資金で補てんしきれない可能性が高い。このため、第6章で取り上げたキャプティブやコンティンジェントデットなどが利用できる場合を除き、火災保険や地震保険、自動車保険、生産物責任保険などの損害保険や、カタストロフィボンドなどのリスク移転を行うべきである。

(3)　高頻度・低強度のエクスポージャ

　少額の家財や機器の損傷・滅失や、重大な事故を起こすおそれのない製品の軽微な不具合などは、発生頻度は低くないものの、損失強度も過度に高くないためリスクマップの右下方に位置する。これらの事故が頻繁に起きる場合に消極的なリスク保有を行ったのでは、時間経過とともに損失が集積することになる。このため、家財や機器の管理・整備を厳格化したり、企業の場合は生産管理体制を見直したりするなどリスクコントロールを行うべきである。

　これらの対策は、損失回避と損失縮小の機能を兼ね備えているものが少なくないが、強度が一定額以下のエクスポージャについては損失回避に特に力を入れ、それが一定額以上のものに対しては損失回避とともに損失縮小にも注力

し、損失の強度を低下させるよう努力すべきである[7]。

(4) 高頻度・高強度のエクスポージャ

　極めて危険度の高い爆発物の製造や輸送などの事業を行う場合には、その事業はリスクマップの右上方に位置することになる。このようなエクスポージャに対しては、保険などのリスク移転の手当てが困難な場合がある。

　危険度の高い爆発物の製造や輸送などの事業に保険を手当てしようとすれば、保険料がリスクプレミアムを反映して非常に高額となると考えられる。このような高頻度・高強度のエクスポージャについては、リスクコントロールの損失回避に分類される危険な活動の縮小や停止、すなわち事業の縮小やそこからの撤退を検討すべき場合がある。

7）第6章におけるリスクコントロールの便益と費用の分析に基づけば、高頻度・低強度のエクスポージャを対象としたリスクコントロールでは、比較的少ない費用で、大きな便益が得られる可能性が高いといえる。

5 リスクマネジメントの実行

　リスクマネジメントは、それを手厚く実行すれば、期待損失の低下という便益を得られるものの、そのための労力、時間、金銭などの費用を負担しなければならない。このため便益と費用を見極めたうえで、リスクマネジメントを適切な水準で実行する必要がある。

　リスクコントロールの便益と費用については、**第6章**で分析したとおりであるが、以下では純粋リスクを対象としたリスクファイナンスに注目し、保険を中心としたリスク移転、そしてリスク保有を実行する際の便益と費用を確認したうえで、複数の方法を組み合わせたリスクマネジメントプログラムの設計について分析する。

1　リスク移転の実行

(1)　リスク移転の便益

　保険などのリスク移転により純粋リスクを適切に移転していれば、事故により被った損失を補てんするために資金を流動性の高い形で予め準備する必要がなくなり、個人は積極的に消費活動を行ったり、企業や組織は利益や価値の向上が見込まれる事業計画や資産に投資したりすることができる。実際に損失が発生し、それが貯蓄やキャッシュフローで埋め合わせることができないほど高額であっても、保険金をその補てんに充て、従前の生活への早期復旧、あるいは事業の早期再開の可能性を高めることができる。

　また、後述するとおり損失補てんのために外部資金を調達する場合に必要となる証券発行のための諸費用や、証券の過小評価といった追加的な費用負担を免れることもできる。

(2)　リスク移転の費用

　リスク移転は、このような便益をもたらすと同時に、さまざまな費用を課すものである。リスク移転として保険を手当てした場合に、保険契約者が払い

込む保険料には、すでに述べたとおりエクスポージャの期待損失を反映した純
保険料に加えて、保険会社の諸経費と資金調達費用を反映した付加保険料が含
まれている。同様にカタストロフィボンドについても、自然災害リスクを投資
家が躊躇せず引き受けるに足る、通常の債券より高い金利を提示しなければな
らない。これらの追加的な保険料や金利は、リスクを保険会社または投資家に
移転することに対する報酬、すなわちリスクプレミアムである。

　純粋リスクを保険により移転する際には、リスクプレミアムのほか、保険契
約者または被保険者自身のモラルハザードも重要な費用となる[8]。火災や盗難
を原因として建物とその収容物に生じる損失を対象とした火災保険を付してい
た場合に、保険契約者は、実際に火災が発生したり、盗難に遭ったりしても、
被った損失を保険会社から支払われる保険金で補てんすることができるため、
費用をかけて十分な防火措置や盗難防止措置を行うインセンティブを低下させ
る可能性がある。

　リスクコントロールの限界便益と限界費用との関係は、**第6章**において分析
したとおり、努力水準が低い段階では前者は後者を上回るのに対して、それが
一定水準を超えれば前者が後者を下回ることになる[9]。リスク移転は、このよ
うな両者の関係を変化させることになる。すなわち**図表13**（次頁）のように、
損失の全額についてリスク保有していた場合、その当事者は自らリスクコント
ロールを積極的に行い、期待損失を低下させようと努力すると期待できる。

　すなわち、この当事者が合理的に意思決定すると仮定すれば、リスク保有す
なわち無保険の場合には、リスクコントロールのための限界費用が、それによ
り得られる限界便益を超えない範囲、すなわち e_1 までの範囲で、リスクコン
トロールを行う。しかし、保険を手当てしていれば、保険金により損失を埋め

8）**第5章**において分析したとおり、モラルハザードは、リスク移転によって保険契約者ま
　たは被保険者などの行動が期待損失を上昇させる方向に変化することを指し、必ずしも倫
　理的な問題のみを意味するものではない。

9）限界便益は、リスクコントロールの水準を一単位引き上げることから得られる便益を、
　限界費用はその水準を一単位引き上げるために必要な費用を指す。これらの関係について
　は**第6章の図表4**を参照されたい。

図表13　リスク移転とリスクコントロールの限界便益・費用

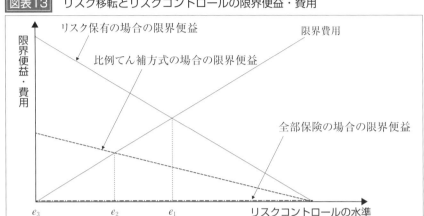

合わせることができるため、リスクコントロールの費用は変わらない反面、それによる便益は低下することになる。

　比例てん補方式による一部保険を手当てした場合は、**図表13**の破線のように限界便益はリスク保有の場合より下方に移動し、リスクコントロールの水準は e_2 のように低下する。さらに、全部保険により損失の全額が保険金により補てんされることとなれば、期待損失が低下してもしなくても便益を得ることはなくなり、その結果、**図表13**の e_3 で示されるとおり、この当事者はリスクコントロールを行うインセンティブを失う。

　ただし実際には、個人にとっては損失発生による精神的な苦痛や、事故後の対応の煩雑さ、そして企業にとっては過剰なリスク保有に伴うステークホルダーとの契約条件の改悪といった、明示的、非明示的費用を負担しなければならないことから、保険を付していたとしても一定のリスクコントロールを行うと考えられる。さらに、前述のとおり損害保険契約を結んでいれば、保険会社からリスクコントロールサービスを受けることができるため、期待損失低下のための努力が全く行われないことは通常ない。

　企業や組織が、自然災害リスクをカタストロフィボンドなどのパラメトリック方式に基づく方法で移転していた場合は、トリガーイベントが発生した際

のペイオフが、地震のマグニチュードなど約定の指標値により決定されるため、損失を少額に抑えることができれば、ペイオフに余剰が生じる可能性が高まる。このため、リスク移転者自身のモラルハザードは深刻にならないといえる。しかし反面でパラメトリック方式のカタストロフィボンドでは、損失とペイオフの金額が必ずしも一致せず、リスク移転者はベーシスリスクにさらされることになる。その結果実際の損失がペイオフを上回れば、プロテクションギャップを埋め合わせるための費用を負担しなければならない。

2　リスク保有の実行

(1)　リスク保有の便益

　事故頻度、損失強度ともに低いエクスポージャの場合には、リスク保有が可能な場合があることは前述のとおりである。リスク保有を行うことにより、リスクプレミアムを加算した保険料などの負担を免れることができる。特に小規模のエクスポージャに個々に保険を手当てしようとすれば、純保険料に比べて付加保険料が相対的に高額となるおそれがあるため、包括担保方式によるパッケージ化が困難な場合は、リスク保有を選択することによる費用節減は小さくない[10]。

　また、図表13で分析したとおり、損失の全部または一部についてリスク保有を行っていれば、期待損失を低下させる努力を怠らないと期待でき、モラルハザードの問題は緩和される。

(2)　リスク保有の費用

　リスク保有は、リスクプレミアムの節約とモラルハザードの防止という便益をもたらす反面、個人にとっては消費の制限、企業や組織にとっては投資機会の縮小という費用負担につながりうる。エクスポージャに高額の損失が発生するおそれがある場合には、それに備えて一定の資金を流動性の高い形で保有し

---

10)　実際には、多くの企業向けの火災保険では、建物の収容物一式を合わせて補償対象とするパッケージ化が行われている。同様に個人分野の住宅総合保険でも、家財一式担保方式が一般的となっている。

続けなければならない。このため、個人は消費活動を制限し、企業や組織は有利な投資機会が見出せても、それに資金を投入することができない。

　さらに、企業や組織にとっては、実際に発生した損失が内部資金で補てんできないほど高額となった場合には、事業再開のために新たに外部資金を調達しなければならないが、そのために株式や社債を発行すれば、それらの価値は投資家から過小に評価されるおそれがあり、その結果必要な資金を調達できないという重い費用負担が生じる（第5章Column⓲を参照）[11]。

　以上のようなリスク移転とリスク保有の便益と費用は、図表14のとおりとなるが、これらは互いにトレードオフの関係にあることがわかる。このことから、リスクマネジメントの便益に比べ、そのための費用が過大になることのないよう、その水準を適切に維持しなければならない[12]。また、企業や組織にとっては、リスクマネジメントの費用と便益の構成要素とそれらの相互の関係を理解したうえで、経営者、従業員、株主、債権者、顧客、供給者などのステークホルダーの間で、リスクに関する情報を共有し、リスクマネジメントの適正水準に関する合意を得る、いわゆるリスクコミュニケーションに積極的に取り組むべきである（Column㉘を参照）[13]。

11）　Column⓲において分析したとおり、外部資金調達には、株式や社債などの証券の発行のための手数料や法律費用などの明示的な費用がかかる。さらに、損失発生後に証券を発行すれば、株式や社債が証券や投資家はその価値を過小評価すると予想される。

12）ただし、リスクマネジメントの便益と費用のすべてを、過大な費用をかけてまで量的に把握することは必ずしも求められない。リスクコントロールの損失回避を選択し、損失発生の可能性のある活動を縮小・停止した場合には、たとえ期待損失の低下という便益を測定できたとしても、それによって失われた利便性や利益、さらに企業や組織にとっては、顧客や原材料供給者との関係が中断したことによる将来キャッシュフローへの影響を測定することは容易ではない。測定困難な便益や費用を計量化しようとすれば、そのために追加的な費用負担が深刻な価値低下をもたらすおそれがある。

13）リスクコミュニケーションの必要性を含む全社的リスクマネジメントの体系化については、Column㉘を参照されたい。

| 図表14 | リスク移転とリスク保有の便益・費用 |

	便　益	費　用
リスク移転	・消費活動の促進 ・有利な投資機会からの利益の享受 ・資金調達費用の負担回避	・リスクプレミアムの支払い ・保険契約におけるモラルハザードによる期待損失の上昇 ・カタストロフィボンドにおけるプロテクションギャップ補てんの費用
リスク保有	・リスクプレミアムの節約 ・リスクコントロールのインセンティブ向上による期待損失の低下	・消費活動の制限 ・有利な投資機会の喪失 ・資金調達費用の負担

＼*Column* ㉘ 全社的リスクマネジメントとリスクコミュニケーション

　近年、企業・組織のリスクマネジメントにおいて、全社的リスクマネジメント（ERM：Enterprise Risk Management）の理論や方法が整備され、実行されるようになっている。これは、組織内のリスクを統合的、包括的に認識・測定し、価値最大化を図るリスクマネジメンである。米国における1990年代の証券会社などの巨額損失事件に続き、2000年代初めに巨大企業の経営破綻が相次ぐなか、企業リスクマネジメントへの社会的関心が高まったことを背景として、2002年に同国でサーベンス＝オクスリー法（SOX法：Sarbanes-Oxley Act）が成立し、内部統制の制度が整備されることとなった。また、2004年にはトレッドウェイ委員会組織委員会（COSO：Committee of Sponsoring Organizations）が全社的リスクマネジメントに関する枠組み（COSO ERM）を発行するとともに、2009年には国際標準化機構（ISO：International Organization for Standardization）がそのガイドラインとしてISO31000を示している。

　わが国においても2006年の改正会社法施行規則において「損失の危険の管理に関する規定その他の体制」の構築が明記され、全社的リスクマネジメントが求められることとなった。全社的リスクマネジメントにおいては、従来の部門別に行われてきたリスクマネジメントとは異なり、組織内のすべてのエクスポージャのリスクを評価・比較し、管理の優先順位を決定するととも

に、これらをリスクポートフォリオの構成要素と見なして個々の対策を連携させ、効率的にリスクマネジメントを行おうとするものである。

　全社的リスクマネジメントが整備されるなかで、重要視されるようになっているのがリスクコミュニケーションである。これは、経営者・管理者はもちろん、従業員、株主、債権者、顧客、供給者など企業と直接的、間接的に取引を行うあらゆるステークホルダーと、企業がさらされるリスクに関する情報を共有し、双方向の議論を通して、リスクマネジメントに関する合意を形成しようとするものである。なかでも、企業のリスクの最終的な引受者であり所有者である株主、そして潜在的な株主である投資家は重要な存在であることから、有価証券報告書などの財務情報に加えて、保険契約を含むリスクマネジメントの取組みと成果に関する情報を開示し説明する責任は、今後一層重くなると考えられる。

3　リスクマネジメントプログラムの設計

　リスク移転とリスク保有の便益と費用がトレードオフの関係にあることから、特定のエクスポージャに対していずれか単独の方法で対処するのではなく、複数の方法を組み合わせたリスクマネジメントプログラムを設計し、実行することもしばしば行われる。これまでも見てきた火災保険における控除免責金額の設定や比例てん補方式などは、リスク移転としての保険に、リスク保有の要素を組み入れたものである。

　より体系的に設計されたリスクマネジメントプログラムとして、企業または組織が、自然災害リスクに対処するためのアレンジメントの例を見ていきたい。図表15は、自然災害の発生頻度と損失強度に基づいて、階層別に異なるリスクマネジメントを手当てしたものである。このなかで、リスク保有で対処可能な階層のうち強度が最も低い領域に対しては、準備金などを充てることで、比較的高頻度のエクスポージャであっても低費用で対処することができる。そしてその階層を超えた部分では、一定の事故頻度の範囲内であれば自家保険などの内部資金で対処することが可能であるが、高頻度の領域はそれのみでは損失の全額を補てんすることが難しいため、コンティンジェントデットと

図表15 自然災害リスクマネジメントプログラム

いった外部資金を利用するリスク保有を組み入れることで、復旧のための資金を早期に得ることができる。

　さらにリスク保有可能な階層を超えた領域には、損害保険を手当てし、それが入手困難な場合には、カタストロフィボンドを利用するなどのリスク移転を検討すべきである。いうまでもなく、これらのリスクファイナンスのアレンジメントと同時に、リスクコントロールにより事故頻度と損失強度を低下させる努力とともに、財物の地理的分散や事業の多角化など、リスク分散の取組みを行うことが求められる[14]。

---

14) リスクコントロールについても、**第6章**で分析したように便益と費用がトレードオフの関係にあることから、それを適正水準で行う必要がある。同様にリスク分散を行う際にも費用負担が生じる。事業の多角化のためには、初期投資のための費用や、その後複数の事業を管理・運営するための継続的費用などを負担しなければならない点には留意する必要がある。

参考文献

植村信保『利用者と提供者の視点で学ぶ 保険の教科書』（中央経済社、2021年）

川北力編『これだけは知っておきたい損害保険』（保険毎日新聞社、2019年）

下和田功編『はじめて学ぶリスクと保険〔第4版〕』（有斐閣、2014年）

諏澤吉彦『リスクファイナンス入門』（中央経済社、2018年）

諏澤吉彦『保険事業の役割——規制の変遷からの考察』（中央経済社、2021年）

諏澤吉彦＝柳瀬典由＝内藤和美『リスクマネジメントと損害保険〔2022年版〕』（公益財団法人損害保険事業総合研究所、2022年）

中井透＝諏澤吉彦＝石光裕『はじめて学ぶ会計・ファイナンス』（中央経済社、2021年）

松澤登『はじめて学ぶ生命保険』（保険毎日新聞社、2021年）

森平爽一郎＝米山高生監訳（2012）『ニール・A・ドハーティ 統合リスクマネジメント』（中央経済社、2012年）

　（Doherty, N. A., *Integrated Risk Management: Techniques and Strategies for Reducing Risk*, McGraw-Hill, 2000）

柳瀬典由＝石坂元一＝山﨑尚志『リスクマネジメント』（中央経済社、2018年）

吉澤卓哉『インシュアテックと保険法——新技術で加速する保険業の革新と法の課題』（保険毎日新聞社、2020年）

吉澤卓哉『インシュアテックをめぐる法的論点』（保険毎日新聞社、2023年）

米山高生『リスクと保険の基礎理論』（同文舘出版、2012年）

米山高生『生活に活かす共済と保険』（保険毎日新聞社、2022年）

Harrington, S. E. and G. R. Niehaus, *Risk Management and Insurance*, 2nd Edition, McGraw-Hill, 2004.

Rejda, G. E. and M. J. McNamara, *Principles of Risk Management and Insurance*, Global Edition, 14th Edition, Pearson, 2021.

Skipper, H. D., W. J. Kwon, *Risk Management and Insurance: Perspectives in a Global Economy*, Blackwell Publishing, 2007.

Vaughan, E. J. and T. Vaughan, *Fundamentals of Risk and Insurance*, 11th Edition, John Wiley & Sons, Inc., 2014.

Zweifel, P., R. Eisen, *Insurance Economics, Springer*, 2014.

索　引

あ　行

アンダーライティング ……………… 171
意向把握義務 ……………………… 137, 152
一部保険 ……………………………… 5, 50
医療保険 ………………………… 29, 113
インシュアテック ……… 116, 189, 209
インセンティブ契約 ………… 183, 185
請負業者賠償責任保険 ………………… 104
運送業者貨物賠償責任保険 ……… 105
運転挙動反映型自動車保険
………………………… 116, 145, 189
オプション ………………………… 212

か　行

回帰分析 …………………………… 223
会社役員賠償責任 ………… 14, 266
　　——保険 ……………………… 107
外部性 ……………………………… 123
価格受容者 …………………………… 10
価格リスク ………………… 17, 195, 210
火災保険 …………………………… 71
過失責任主義 ……………………… 90
過失相殺 …………………………… 90
加重平均 …………………………… 269
カタストロフィボンド ……… 217, 242
価値循環の転倒性 ……… 56, 128, 170
間接損失 ……… 12, 14, 16, 261, 263
がん保険 …………………………… 115
企業総合賠償責任保険 ……… 106
企業包括賠償責任保険 ……… 106

基準料率 ……… 37, 77, 81, 88, 136, 143
期待効用関数 …………………………… 56
期待損失の不確実性 ……………… 164
逆選択 ……………… 92, 129, 168, 170
キャッシュフロー ……………………… 9
キャプティブ ………………… 206, 232
給付反対給付の原則 ………………… 54
共分散 ……………………………… 277
金融庁 ………………………………… 42
偶然の事故 …………………………… 24
クリームスキミング ……………… 145
経験料率 …………………………… 180, 181
経済価値ベースのソルベンシー比率
…………………………………… 148
限界費用（リスクコントロールの）
…………………………… 203, 285
限界便益（リスクコントロールの）
…………………………… 203, 285
健康経営 …………………………… 119
健康増進型医療保険 ……… 114, 116, 189
工事保険 …………………………… 84
控除免責金額 ……… 5, 51, 159, 181
公的保険 …………………………… 19
国際保険資本基準 ……………… 148
告知義務 …………………………… 172
個人情報漏洩保険 ……………… 104
コミットメントライン ……… 206, 237
コンティンジェントデット ……… 207, 239

さ　行

債権放棄 ……………………… 244
サイバーリスク保険 ………… 105
最頻値 ………………………… 270
財物保険 …………………… 25, 71
再保険 ………………………… 164
債務免除 ……………………… 244
先物 …………………………… 211
先渡し ………………………… 210
参考純率 …… 36, 71, 93, 111, 136, 141
時価額 …………………… 74, 262
自家保険 ………………… 205, 230
資金調達費用 ………………… 163
シグナリング ……… 130, 176, 177
　　——費用 …………… 127, 128
事故の外来性 ………………… 112
事故の急激性 ………………… 112
事故の偶然性 ………………… 112
事故発生日ベース …………… 48
市場規律 ……………………… 151
市場支配力 …………………… 122
地震・噴火・津波 …………… 78
地震再保険 …………………… 80
地震保険 ……………………… 76
　　——に関する法律 ……… 37
システミックリスク …… 124, 140
施設賠償責任保険 …………… 104
自然災害レジリエンス ……… 86
事前認可制度 …………… 136, 140
自損事故保険 ………………… 99
示談交渉支援 ………………… 96
実損てん補ベース ……… 52, 184

実損てん補方式 ……………… 75
私的保険 ……………………… 24
自動運転 ……………………… 100
自動車検査登録制度 ………… 87
自動車損害賠償保障事業 …… 91
自動車保管者賠償責任保険 … 105
自動車保険 ……………… 93, 110
自賠責保険 …………………… 87
自賠法 ………………………… 38
支払限度額 ……………… 89, 248
支払能力 ……………………… 125
死亡保険 ……………………… 31
車両保険 ……………………… 97
重過失減額 …………………… 91
就業不能 ……………………… 117
住居用建物 …………………… 78
収支相当の原則 ……………… 54
受託者賠償責任保険 ………… 105
純粋リスク …………………… 11
準備金 …………………… 205, 229
傷害疾病保険 ………………… 28
傷害保険 ………… 27, 28, 110
証券化 ………………………… 242
証券の過小評価 ………… 163, 284
情報提供義務 …………… 137, 153
情報の不完全性 ……………… 124
情報不均衡 …………………… 168
所得再分配機能 ……………… 20
所得補償保険 …………… 29, 117
新規調達価額 …………… 74, 262
シンジケート方式 …………… 239
人身傷害保険 ………………… 98

信用リスク ……………………… 17
　——格付情報 ……………… 151
スクリーニング ………… 176, 177
スワップ ……………………… 215
生活保障 ……………………… 19
生産物賠償責任保険 ………… 104
生死混合保険 ………………… 31
製造物責任 ……………… 13, 265
　——法 …………… 38, 39, 109
生存保険 ……………………… 30
生命保険 ……………………… 30
　——業免許 …………… 35, 138
全社的リスクマネジメント（ERM）
　……………………………… 289
全部保険 ……………………… 6, 50
専門職業人賠償責任 …… 14, 266
　——保険 …………………… 107
相関係数 ………………… 63, 279
早期警戒制度 ………………… 147
早期是正措置 ………………… 146
総支払限度額 ………………… 80
ソルベンシーマージン比率 …… 146
損害賠償金 …………………… 264
損害賠償請求ベース ………… 48
損害賠償責任 ………………… 13
損害保険 ……………………… 24
　——会社 …………………… 40
　——業免許 …………… 35, 138
　——金 ……………………… 74
　——契約者保護機構 ……… 45
　——事業総合研究所 ……… 43

　——料率算出団体 ………… 134
　——に関する法律 ……… 35, 36
損失回避 ………………… 197, 200
損失縮小 ………………… 197, 201
損失発生の相関 ……………… 162
損保料率機構 …………… 36, 45

た　行
対人賠償責任 ………………… 89
　——保険 …………………… 94
大数の法則 …………………… 58
代替的リスク移転 …………… 217
対物賠償責任保険 …………… 96
探索費用 ………………… 126, 128
地球温暖化 …………………… 85
中心極限定理 ………………… 60
直接損失 ………… 12, 14, 16, 261, 262
定額給付ベース ………… 52, 184
天候デリバティブ ……… 217, 246
てん補限度額 ………………… 165
動産総合保険 ………………… 83
搭乗者傷害保険 ……………… 98
特殊包括契約 ………………… 83
特定疾病医療保険 …………… 115

な　行
内部リスク縮小 ……………… 198
日本損害保険協会 …………… 43
日本損害保険代理業協会 …… 43
日本保険仲立人協会 ………… 43
ノンフリート等級 …………… 175

は　行
賠償責任保険 …………… 26, 102
パラメトリック ……………… 244

──方式 ……………… 286
──保険 ……………… 254
バリューアットリスク ……… 276
引当金 ………………… 205, 229
ヒストグラム ……………… 272
ヒストリカルシミュレーション法
…………………… 276
被保険自動車 ……………… 46
被保険者 ………………… 2, 46
被保険利益 ………………… 47
標準偏差 ………………… 62, 271
費用保険金 ………………… 74
比例てん補方式 ……… 6, 75, 181
風水災 ……………………… 73
不可抗力条項 ……………… 238
付加保険料 ………………… 158
普通火災保険 ……………… 82
付保義務 …………………… 87
プロテクションギャップ ……… 245
分散 ……………………… 271
ベーシスリスク ……… 245, 248, 250
ヘッジ ……………………… 210
変動性 …………………… 9, 10
包括担保方式 ……………… 160
保険 ……………………… 208
──価額 ………… 47, 74, 262
──可能性 ………………… 76
──期間 ………………… 48
──業法 ………………… 34, 133
──金額 ………… 49, 75, 79
──契約者保護機構 ……… 149
──契約者保護制度 …… 149, 150

──契約準備金 ……………… 4
──契約ポートフォリオ ……… 62
──契約申込書記載事項 …… 172
──事故 …………………… 46
──者 ……………………… 2
──代理店 ………………… 41
──仲立人 ………………… 41
──の目的物 ……… 2, 46, 78
──法 …………………… 34
──料公平の原則 ………… 55
──料率の三原則 …… 36, 141, 143
補償の合意 ………………… 218

ま　行

無保険車傷害保険 ………… 99
免責事由 ………………… 46, 47
免責の合意 ………………… 218
モニタリング ………… 130, 185
──費用 ………………… 126
モラルハザード …… 21, 129, 178, 184
モンテカルロシミュレーション法
…………………… 276

や　行

予想最大損失 ……………… 275

ら　行

利益保険 …………………… 84
リスク移転 ………………… 198, 284
リスクコミュニケーション
…………… 237, 288, 289, 290
リスクコントロール … 108, 181, 197
──サービス ………… 186, 187
リスク細分化 ……… 94, 144, 173
リスクファイナンス ……………… 198

リスクプーリング ………… 3, 40, 60, 61

リスクプレミアム …………………… 216

リスク分散 ……………………… 198, 220

リスク保有 …………… 198, 205, 287

リスクマップ ……………………… 281

リスクマネジメント ………………… 194

レジリエンスファイナンス …… 252, 254

レジリエンスボンド ………………… 253

レジリンスインパクトボンド … 253

レモン市場 ……………………… 170

ロスコントロールサービス ……… 186

わ　行

歪度 ……………………………… 270

著者紹介

諏澤　吉彦（すざわ　よしひこ）

京都産業大学経営学部教授、日本保険学会評議員、生活経済学会理事　他。

横浜市立大学文理学部卒業、St. John's University, Peter J. Tobin College of Business, School of Risk Management経営学修士課程・理学修士課程修了、経営学修士（優等学位）・理学修士。一橋大学大学院商学研究科博士後期課程修了、博士（商学）。

損害保険料率算出機構勤務、京都産業大学准教授、St. John's University, Visiting Research Scholarなどを経て現職。

【主な近著】

（著書）

『リスクファイナンス入門』（中央経済社、2018年）、『リスクマネジメントと損害保険』（共著、損害保険事業総合研究所、2020年）、『保険事業の役割 規制の変遷からの考察』（中央経済社、2021年）、『はじめて学ぶ会計・ファイナンス』（共著、中央経済社、2021年）

（論文）

「Insurtechによるリスク評価の精緻化と保険選択への影響」『損害保険研究』80巻3号（2018年）79-100頁、「分離均衡モデルに基づく公的年金制度と私的年金保険のあり方に関する考察」保険学雑誌644号（2019年）107-127頁、"Risk Evaluation Factor of Health Promotion Medical Insurance: An Analysis Focusing on Cost of Telematics and Policyholder's Coverage Selection," *Asia-Pacific Journal of Risk and Insurance*, Vol.15, Issue 2, pp.201-218, 2021、「パラメトリック保険のレジリエンスファイナンスとしての機能に関する考察―自然災害対応力・回復力の向上を目指して―」損害保険研究83巻2号（2022年）1-35頁、「生活習慣をリスク指標とした健康増進型医療保険が生命保険会社の事業価値に及ぼす影響」（共著）生命保険論集220号（2022年）69-100頁（共著）、「健康増進型医療保険が保険会社の財務状況に及ぼす影響―健康保険組合データからの分析―」（共著）保険学雑誌659号（2022年）207-239頁、「健康経営推進に向けた健康増進型医療保険の役割」（共著）証券アナリストジャーナル61巻7号（2023年）43-51頁

基礎からわかる
損害保険の理論と実務

著　　　者	諏　澤　吉　彦	
発　行　日	2023年10月29日	

発　行　所　　株式会社保険毎日新聞社
　　　　　　　〒110-0016　東京都台東区台東4-14-8
　　　　　　　　　　　シモジンパークビル2F
　　　　　　　TEL 03-5816-2861／FAX 03-5816-2863
　　　　　　　URL https://www.homai.co.jp/

発　行　人　　森　川　正　晴
印刷・製本　　広研印刷株式会社